本书的出版得到国家社会科学基金项目（项目批准号：16BSH090）和复旦大学社会发展与公共政策学院科研发展基金资助

社会转型与社会治理论丛

主编 刘 欣

心理贫穷感
理论、应用与测评

PSYCHOLOGICAL POVERTY
Theory, Application
and Evaluation

孙时进 徐斐 等 著

社会科学文献出版社
SOCIAL SCIENCES ACADEMIC PRESS (CHINA)

前　言

　　人的发展性问题是关乎人本身最核心的问题。传统的心理学研究很少从发展角度系统地考察童年早期经历与个体行为适应性之间的关系。近年来，进化心理学（Evolutionary Psychology）作为主流心理学的一股新的研究潮流，侧重于从进化和适应的视角来解释人类的心理和行为。进化心理学领域逐渐将童年的贫穷经历作为前因变量，更加关注童年时期的贫穷境遇与个体心理的相互作用，注重考察童年贫穷导致的心理后果。鉴于此，本研究从进化心理学的角度，利用"心理贫穷感"这一综合性概念及编制的具有高信、效度的心理贫穷感量表，测量个体与经济需求有关的认知、情绪，比较成长于不同年代的个体在心理贫穷感上的差异，并进一步探讨心理贫穷感与个体所采用的生命史策略、风险偏好之间的关系。

　　本研究将心理贫穷感定义为个体与金钱相关的、相对稳定的内心感受，包含不安全感、焦虑感、厌恶感、不满足感和金钱关注。对心理贫穷感的测量可以从认知和情绪两个维度展开。在认知上，心理贫穷感属于一种主观的认知偏差，心理贫穷的人对自己经济状况的感受和评估与真实的客观经济水平有较大的偏离，体现为过分夸大金钱的效用以及对自身财务状况的评估偏低。在情绪上，心理贫穷感表现为对金钱的极度渴望、过分关注、永不满足以及对未来的过分焦虑。无论是认知还是情绪，都会对个体的行为产生直接或间接的影响。因此，心理贫穷感较强的个体很有可能表现出过度追求占有、贮藏大量的金钱和物质的行为，甚至不惜铤而走险，违法犯罪。

　　人本主义心理学家马斯洛（Maslow，1970，1943）认为，安全感是人

的基本需求之一，物质与经济上的保障是安全需求的重要内容。安全感的一个重要来源是经济安全与社会福利，当一个人可以相对确定现在与未来对所有必需品的需求与欲望能得到满足时，就会产生安全感；如果个体缺乏这些感受，则会有不安全感。Bowlby（1969）指出，对环境的安全感需要从童年时期建立。若个体没有建立起安全感，则极有可能形成一种不安全的内部心理加工模式，并长期影响他们社会行为的各个方面；即使当前环境已经与过去环境不同，人们也仍会沿用过去那种不安全的内部心理加工模式（王燕、陈斌斌，2013）。举例来说，成长于新中国不同年代的个体在财务安全感上很可能有所不同。改革开放之前，中国社会经历过三年困难时期、"文革"等物质资源相对匮乏的时期，成长于这一时期的人们不得不"勒紧裤腰带过紧日子"。改革开放之后成长起来的"80后""90后"个体，基本称得上是衣食无忧，有的人甚至家庭经济条件优越。在社会大环境的作用下，成长于不同年代的个体在心理贫穷感上是否有差异？这样的经历对他们的行为是否会产生不同的影响？答案很有可能是肯定的。

获得尊重与自我价值感同样是个体的重要需求，欠缺时个体会采用补偿的心理防御机制，甚至会出现过度防御和过度补偿。例如，个体拼命攫取金钱或权力，永远不知满足。Backman 和 Dixon（1992）认为，大多数心理防御和补偿行为在刚开始是有意识的，但随着防御和补偿行为的展开，它们很多在后来变成了个体无意识的自动化行为。

作为进化心理学的重要理论，生命史理论（Life History Theory）认为生命进化的过程就是不断从环境中获取资源，并将这些资源用在"自身建设"上的过程，其建设目的是生存和繁衍（Sherman et al.，2013；林镇超、王燕，2015）。最初的生命史理论是在动物进化基础上提出和进行验证的，因为动物的寿命和代数已经可以被全然观察，但是如何将生命史理论用于分析人类社会成为一个重要议题。Rushton（1985）首先提出将生命史理论用于分析人类社会，后来被 Belsky 和 Draper（1991）以及 Chisholm（1993）加以整合发展。研究证明，生命史理论可以像应用于其他有机体一样应用于人类（Ellis et al.，2009）。在现实情境中，因为有限的环境资源和有限的资源获取能力，各种生物（包括人类）在适应环境的过程中都面临着一个基本问题：如何在与生存和繁衍有关的任务上进行选择？这些分配资源的选择使得个体向最有利于自身发展的方向努力，这构成了个体的生命史策略（Life History Strategy）。

具体而言，在压力情境下，每种生物都必须在生存投入和繁殖投入间做出选择。前者是指在面对压力情境时，生物选择将有限的资源和时间合理分配以达到保障自身成长和增加自身资源的目的；而后者是指在面对压力情境时，生物选择将自身资源投入求偶、繁衍上。为了更加直观、系统地呈现生命史策略，有研究者用由"慢"到"快"的连续体来标识生命史策略（Ellis et al.，2009）。慢策略一般指向未来的生存投入，如较晚的生育行为和延迟满足（Figueredo et al.，2006）；而快策略则指向当下的繁殖投入，如更早的生育行为、更看重当下获利等（Griskevicius et al.，2013）。

众多研究认为生命史策略的形成一般依赖于个体所处环境的严酷性、不确定性和资源的稀缺性。由此可以说，人类在童年期的生长环境，很大程度上决定了其个体生命史策略。生活在严酷、不确定和资源稀缺的环境中，儿童在成年后一般采取快策略；相反，生活在富裕、安全的童年环境中，儿童在成年后经常采取慢策略（Beehner & Lu，2013）。一般而言，采取快策略的个体，往往性伙伴较多，对子女的投入较少。在现代社会中，这些人会表现为决策更加短视，更考虑眼前利益，行为更加冲动，较少有利他行为，较少与人合作，得到较少的社会支持，不喜欢遵守规则，容易出现冒险行为（Ellis，1988）。相反，采取慢策略的个体，在选择配偶时更加挑剔，对配偶的要求往往较高，决策更加考虑长远利益，朋友关系也更加长久。虽然其子女数量较少，但是他们会对自己的子女投入更多的时间和精力。这些个体也通常表现出更多的利他行为，面对风险时的决策更加谨慎，更加遵从社会规则，社会支持水平也往往更高（Griskevicius et al.，2011b）。

在日常生活的方方面面，采用不同生命史策略的个体，其消费和决策行为存在很大差异。Griskevicius 等（2013）指出，采取快策略的个体喜欢把到手的钱很快花掉，面对风险时更加冒进；而采取慢策略的个体，决策时考虑得更长远并为未来节省，面对风险时的选择更加谨慎。数学家贝努利曾指出，金钱对个人的主观效用不一定与其客观价值成正比，而是因人而异。比如，我们有时可以观察到人们的消费行为并不完全反映其经济状

况。进一步来看，Kahneman 和 Tversky（1979）的预期理论（Prospect Theory）认为，个体对不同效用的选择存在不同的偏好，可能是风险厌恶，也可能是风险寻求；同时，个体对概率的估计也有一定的主观性，可能会高估或低估某些事件发生的可能性。有关风险决策的过程，占优启发式是一个比较有解释力的模型（Brandstatter et al.，2006；毕研玲、李纾，2007）。根据该模型的搜索与决策规则，当个体从收益的角度来看待面临的风险决策（如收取巨额贿赂还是守着平淡的工资收入）时，受最好结果的影响较大，也就是说，足够多的收益，对个体就会充满诱惑，使个体偏向于高收益的选项，而不管其获得概率如何，即风险寻求；当个体从损失的角度来看待面临的风险决策（如放弃收取巨额贿赂还是丢掉"乌纱帽"）时，如果损失都是巨大的且难以区分，则个体的选择主要受概率影响，会偏向于选择较小概率发生损失的选项，即损失厌恶。除此之外，认知与情绪也对人的风险决策有影响（Ariely et al.，2005）。

综上所述，当一个人所拥有的生活资源相对优渥，也不缺乏获得更好的物质条件的机会时，什么样的心理因素会促使他冒巨大风险（如触犯法律）去追求更多的金钱？本研究将这一综合性的心理因素归纳为"心理贫穷感"或"贫穷感"，以描述个体在涉及与金钱相关的认知和情绪上的偏差。具体来说，受心理贫穷感驱使的个体，由于过分放大金钱的主观效用，会对环境有不安全感，对金钱和未来有焦虑感，对失去或损失金钱有厌恶感，对金钱有持续的不满足感。因此，他们很可能会比其他人更加偏向于追求高收益；另外，由于他们极端厌恶金钱损失，也可能会低估受惩罚的概率，而不愿放弃巨额的金钱。

然而，如果研究仅限于通过对不同理论的演绎与推导来分析人们的心理与行为，就很容易导致研究与现实情境大相径庭，从而陷入循环论证的死胡同。既然安全感的建立与童年经历关系密切，那么成长于不同经济条件下的个体，对于金钱的认知究竟有何差异？面对风险情境时的决策又有何不同？本研究试图通过实证的方法来探讨这些问题及其背后的心理机制。

在本书撰写过程中，徐斐参与了本书第 1 章、第 2 章以及第 4 章第 4 节的撰写工作，任亮宝参与了第 3 章的撰写工作，宁叶涵参与了第 4 章第

1 节的撰写工作，齐巍参与了第 4 章第 2 节的撰写工作，曹雪敏参与了第 4 章第 3 节的撰写工作，孔云中参与了第 4 章第 5 节的撰写工作，周洁、董薇参与了第 5 章的撰写工作。郭栋、徐晨、周子涵等参与了全书整体文字和内容的修改，感谢他们为本书出版做出的努力和贡献。

目　录

第1章　心理贫穷感概述

1　贫穷感的理论起源

1.1　生命史理论

生命史理论（Life History Theory，具体内容见第三章）源于进化生物学，认为生命进化就是不断从环境中获取资源，并将资源用于自身建设的过程（如植物的光合作用、狮子捕猎、人类耕种等）。而人类如何在有限的环境和资源情境下权衡与分配资源，称作个体的生命史策略（Life History Strategy，LHS）。生命史策略大致可分为两种：存续策略（Somatic Effort），也称 K 策略或慢策略，是指生物选择将自身有限的资源和时间分配到保障自身成长和增加自身资源上；繁殖策略（Reproductive Effort），又称 R 策略或快策略，是指生物选择将自身有限的资源和时间投入求偶、繁衍上（Sherman et al.，2013）。快策略和慢策略的形成取决于三种生态环境条件。①环境的严酷性。研究者通常用疾病率或死亡率来评估环境的严酷性。②环境的不确定性。食物时而充足时而匮乏的环境是很不确定的环境。③环境中资源的稀缺性，即获取所需资源需要付出多少代价。需要付出的代价越高，说明环境中的资源越稀缺（Figueredo et al.，2005）。显然，如果个体对自身资源和环境条件的主观评估不同，其资源配置的策略也不同。

生命史理论认为，童年社会经济地位（Childhood SES）显著影响成年

1

个体的生命史策略。研究表明，LHS 的形成取决于个体童年的社会经济地位，而与成年后的社会经济地位关系较小（Buss，2009；王燕等，2017b）。由于成长环境的资源较充足且更加安定，童年社会经济地位较好的个体容易形成慢策略；与此相反，由于成长环境的资源匮乏且不太安定，童年社会经济地位较差的个体容易形成快策略（Simpson et al.，2012），其特征表现在以下几个方面。

（1）冒险倾向。采取快策略的个体通常更加冲动，表现出更少的利他行为，更少与人合作，社会支持也较少，对社会规则遵从更少，更加喜欢冒险（Ellis，1988）。采取慢策略的个体通常表现出更多的利他行为，面对风险时的决策更加谨慎，对社会规则更加遵从，社会支持水平也往往更高（Griskevicius et al.，2011b）。

（2）短期机会主义行为。采取快策略的个体，其决策相对短视，喜欢把到手的钱很快花掉，面对风险时的选择更加冒进；采取慢策略的个体，决策更加考虑长远和为未来节省，面对风险时的选择更加谨慎（Griskevicius et al.，2013）。

（3）控制感或自我控制。经济不可预测性会使童年贫穷的人更加冲动，而童年富庶的人更少冲动；不可预测性改变了人们对于环境的控制感；暴露于不可预测的环境使童年贫穷的人比那些童年较富裕的人具有显著更低的控制感（Mittal & Griskevicius，2014）。大学生缺乏控制感导致的一系列危险行为，如吸烟、酗酒、赌博和危险驾驶等，与快策略有密切联系，而与慢策略呈负相关；与此相反，有效的自我控制则与慢策略有显著的正相关关系（Figueredo et al.，2006）。

此外，生命史策略影响个体对于剥削和欺骗性资源获取策略的使用（Reynolds & McCrea，2015）。有趣的是，Wenner 等（2005）依据西方传统"七宗罪"的概念，编制了包含骄傲、懒惰、暴食、愤怒、嫉妒、欲望和贪婪七个指标的自评量表。研究发现，快策略对这些行为有预测作用，而慢策略能够显著抑制这些行为。

当然，生命史策略和其他的内隐性心理品质类似，只能通过观察和记录其外显行为而间接测量。由 Figueredo 发展的亚利桑那生命史组（Arizona Life History Battery，ALHB）是一个最大、最综合的生命史测量方法（Figueredo et al. , 2013），包含 8 个量表：①Mini-K 量表，一个独立简版生命史测量量表（Figueredo et al. , 2006）；②洞察力、计划和控制量表（Brim et al. , 2000）；③母亲/父亲关系质量量表，包含评估母亲关系质量和父亲关系质量的两个分量表（Brim et al. , 2000）；④家庭社会联系和支持量表，包含评估家庭社会联系和家庭社会支持的两个分量表，改编自 Barrera 等（1981）的研究成果；⑤朋友社会联系和支持量表，包含评估朋友社会联系和朋友社会支持的两个分量表，同样改编自 Barrera 等（1981）的研究成果；⑥亲密关系体验量表，测量焦虑、回避和安全依恋（Brennan et al. 1998）；⑦总体利他性量表，包含亲子女利他行为、亲属利他行为、朋友利他行为、社区利他行为，该量表改编自 Brim 等（2000）的研究成果；⑧信仰量表，该量表改编自 Brim 等（2000）的研究成果。

其中，Mini-K 量表由 20 个项目构成，是 ALHB 量表的简版（Figueredo et al. , 2006）。对应 ALHB 量表的不同维度，Mini-K 量表都设有两到三个项目进行相应的评估。Mini-K 量表的内部一致性系数为 0.70，重测信度达到 0.70。Mini-K 量表的测量学指标非常良好，目前是最常使用的生命史策略量表之一。High-K 策略量表测量慢策略（Giosan, 2006）。前人研究报告该量表的内部一致性可达 0.90（Gladden et al. , 2009）。量表项目评估与慢生命史测量理论相关的各个方面，例如，"我有一个好身材"对应健康方面的评估，"在工作场合或其他场合，我所从事的活动是安全的"对应环境安全/稳定的评估，"我的朋友尊重我"对应社会成功方面积极的自我感知的评估。一些研究者还发展出他们自己的超级 K 因素，作为区别个体生命史策略差异的高优先级因素。例如，Olderbak 和 Figueredo（2010）测量超级 K 因素的工具，由 Mini-K 量表（Figueredo et al. , 2006）、配偶价值量表（Mate Value Inventory）（Kirsner et al. , 2003）和人格总因素量表（NEO Five Factor Inventory）（Costa & McCrae, 1992）组成。

当然，除了用 ALHB、Mini-K 量表和 High-K 策略量表直接测量外，有学者认为，通过对影响生命史策略的因素进行分析，可以对生命史策略进行间接测量，如环境因素、儿童经验等。具体来说，可从主观和客观两个方面对环境的严酷性进行测量。其中客观指标有社会经济地位、犯罪率、疾病 - 死亡发生率和寿命预期；主观指标有人们对生活环境的主观估计与

感知、对邻居暴力与犯罪状况的主观估计、对亲属疾病或死亡情况的回忆、对童年社会经济地位的主观评定、对童年家庭冲突与暴力事件的主观评定（Ellis et al.，2009；Griskevicius et al.，2013；White et al.，2013；Mc-Cullough et al.，2013）。例如，以当地疾病 - 死亡发生率的波动情况来测量环境的不稳定性（Ellis et al.，2009），通过评估父母生活压力的来源（失业、搬家与离异经历）来测定童年生活环境的不稳定性（Simpson et al.，2012；Frankenhuis et al.，2013）。

另外，生物学指标也是测定生命史策略的间接途径，一个有效的指标是个体的氧化应激反应。有机体面临各种有害刺激时，体内会产生过多的高活性分子，导致氧化系统与抗氧化系统失衡，最终导致组织受损。因此，个体较高的氧化应激水平在某种程度上意味着其可能长期生存在高压力、不良和低社会经济地位的环境中（Gangestad et al.，2010）。据此，Griskevicius 等（2013）用 8 - 羟化脱氧鸟苷来间接测量个体的社会经济地位，结果显示：处在高氧化应激水平下的个体（意味着长期暴露于较低的社会经济地位），经济衰退线索可促使其采取快策略，如更多的冒险行为。

综上所述，生命史理论强调童年经历，尤其是童年家庭社会经济地位对成年后个体生命史策略的影响。童年家庭社会经济地位较低的个体，成年后更倾向于形成快策略，而采取快策略的个体会更加冲动、短视，更倾向于冒险。

1.2 马斯洛需求层次理论

需求层次理论认为，如果要理解为何某些人会如此行事，就必须知道个体的目标和需求（Maslow，1970，1943）。马斯洛（Maslow，1943）根据高级和低级动力的不同将人的需求归纳为五个层次，并说明其优先级和可能的影响。他认为，首先人们要满足自身的生理需求，紧接着是安全需求，然后是归属或爱的需求。当这些需求都得到满足时，就要满足他们的尊重需求，最后，是自我实现需求。如果一个人的低级需求没有得到满足，那么这项需求就会占据主导地位。当然不排除有一些人是例外，他们可能认为获得尊重比自我实现优先级要更高。总的来说，人们更关心较低层次的需求。马斯洛并没有明确地指出五个需求层次所对应人类的典型年龄。我们通常认为比起低级的动机（如饥渴），高级动机（如利他或者道德）发生的年龄更晚。这些需求与生物生存更不相关，更接近于自我实现。个体在需求层次的发展中有很广泛的不同。马斯洛相信总体来说年长的人比年轻人更关注较高级的动机。

马斯洛需求层次理论（Maslow，1943）在当时的人类动机理论研究者和应用研究者中引起了很大的质疑（McGregor，1960；Porter，1961；Rogers，1963）。有学者质疑马斯洛的被试挑选程序描述得过于模糊，没有遵循心理学实验的标准范式。有几位学者试图验证马斯洛需求层次理论反而得到负面的结论。Wahba 和 Bridwell（1976）对工作场所中的人进行调研，发现马斯洛需求层次理论的一些观点被完全推翻，并且其他部分得到混合的和充满疑问的支持。Hall 和 Nougaim（1968）对于职业经理人的纵向研究也未能支持马斯洛需求层次理论。Cofer 和 Appley（1964）的研究也几乎未能支持马斯洛需求层次理论。而 Alderfer（1972）研究发现，马斯洛需求层次理论需要大改。

然而，Wicker 等认为这些负面发现有严重的方法问题。他们试图打破这些局限并调整了量表的措辞，再次评估马斯洛需求层次理论的命题，结果发现：对于较低水平的需求，未能满足的负面反应会相对较大；对于较高水平的需求，达标的正面反应会更大。研究的最终结果反驳了之前认为马斯洛需求层次理论命题经验性失效的结论（Wicker et al.，1993）。

此后，又出现许多研究支持马斯洛需求层次理论。如 Trexler 和 Schuh（1971）的研究结果支持了马斯洛关于不同需求层次的顺序和关系的理论。Graham 和 Balloun（1973）与不同教育背景、收入和年龄的 37 位被试进行访谈，试图验证两个假设：①对于任意给定需求，其满足水平应与满足该需求的欲望呈负相关；②比较需求层次中的任意两个需求，低层次需求的满足水平应该高于高层次需求的满足水平。研究运用了三种测量方式，其结果部分支持了马斯洛需求层次理论。

测试马斯洛需求层次理论的困难之一是缺少一个测量普遍特质动机的综合性工具。Murray（1943）使用了主题统觉测验（Thematic Apperception Test），然而这份测验没有被标准化，其信效度的基本问题依然没有得到解决。例如，需求满意度问卷（Need Satisfaction Questionnaire）（Porter，1961，

1962）以及存在、关联和成长层次问卷（Existence，Relatedness，and Growth，ERG）（Alderfer，1972）都存在限制，或者缺少综合性，或者缺少足够的效度。Reiss 和 Havercamp（1998）研发了一个综合性、标准化的普遍动机测量工具，该工具很适合评价马斯洛需求层次理论，因为它可以测量 15 个经验推导的动机。Reiss 和 Havercamp（1998）将之前的研究数据合并到一起，探讨动机如何随着成年人的年龄而变化。他们将吃、性、健身和报复归纳为较低级的动机，将荣誉、家庭和理想主义归入较高级的动机，大样本研究结果支持了马斯洛关于人类成长的总体观点，即比起更年长的成年人，较低级的动机（比如吃和运动）对于年轻人更强；然而，比起更年轻的成年人，较高级的动机（如荣誉和理想主义）对于年长的成年人更强。

在马斯洛需求层次理论中，两个较低级别的需求与个人的自身体验直接相关。生理需求和安全需求的不满足将导致个体产生不安全感。个体可能会感受到周围的人、事、物对自己构成威胁，认为世界不公平或是危险。为了平衡内心的不安全感，个体会采取补偿的心理防御机制，甚至会过度防御与补偿。

1.3　过度补偿

Adler（1982）认为，每个人都有不同程度的自卑感，这可能源自早年较差的生活环境、生理上的缺陷或者技能的不足。为了平衡自卑感带来的不愉快的体验，个体会采取各种各样的手段来进行弥补，也就是补偿。自卑感会驱动个体采取行动就弱势的方面进行提高，或者发展另一方面的优势以弥补缺憾，最终消除自卑，达到一种平衡，也叫作"心理补偿"。从以往经验来看，心理补偿具有负面的意味，因为它似乎表示个体在某一方面偏离了常态。随着积极心理学的兴起和发展，心理补偿日益被看作一种积极适应的应对方式（Backman & Dixon，1992）。

之后，Backman 和 Dixon（1992）提出了一个完整的心理补偿模型，将心理补偿过程分成了四个组成部分：开始（origins）、机制（mechanisms）、形式（forms）和结果（consequences）。补偿行为开始的前提就是"个体所拥有的能力水平与其需要解决的情境不匹配"。比如，在需要解决的情境一定的情况下，个体感觉到自身能力不足。又或者，当自身能力水平一定时，个体感觉到需要解决的情境要求提高了。总而言之，个体感受到在需要解决的情境要求和自身的能力水平之间有一个明显的差距。在这种情况下，个体开始了补偿行动。大多数的补偿行为一开始是有意识的。随着补偿行动的进一步发展，有意识的补偿行为渐渐转化为无意识的自动化行为（Schneider & Shiffrin，1977）。心理补偿主要有以下三种形式：①提升自身能力以弥补差距；②开发潜能以弥补差距；③突破能力极限。心理补偿的结果有两种：①成功达成目标，即弥补了个人能力水平与需要解决的情境要求的差距；②没有达成目标，即行动失败。无论最终结果如何，积极心理学者都认为，个体通过补偿行为提升了整体能力水平是具有正面适应意义的（Backman & Dixon，1992）。

所谓过度补偿（overcompensation），就是个体所采取的补偿行为已经超出了所需要解决情境的要求，是一种过度的补偿行为。过度补偿作为一种应对策略，可能会产生有害的结果。如果尝试失败，有害精神健康的可能性会更大，因为有过度补偿行为的个体消耗了稀缺的社会和心理资源（Ilic et al.，2012；Branscombe & Ellemers，1998）。过度补偿也可能耗尽个体的资源，提高个体压力水平或者降低其抗压能力（Miller & Major，2000）。在认知层面，过度补偿要求持续地自我监控，因此会增加认知负荷产生额外的压力（Smart & Wegner，2000）。关于约翰·亨利效应的研究很有趣地验证了这一点。低社会阶层群体（比如美国南部的黑人）的高知觉压力和高努力应对策略相结合，目前被视为该人群高血压高发病率的原因（Bennett et al.，2004）。然而，过度补偿本身不应该有是非对错之分。比如，肥胖的妇女可能因她们体型外貌不佳，试图克服弱势，变得更加爱社交和喜欢社交互动（Mallett & Swim，2005）。

Bowlby（1969）指出，对环境的安全感需要从童年开始建立。若个体没有建立起安全感，那么极有可能形成一种不安全的内部心理加工模式，并长期影响他们社会行为的各个方面。为了平衡内心的不安全感，个体会采取补偿的心理防御机制，甚至会过度防御与补偿。随着防御与补偿行为的展开和进行，它们逐渐转化成为个体无意识的自动化行为，甚至延续到成年时期。

2 与贫穷感有关的概念

既然有关金钱的认知和情绪很可能影响个体的风险决策行为，那么有必要采用一个准确的概念加以描述和测量。通过对以往研究进行梳理发现，已有的诸多概念都无法准确地描述心理贫穷感——一种往往源于童年低社会经济地位，又长期持续影响人对于金钱相关的行为决策的特殊心理因素。心理资源作为积极心理学的研究热点（Hobfoll，2002），心理资本作为积极组织行为学的研究热点（Luthans et al.，2007），两者的研究范式都无法参考。精神贫困关注客观贫困对于个体精神健康造成的不利影响，关注精神健康角度的扶贫（余德华，2003；Frese et al.，2016），完全不适用。主观贫困的操作化存在很多困难，目前学界依然使用以单一的收入或消费为依托的物质维度（Van Praag et al.，1980）。主观贫困研究者长期以来从经济学、社会学和心理学角度对间接生活满意度和幸福学进行研究（Rojas & Jimenez，2008），同样不适用。稀缺理论认为贫穷有碍于认知，俘获认知带宽，使个体无视长远利益而做出短视的决策（Mani et al.，2013；Mullainathan & Shafir，2013）。稀缺水平无法量化，更无法进行个体之间的比较。金钱态度维度内涵涉及太广，包含外显行为等（如财务计划），不够聚焦（Yamauchi & Tmepler，1982）。物质主义似乎提供了一种更为贴合的可能性，然而也不够准确。因为物质主义的内涵涉及甚广，在行为表现上强调对于物质的占有和炫耀性消费，追求物质享受的生活方式（Richins & Dawson，1992）。

2.1 心理资源

Hobfoll 提出"心理资源"（psychological resources）的概念。他认为，所谓心理资源既包括人们内心重视的事物，如健康，也包括达到目标所需要的因素，如社会支持（Hobfoll，2002）。心理资源是积极心理学领域的研究热点。Baumeister 等（2000）认为心理资源是一个能量池，人们通过消耗心理资源来达到自我控制。当心理资源不足时，人们的自控能力也会下降（Muraven et al.，1998）。心理资源可以调节创伤性事件对于个体的身心

健康的负面影响（Adams et al.，2006；Ruggiero et al.，2009）。Finkelstein
等（2007）采用乐观来操作化心理资源，并发现，来自父母受教育水平较
低家庭的青少年，比来自父母受教育水平较高家庭的青少年更不乐观。
Saphire-Bernstein 等（2011）采用乐观、自主和自尊操作化心理资源，并发
现，心理资源与遗传高度相关。综观心理资源的相关研究，我们发现，心
理资源的操作化定义非常多样，缺少整合，无法用来描述并测量个体与金
钱相关的认知和情绪上的差异。

2.2　心理资本

Luthans 等（2004）指出"心理资本"（psychological capital）包括自
我效能感、乐观、希望和韧性四个要素，获得积极组织行为学领域的广泛
关注。研究发现，心理资本能以积极的方式影响工作绩效（Luthans et al.，
2005，2007）、工作满意度（Larson & Luthans，2006；Youssef & Luthans，
2007）和主观幸福感（Avey et al.，2010；Cole et al.，2009）。心理资本的
提高有利于缓解抑郁症状和焦虑症状（Liu et al.，2013；Shen et al.，
2014）。综观心理资本的相关研究，可以发现研究个体与金钱相关的认知
和情绪上的差异，并探索其与风险决策的关系，无法参照积极组织行为学
的范式。

2.3　精神贫困

余德华等众多国内学者提出"精神贫困"（psychological poverty）（余
德华，2003）。他们认为，精神贫困是一种心理障碍的表现形式。处于贫困
中的成年人或儿童，会表现出一系列个性特征或心理健康上的负性变化，
如自我封闭、自卑等（武晓东，2013；盛洁等，2008）。从 2006 年开始，
这一概念得到越来越多的学者关注，研究焦点仍围绕贫困人群的心理健康
问题（矫宇，2008；胡艳芳，2007；刘峰、田志鹏，2011）。

国外心理学家的大多数研究聚焦于贫困对心理造成的结果，称为贫困
心理学（the Psychology of Poverty）。例如，许多研究发现，长期暴露于贫
困压力下人们会产生焦虑和抑郁，进一步损害个人的精神健康（Palomar-
Lever & Victorio-Estrada，2012）。还有学者致力于开发干预手段，对贫困人

口进行精神扶贫（Frese et al.，2016；Thompson，2015）。综观精神贫困的相关研究，可以发现，精神贫困聚焦贫困人口的心理健康问题。本研究无法采用精神贫困来描述个体与金钱相关的认知和情绪上的差异。

2.4　主观贫困

Koczan（2016）将贫困界定为"客观贫困"和"主观贫困"（subjective poverty）。主观贫困是个体对于自身是否处于贫困状态的主观评价。有学者通过主观贫困线来宏观地研究一个地区人口的主观贫困。按照调查问题类型的不同，主观贫困线的确定方法可以大致分为三类。①SPL 型（Subjective Poverty Line），基于维持生活的家庭最低收入问题，例如："你认为能维持你家庭生活正常运行的最低收入是多少？"②LPL 型（Leyden Poverty Line），基于对家庭不同收入水平的评价的问题，例如："符合如下标准时，相对应的家庭收入应该为多少？非常差、差、不足、足够、好、非常好。"③CSP 型（Centre for Social Policy Poverty Line），基于利用实际可支配收入维持生活的难度问题，例如："家庭实际收入能否维持生活的正常运行？很不够、不太够、刚够、较轻松、非常轻松。"（Flik & Van Praag，1991）然而，这些方法均依托于收入或消费的单一维度。接着，有研究者从经济学、社会学和心理学领域引入"幸福"（well-being）、"生活满意度"（life satisfaction）等概念，提出多维度主观贫困的研究思路。而Van Praag 认为，贫困被解释为不幸福，可以用福利、福祉或生活满意度来描述幸福（Van Praag et al.，1980）。Rojas 利用主观生活领域满意度对主观贫困进行了实证研究（Rojas & Jimenez，2008）。本研究需要采用一个综合的、明确的、可直接测量的指标，故无法采用主观贫困。

2.5　稀缺理论

Mani 等（2013）在 *Science* 上发表文章"Poverty Impedes Cognitive Function"（贫穷有碍认知功能）。研究者认为，穷人常常以一种不太有能力的方式行事，进而延续贫穷。他们通过两个实验验证了贫穷直接阻碍认知功能发挥。Sendhil Mullainathan 和 Eldar Shafir（2013）出版了 *Scarcity：Why Having Too Little Means So Much*？一书，认为"稀缺会俘获大脑"（scarcity captures the mind），改变人们的思维方式，俘获人们的注意力，从而对决策和行为产生影响。作者定义的"带宽"（bandwidth）就是心智的容量。稀缺通过降低心智容量，即减少带宽，来减弱人们的认知能力和执行控制力。这时，人们很可能只被燃眉之急吸引了注意力，而无暇关注其他更重要的事情，往往无法做出长期有利的决策。而贫穷就是金钱的稀缺状态（Mullainathan & Shafir, 2013）。根据这一理论，金钱的稀缺会吸引和消耗人们的注意力，使人们无法做出对自身长期发展有利的决策，从而使金钱继续稀缺，并如此恶性循环下去。然而，目前无法测量稀缺对个体认知能力和执行控制力的影响程度，也无从比较个体之间的差异，无法解释童年的贫困经历对成年后个体风险态度的影响。

2.6　金钱态度

Steven Michael Burgess（2007）认为，"金钱态度"（money attitude）指的是一种对人际、态度的信念，用来描述金钱的价值及重要性，很大程度上影响着人们与金钱相关背景或情境下的行为。Yamauchi 和 Templer（1982）编制金钱态度量表，该量表包括四个维度，即权力-声望、维持-保留、不信任和焦虑，来描述个体对于金钱的价值及重要性的不同态度和信念。Furnham（1984）编制金钱信念及行为量表，将金钱态度拓展为六个维度，即困扰、权力、维持、安全、不充分和成就/能力。Lim 和 Teo（1997）通过对前人量表的整合，编制金钱量表，将金钱态度的维度发展为八个，即痴迷、权力、预算、成就、评价、焦虑、保持和非慷慨。Tang 等在金钱伦理量表的基础上编制了金钱喜好量表，将其拓展为九个维度，即善、恶、成就、尊重、预算、自由、富有、动机和重要性（Tang et al. , 2004）。金钱态度的内涵涉及甚广，包含较多的行为指标，如个体如何做财务计划等，不够聚焦。事实上，外显行为是内隐认知和情绪的外在表现。关注个体与金钱相关的认知和情绪上的差异，需要一个更加聚焦的概念加以描述。

2.7　物质主义

物质主义（materialism）有三种取向的内涵界定。Belk 等认为，物质主义是一些人格特质的集合，占有性、嫉妒、吝啬和保存是物质主义的核

心特质（Belk，1985；Belk & Pollay，1985）。以自我决定理论为取向的 Kasser 和 Ryan 将物质主义视为一种外在目标定向（Kasser et al.，1995；Kasser & Ryan，1993）。自我决定理论所倡导的个体生活目标可分为反映个体成长需要的内在目标和反映外在价值需要的外在目标。Richins 和 Dawson（1992）根据物质主义内涵的三个维度，即以物质追求作为生活的中心、以物质财富来界定成功、以物质追求来实现幸福感，编制物质主义价值观量表。其内涵和界定为大部分研究者所采用。物质主义也是积极心理学关注的主题之一。积极心理学家探索物质主义与幸福的关系。例如，Kasser 等（2014）发现，当人们相对降低物质目标和价值的重要程度时，人们的幸福感提升；而当人们追求更多的物质目标时，幸福感随着时间减弱。Nagpaul 和 Pang（2017）研究发现，当个体暴露于消费线索时，物质主义被激活，随之自主权（autonomy）的满意度降低，从而产生更高水平的负面影响。与之不同，本章中提出的问题在于个体为了占有金钱，即避免失去金钱和追求获取更多金钱而甘冒风险。这就需要一个更加精准的概念来描述。

综上所述，以往已存在的种种概念都存在不足，无法用于准确描述和测量个体与金钱相关的认知和情绪上的差异。据此，本研究提出"心理贫穷感"这一综合性的概念，用以描述个体与金钱相关的认知和情绪上的差异。我们编制专门的量表工具，考察童年社会经济地位对心理贫穷感的影响，并探索心理贫穷感与风险决策的关系。研究结果将丰富决策心理学和进化心理学等领域的理论内容和研究工具，有助于理解社会热点问题，还可以为改善社会环境、加强社会治理提供有益的对策和建议。

3 心理贫穷感概念界定

本研究通过半结构式访谈对 8 位心理学或社会学专家和 17 位社会人员进行访谈，初步撰写心理贫穷感文字描述并设计专家问卷；接着通过德尔菲法，成功邀请 28 位心理学专家共同确定心理贫穷感概念内涵和维度的具体文字描述。心理贫穷感是个体与金钱相关的、相对稳定的内心感受，包括不安全感、焦虑感、厌恶感、不满足感和金钱关注五个维度。心理贫穷感高的个体为了避免失去金钱或者追求获取更多金钱而甘冒风险。

第一步，理论推演。从理论角度，梳理心理贫穷感存在的理论基础，推演心理贫穷感存在的可能性和合理性。在此基础上初步描绘心理贫穷感的概念内涵。本步骤在本研究第一章已经涵盖。第二步，概念辨析。就已有概念进行辨析，验证心理贫穷感存在的现实需求，寻找其存在的价值和意义。在此基础上，初步调整心理贫穷感的概念内涵。本步骤在本研究第一章已经涵盖。第三步，访谈 8 位专家和 17 位社会人员。通过分析社会现象，层层深入，从现实角度探索心理贫穷感存在的可能性。听取反馈，收集意见，汇总并提取心理贫穷感的关键要素。第四步，前后共 3 轮各 20 位专家意见收集。结合第一步、第二步和第三步，再一次调整心理贫穷感的概念内涵，并推测其可能的维度。然后再一次发放问卷，收集意见，此步骤共进行了 3 轮。第五步，辨析和界定。在第四步成果的基础上，邀请两位专家再一次评估辩论，直到达成一致（见图 1 - 1）。

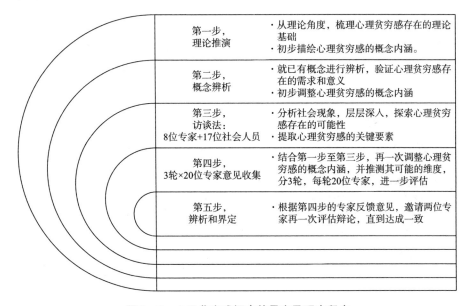

图 1 - 1　心理贫穷感概念的界定及研究程序

3.1　方法

3.1.1　对象

在访谈阶段，本研究邀请了 25 位受访者，其中包含 8 位专家和 17 位

社会人员。8 位专家分别在高校获得教授职称。其中，有 3 位来自社会学领域，有 5 位来自心理学领域；7 位来自中国，1 位来自德国。17 位社会人员中，有 5 位曾经接受过心理学相关高等教育或培训；有 2 位接受过社会学相关高等教育；有 6 位企业高管，企业形式包含国企、外企和私企。男性与女性分别占 52% 和 48%。婚姻状况为：56% 的受访者有伴侣，44% 的受访者无伴侣。从年龄上看，受访者的年龄涵盖各年龄段：15～20 岁的受访者占 16%，21～30 岁的受访者占 12%，31～40 岁的受访者以及 41～50 岁的受访者均占 24%，51～60 岁的受访者占 8%，60 岁以上的受访者占 16%。从受教育年限来看，9～12 年的受访者占 9%，12～16 年的受访者占 39%，16 年以上的受访者占 52%，9 年及以下的受访者比例为 0。

在专家意见收集阶段，本研究成功邀请到 28 位心理学专家参与。这 28 位心理学专家分别在高等院校担任讲师、副教授或教授等职务，或者有着非常资深的临床精神病学或心理咨询经验。

3.1.2　访谈法

本研究采用的是个别的、一次性的、半结构式访谈，包含直接面谈和电话访谈两种形式。半结构式访谈方法适用于访谈目的明确，又需要受访者尽可能地分享观点和信息的研究。

3.1.3　德尔菲法

德尔菲法又叫专家意见法。本研究成功邀请 28 位心理学专家深度参与心理贫穷感的概念内涵界定。德尔菲法适用于缺少信息资料和历史数据，又需要较多的专业知识作为背景的分析和研究。

3.1.4　数据处理

本研究采用"问卷星"软件，通过互联网收集访谈和专家意见反馈的信息。信息收集完毕后，通过 Microsoft Excel 软件进行数据存储和管理。

3.2　程序

3.2.1　访谈前

根据理论推演和概念辨析两个步骤以后初步建立的心理贫穷感概念内涵，结合真实社会中的诸多典型事例，设计半结构式访谈提纲（见附录

1）。以方便邀请的原则，列出专家和社会人员的备选名单。通过电话或互联网即时消息的方式接触被邀请者。通过电话预约初次见面的时间。在第一次见面时，介绍研究课题。接着，预约正式访谈的时间和地点。

采访者通过引导语开始正式访谈。受访者需要签署知情同意书。

3.2.2　访谈中

研究者采用以下访谈技术，以最大可能地获得受访者的观点和信息："开放式"提问技巧；积极地、建构地、共情地倾听技巧；准确地、及时地回应技巧；当受访者表现出顾虑时，适当地鼓励技巧。

3.2.3　访谈后

整理访谈笔记，辨析和归纳主要观点，汇总相类似的观点。将整理后的内容与心理贫穷感概念内涵的雏形比对，甄选出与研究初衷方向一致且未被涵盖的意义、角度或元素。再次组织语言，调整心理贫穷感概念内涵。将高度认同的部分，纳入心理贫穷感内涵；将存疑的部分保留到下一步，在第一轮专家意见收集中再一次评估。对于概念明显混淆、角度明显不一致、理由明显牵强的观点予以删除。在此基础上，设计第一轮专家意见收集的问卷提纲。

3.2.4　第一轮 20 位专家意见收集

基于以上访谈结果，结合理论推演和概念辨析的雏形文字，编制第一轮 20 位专家意见收集的问卷提纲（见附录 2）。通过打电话或上网的方式联络 20 位心理学专家，沟通研究背景、目的以及当前进展，确定发送和回收问卷的具体方式。本轮成功回收 20 份问卷。收集问卷，查看并分析。就不明确的信息，通过打电话或上网的方式与专家沟通，听取反馈，明晰观点。关于心理贫穷感概念部分，将相似的观点提炼、汇总、分组，再与之前的文字描述比较、辨析和调整形成新的文字表述。关于心理贫穷感的维度部分，通过投票和增补的方式获得权重排序。在此基础上，编制第二轮 20 位专家意见收集的问卷提纲。

3.2.5　第二轮 20 位专家意见收集

在第一轮 20 位专家意见收集的成果基础上，编制第二轮 20 位专家意见收集的问卷（见附录 3）。通过打电话或上网的方式联络 20 位心理学专

家，沟通研究背景、目的以及当前进展，确定发送和回收问卷的具体方式。20 位专家就心理贫穷感的概念文字逐条打分。从"非常不同意"到"非常同意"分别计 1~5 分。对于分值低于 3 分的文字项目，需要专家在空白处撰写认可的文字表述。本轮成功回收 20 份问卷。收集问卷，查看并分析。对于"非常不同意"和"基本不同意"的项目，研究者通过打电话或上网的方式与专家沟通。关于心理贫穷感概念部分，将相似的观点提炼、汇总、分组，再与之前的文字描述比较，进行辨析和调整形成新的文字表述。在此基础上，编制第三轮 20 位专家意见收集的问卷提纲。

3.2.6　第三轮 20 位专家意见收集

在第二轮 20 位专家意见收集的成果基础上，编制第三轮 20 位专家意见收集的问卷（见附录 4）。通过打电话或上网的方式联络 20 位心理学专家，沟通研究背景、目的以及当前进展，确定发送和回收问卷的具体方式。邀请 20 位专家就心理贫穷感的概念文字逐条打分，从"非常不同意"到"非常同意"分别计 1~5 分。对于分值低于 3 分的文字项目，需要专家在空白处撰写认可的文字表述。本轮成功回收 14 份问卷。接着，就"非常不同意"和"基本不同意"的项目，通过打电话或上网的方式与专家沟通，听取反馈，明晰观点。关于心理贫穷感概念部分，将相似的观点提炼、汇总、分组，再与之前的文字描述比较，进行辨析和调整形成新的文字表述。

3.2.7　辨析和界定

邀请两位心理学权威专家，就最新成果以及所有专家的意见反馈进行最终的评估和辩论，直到达成一致。最终形成心理贫穷感的概念内涵文字。

3.3　结果

3.3.1　访谈

本研究邀请 25 位专家和社会人员参与访谈。25 位受访者完成了所有 4 个部分共 12 个项目的访谈内容。

分析汇总这 25 份访谈记录发现以下观点相对集中：50% 以上的受访者

认为心理贫穷感源自一种不安全感；50% 以上的受访者认为心理贫穷感高的个体强烈渴望占有金钱；30% 以上的受访者认为心理贫穷感高的个体在行为上可能表现出贪婪，也可能表现出吝啬；30% 以上的受访者认为如果从需求层次来说，心理贫穷感高的个体似乎依然关注较低的需求层次；8% 的受访者认为心理贫穷感似乎与外界物质条件无关；8% 的受访者认为心理贫穷感严重时表现可能非常极端，成为一种心理疾病。关于心理贫穷感的细分维度，50% 以上的受访者提到不安全感及相似概念；50% 以上的受访者提到焦虑及相似概念；50% 以上的受访者提到金钱至上及相似概念；30% 以上的受访者提到贪婪和吝啬及相似概念；30% 以上的受访者提到需求层次及相似概念。这些高频关键词以及其他 4 个频率较高的关键词，将作为心理贫穷感主要的备选维度进入专家意见收集阶段。

此外，还有其他一些观点，例如，认为心理贫穷感是心理资源枯竭；认为心理贫穷感是自卑或自私；认为心理贫穷感是心理素质问题；等等。通过上一节概念辨析可以发现：这些都是与心理贫穷感截然不同的东西，是一种错误的解读。

3.3.2　第一轮 20 位专家意见收集

关于心理贫穷感是否与外界物质条件相互独立，有专家提出心理贫穷感作为一个新提出的概念，与其他相关概念的关系问题，有待进一步研究，不适宜在概念中作为必定的元素出现。关于心理贫穷感是否伴随低自我价值感，有专家提出上述相同的建议，心理贫穷感与自我价值感的关系问题，有待于后续研究，不适宜在概念中作为必定的元素出现。同样地，关于心理贫穷感严重的情况下是否会成为心理问题，甚至是心理疾病，专家也提出有待进一步探讨和研究，不适宜在概念内涵中涉及。

在认知上，心理贫穷感高的个体对于金钱和金钱的等价物有强烈的渴望和占有欲。这一点得到专家们的普遍认同。在情感上，心理贫穷感伴随着不安全感和焦虑感。这一点专家们也高度认可。在行为表现上，专家们认同贪婪或吝啬的行为表现，然而在措辞上觉得可以寻找更加准确、客观、避免价值评价的文字表述。

在概念内涵文字表述的先后顺序上，绝大部分专家赞同先总体描述定性，再从认知和情绪两个方面进行界定性描述。20 位专家就心理贫穷感的

维度备选关键词进行评估和投票，结果显示，不安全感、不满足感、焦虑感、贪婪、需求层次这五个关键词得到的认同分数较高。

3.3.3 第二轮 20 位专家意见收集

有专家提出，个体对于金钱的寻求只是一个方面，还应该囊括对于金钱的保有，无法忍受哪怕一点点失去等。有专家提出，心理贫穷感作为一种内心感受，可能伴随着不安全感和焦虑感，也可能已进入一种无意识的行为或策略惯习。关于心理贫穷感高的个体更倾向于物质主义的价值取向，20% 的专家不同意这样的描述，30% 的专家不确定。可见在一半的专家心目中，心理贫穷感和物质主义价值观这两个概念之间是不完全相同的。25% 的专家明确表示反对将心理贫穷感的行为表现描述为"当遭遇趋避冲突时，个体更倾向于占有物质"。理由一：趋避冲突限制了行为差异发生的情境，有可能过于武断地缩小了行为差异可能存在的条件或范围；理由二：概念内涵的文字描述尽可能用简单浅显的文字措辞，避免加入较为复杂或生疏的专业概念，更有利于理解和传播。关于心理贫穷感是一种主观的内心感受的观点，20 位专家意见高度一致。

3.3.4 第三轮 20 位专家意见收集

本轮 14 位专家完成了 13 个项目的意见收集问卷。在本轮的专家意见收集中，各位专家的意见已经趋同。每条文字描述依然有 10% ~ 25% 的专家选择了"不确定"。这些文字成为研究者后续需要更深入辨析的内容。

3.3.5 辨析与界定

基于以上成果，笔者邀请了两位心理学专家，就所有收集的信息和不确定的内容进行深入的探讨和辩论。这两位专家对于心理贫穷感的由来、概念、维度、理论基础等都做了深刻的、反复的思考。经过几次碰撞和辩论，最终得到心理贫穷感的概念内涵。详情请参见结论部分。关于心理贫穷感的维度，两位专家认为，可以根据前几轮专家的意见来编制心理贫穷感量表，通过因子分析，再进一步明确构成心理贫穷感的维度。这些初选的维度是：不安全感、不满足感、焦虑感、厌恶感以及金钱关注。

3.4 讨论

3.4.1 对心理贫穷感概念内涵的讨论

个体的认知和情绪对于风险决策的影响日益受到决策心理学界和行为经济学界的关注。综观以往研究，诸多已有概念都存在不足，不适用于描述和测量个体与金钱相关的认知和情绪上的差异。据此，本研究利用"心理贫穷感"这一综合性概念，来描述和测量个体与金钱相关的认知和情绪上的差异，并编制专门的工具，用以探索个人与金钱相关的内隐感受对风险决策的影响。本研究通过对话生命史理论、马斯洛需求层次理论和过度补偿理论，推演了心理贫穷感存在的可能性和合理性。本章节通过实证的方法，即访谈法和德尔菲法，明确界定了心理贫穷感的概念内涵和细分维度。

心理贫穷感是个体相对稳定的内心感受。所谓相对稳定是指长期存在且不易变化。内心感受包含认知和情绪两个部分。也就是说，人们对于外界刺激长期形成的一种不轻易变化的心理反应，比如习惯性的思维、想法、念头或情绪反应等，主要包括以下四个方面的心理阶段。①心理贫穷感会造成一种主观偏差，个体有意识或无意识地感受到似乎身处贫穷环境。个体会过分夸大金钱的效用，对于自己身处的环境和经济条件感到不满，抱有负面的认知和情绪，感受到不安全和焦虑。从人本主义心理学的角度来看，基于马斯洛需求层次理论，当个体的需求没有得到满足或被剥夺时，会产生不安全感。②个体内心体验到一种不安全感，并逐渐有意识或无意识地形成不安全感的内部加工模式，同时对于未来个体也体验到一种强烈的焦虑感。为了平衡这种不舒适的心理感受，个体有意识或者无意识地寻求心理补偿。心理补偿作为一种防御策略并没有对错之分。然而，这种补偿的心理加工模式不断重复最终可能发展为一种无意识的自动反应模式，产生过度补偿。③个体在不安全感和焦虑感的驱动下，希望能够更多地占有金钱。占有金钱有两种途径，一是避免失去金钱，即减少支出；二是追求获取更多的金钱，即增加收入。在心理补偿机制推动下，个体会通过占有金钱平衡内心的不安全感和焦虑感。这只是一种应对策略，并无是非对错之分。然而过度补偿作为心理补偿的结果之一是，个体对于失去

金钱强烈地体会到厌恶感，对于获取金钱强烈地体会到不满足感。个体对于金钱的效用过分夸大，对于金钱高度关注。④不安全感、焦虑感、厌恶感、不满足感和金钱关注是心理贫穷感的五个维度，相互关联，相互作用，继而影响个体的风险决策。也就是说，为了占有金钱，即避免失去金钱或追求获取更多的金钱而甘冒风险。这与生命史理论的观点不谋而合。生命史理论认为，在经济剥夺的环境中长大的个体，成年后会形成快策略。快策略的个体可能更趋向于短期机会主义，更冲动，更倾向于冒险。因此，童年社会经济地位与心理贫穷感的关系以及心理贫穷感与风险决策的关系都是本研究关注的要点。

3.4.2　研究过程

从人口学的角度来看，受访者的受教育年限普遍较长。原因在于，访谈需要从社会现象评论入手，层层深入，剖析其背后的心理原因，这就要求受访者具有一定的知识积累和文字表达能力。受教育年限在九年义务教育及以下的个体可能不适合作为被访对象。另外，教育背景可能会影响心理贫穷感概念内涵观点采集的多样性和全面性。笔者认为，在有限的时间内，进行这样一个新的综合性概念的讨论，对受访者的知识背景和文字表达能力要求都非常高；遵循研究便宜的原则，目前的受访者的教育背景结构是可以接受的。

访谈中插入了四个案例分析。其中包括三个真实案例和一个文学作品人物形象。目的在于借助社会现象和文学形象，使受访者有的放矢，更加生动和深刻地表达自己的观点。四个案例中的主人公有着不同的身份、年龄、背景、观点、感受和行为，从而为受访者提供四个不同的情境，多角度地审视自己的观点，自我辨析。访谈中还请受访者观察自身和所处环境，运用自己的观点思考和列举存在的社会现象，并加以描述和解释。最终通过多层次、多角度的访谈提纲，以及有机的对话互动，帮助受访者厘清了自己的思路，充分表达了自己的观点，访谈者也更加准确地接收了信息。

从访谈结果来看，受访者对于心理贫穷感的理解意见还是相对集中的。比如，50%以上的受访者认为心理贫穷感源自一种不安全感，而且心理贫穷感高的个体强烈渴望占有金钱。又如，关于心理贫穷感可能包含的维度，50% 以上的受访者提到不安全感及相似概念、焦虑感及相似概念，以及金钱至上及相似概念。通过运用德尔菲法，结果发现，心理贫穷感的概念内涵就包括个体体会到不安全感，和个体对于金钱体会到不满足感。同时，不安全感、焦虑感和金钱关注正是心理贫穷感的三个维度。这说明专家和受访者有较高程度的共识，那就是心理贫穷感的内涵中包含这三个元素。这三个元素贯穿始终，从访谈到专家意见收集，表现得非常稳定，成为心理贫穷感很鲜明的三个维度。

通过大量的文献阅读，根据心理贫穷感的理论基础和概念辨析，可以有效地过滤和筛选访谈中获得的信息。

第一轮 20 位专家意见收集、第二轮 20 位专家意见收集、第三轮 14 位专家意见收集，其间总共得到 28 位心理学专家的支持。有部分专家因为个人时间安排的原因，未能参与全部三轮意见收集。也就是说，在三轮专家意见收集的过程中，专家人员存在变动。这对于研究者和新加入研究的专家组成员都是一个挑战。研究者需要花费时间向新加入的专家介绍研究背景以及当前的研究进展。新加入的专家组成员也需要迅速消化吸收，准确理解和了解研究内容和目标方向。成员的变化，可能会造成信息传递过程中的失真，或者观点表达的延续性受到阻碍。研究者通过更加客观科学地设计问卷，每一个操作步骤都及时、准确、完备地记录，努力将这些负面影响降低到最小。事实上，专家组成员的增补变化，使更多的专家关注和参与心理贫穷感的概念界定之中，更多的角度、意见和思想再次碰撞，共同打磨心理贫穷感的概念内涵，是更加有力的。这样一来，不利因素转化为有利因素，令最终的研究成果更经得起推敲和考验。

专家意见收集先采用问卷收集信息，再就具体的内容通过打电话或上网的方式进行一对一沟通。研究者阅读了大量的文献，梳理了心理贫穷感的理论基础，并就已有的相似概念进行了辨析，是最熟悉心理贫穷感的专家。基于这样的认识，对于专家意见中没有表达强烈反对的观点，比如选择"不确定"的项目，研究者并没有进一步深挖。这可能会导致一部分信息的流失。笔者认为本研究旨在初步描绘心理贫穷感的概念内涵，在时间和条件有限的前提下，首先抓住主要矛盾点，将进一步的深刻描绘和细致描绘留待后续研究。

关于前三轮专家对于心理贫穷感概念的反馈意见，在本轮两位心理学专家通过批判性地采纳和深刻地辨析，从而对心理贫穷感概念内涵进行进一步界定。在文字撰写方面，两位心理学专家最大限度地听取专家组的意见，力求文字的甄选更加准确，更加通俗易懂，避免歧义、晦涩和模棱两可。然而，凡事没有尽善尽美。在此过程中，不可避免地受到信息在传递过程中的曲解，固有概念的影响，等等，使最终的概念内涵文字只能尽可能地接近真相，而不能完全诠释真相。

3.4.3 贫穷感前因探索

贫穷和贫困的英文都是"poverty"。然而在中文里，贫穷与贫困还是略有区别的。《当代汉语词典》解释贫穷为"缺乏或没有钱财和物资"；解释贫困为"贫穷困苦"。在现代社会里，贫困不仅指缺少维持生活最起码的物质条件，还包括缺少获得这些条件的机会。贫困不仅仅强调金钱的缺乏，同时突出了金钱稀缺而带来的恶性循环。

不仅当下贫困会对心理产生负面影响（Palomar-Lever & Victorio-Estrada，2012；Thompson，2015），贫困的童年经历对于成年后个体认知、情感和行为的影响也非常深远。贫困是在认知、社会情感和身体健康方面改变个体终身发展轨迹的一个强大的因素。弱势儿童比富有的同龄人更有可能面对各种各样的身体压力和心理社会压力（Evans & Kim，2013）。儿童时期家庭贫困可以预测成年时期主要抑郁障碍（Major Depressive Disorder，MDD）（Nikulina et al.，2011）。Mossakowski 使用美国国家纵向数据，将社会压力理论与生命历程的观点结合起来，发现弱势家庭背景是后续抑郁症状的风险因素的中介机制。其中一个关注点就是贫困的慢性压力。结果发现：自尊主要中介了父母受教育水平和年轻成年人抑郁症状的反比关系；贫困的慢性压力中介了父母职业声望与年轻成年人抑郁症状的反比关系；家庭社会经济地位的不同组成部分通过自我概念和贫困的慢性压力可以为整个成年时代的精神健康留下持久的印记（Mossakowski，2015）。

关于童年贫困对成年后的影响，神经科学方面也有很多新的发现。研究者们对有早期贫困经历的年轻成年人进行实验。他们通过内隐情绪调节任务和功能性脑成像技术来进行实验。研究发现：暴露于急性应激时，童年贫困预测胰岛素的增加和海马激活的减少，即童年贫困可以改变成年人情绪调节的神经电路（Liberzon et al.，2015）。童年贫困与压力反应系统中的扰动有关，并进一步影响关键认知和情绪功能。实验比较了 26 位记录有童年贫困历史的成年人和 26 位成长于中等收入家庭的成年人休息状态的大脑活动，结果发现：童年贫困与减少默认模式网络（Default Mode Network，DMN）连接有关；这与社会压力预期的较高皮质醇水平相关联。这些结果表明低收入个体压力敏感性的可能的大脑基础（Sripada et al.，2014）。研究者们招募 52 位 23 ~ 25 岁成年人完成情绪面孔评估任务，并进行功能磁共振成像（fMRI），研究发现：童年贫困与成年时收入相独立；相比快乐面孔，经历过童年贫困的成年人对威胁有更高的杏仁核和内侧前额叶皮质（mPFC）反应（Javanbakht et al.，2015）。也就是说，经历过早期贫困的成年人对于社会威胁线索更敏感，对于积极的社会线索不那么敏感。

　　童年社会经济地位（Childhood SES）是评估童年贫困程度的一项重要指标。童年社会经济地位与成年后个体的多项指标显著相关。Bates 等（2013）研究发现，高童年社会经济地位与高平均智力成绩相关。Fors 等（2009）研究发现成年时期的社会经济地位未能调节童年社会经济地位对于个体生命晚期的认知水平的影响。社会经济地位对儿童认知发展最显著的影响体现在语言功能上（Guo & Harris，2000）。Heinonen 等（2006）调研 694 位 24 ~ 27 岁的成年人，并将参与者当前的社会经济地位作为控制变量。结果发现，童年社会经济地位对于成年后个体的悲观指标预测作用显著。童年时期的社会经济地位对于成年心血管疾病、各种原因的死亡和一定范围的具体病因具有强大的预测作用（William et al.，2008；Ferrie & Rolf，2011；Schreifer & Chen，2010；Carroll et al.，2011）。近期的医学研究发现，压力对成年人健康的影响与个体的童年社会经济地位而不是个体成年社会经济地位显著相关（Cohen et al.，2010；Galobardes et al.，2004）。

　　心理贫穷感建立在生命史理论、马斯洛需求层次理论和过度补偿理论三大理论基础之上。生命史理论认为童年社会经济地位对于成年后个体的生命史策略影响显著（Buss，2009）。人们对于资源稀缺的反应依赖于早期生活环境的严酷程度。生命史理论研究者通过童年社会经济地位将其操作化（Griskevicius et al.，2013）。在资源匮乏的环境中养育成人的个体与在资源丰富的环境中养育成人的个体会形成不同的生命史策略（Griskevicius

心理贫穷感

et al.，2011b）。而社会经济地位是一个现代资源获取指标（Belsky et al.，2012；王燕等，2017a），用于测量个体童年时期资源的匮乏或丰富的程度。研究表明，生命史策略的形成取决于个体童年社会经济地位，而与成年后的社会经济地位关系较小（Buss，2009）。童年社会经济地位较高的个体由于成长环境的资源较充足且更加安定，容易形成慢策略。与之相反，童年社会经济地位较低的个体由于成长环境的资源匮乏且不太安定，容易形成快策略（王燕等，2017a）。快策略的个体通常会更加冲动（Ellis，1988），更易有越轨行为（Figueredo et al.，2006），更倾向于冒险（Ellis，1988），或采取短期机会主义的行为（Griskevicius et al.，2013）。

生命史理论研究者通过主观自评方式测量个体的童年社会经济地位。例如，Griskevicius 等通过 9 点李克特量表询问被试对于三个描述童年生活环境的陈述句的赞同程度，以此来评估童年社会经济地位（Cronbach's α = 0.83）（Griskevicius et al.，2013）。1 分表示"强烈不同意"；9 分表示"强烈同意"。三个评估童年社会经济地位的陈述句分别是："我的家庭通常有足够的钱来满足我成长的需要"；"我在一个相对富裕的社区长大"；"比起我同学校的孩子，我觉得自己相对富裕"。本研究从生命史理论的视角出发，采用生命史理论研究者所使用的主观测评的方式测量个体的童年社会经济地位。

生命史理论关于童年社会经济地位对成年后个体影响的观点，与马斯洛需求层次理论和过度补偿理论相呼应。马斯洛需求层次理论认为，安全感是个体的基本需求之一。其中物质上、经济上的保障是安全需求的重要内容（Maslow，1970，1943）。Bowlby（1969）指出，对环境的安全感需要从童年开始建立。若个体没有建立起安全感，那么极有可能形成一种不安全的内部心理加工模式，并长期影响他们社会行为的各个方面。此时，个体会采用补偿的心理防御机制，甚至会过度防御与补偿。有意识的过度补偿逐渐转化为个体无意识的自动化行为，甚至延续到成年时期。童年社会经济地位与成年个体关于金钱的认知和情绪关系密切。心理贫穷感用以描述个体与金钱相关的认知和情绪上的差异。童年社会经济地位与心理贫穷感之间必然存在千丝万缕的联系。

3.5　结论

本研究通过访谈法、德尔菲法明确界定了心理贫穷感的概念内涵和细分维度。

心理贫穷感是个体与金钱相关的、相对稳定的内心感受，内含五个维度。①不安全感。个体感受到不安。②焦虑感。个体对于未来感受到焦虑，对于金钱感受到焦虑。③厌恶感。个体对于失去金钱感受到厌恶。④不满足感。个体对于金钱高度渴望，感受到不满足。⑤金钱关注。个体对于金钱高度关注。这里的金钱也可以是金钱的等价物。心理贫穷感造成一种主观偏差，个体有意识或无意识地感觉到似乎身处贫穷之中。心理贫穷感高的个体为了占有金钱甘冒风险。这里的占有包含两种形式：①避免失去金钱；②追求获取更多的金钱。

第 2 章　心理贫穷感量表的编制

"心理贫穷感"这一综合性的概念，用以描述个体与金钱相关的认知和情绪上的差异。首先，通过理论推演支持了心理贫穷感的存在。其次，通过考察六个已有概念，进一步说明提出心理贫穷感这一综合性概念的必要性。接着，通过实证方法明确界定心理贫穷感的概念内涵和细分维度。在明确界定心理贫穷感的概念内涵和细分维度之后，编制适当的题目，遵循严格的心理测量学程序，力求编制出具有较高信度和效度的测量工具。心理贫穷感概念能比较准确地描述个体关于金钱在认知和情绪上的差异。据此编制可行的量表，唤起学界和民众对于金钱的主观感受之重视。同时，通过心理贫穷感量表，还可以揭示心理贫穷感与生命史策略之间的关系。这些结果将更全面地反映个体与环境之间的互动关系。

第一步，建立题库。在研究一的基础上，根据概念内涵和维度，参考相关已有量表项目，建立心理贫穷感题库。诸如"即使我拥有花不完的钱，还是觉得担心"，"当我占小便宜时会感受到格外满足"等。采用5点李克特量表。"非常不同意"计 1 分；"非常同意"计 5 分。第二步，内容效度评估。邀请 20 位心理学专家对量表内容效度进行评估。专家就每个项目与该项目所要测量的维度是否匹配进行打分。根据专家反馈，调整项目文字、筛选项目内容，再进行第二轮内容效度的评估。邀请 2 位心理学专家对结果重评，直至达成一致。本步骤共进行了 2 轮。第三步，项目语义评估。邀请心理学专家 6 位、社会人员 65 位，就项目的语义是否清晰、准确、合适进行打分。邀请 2 位心理学专家对结果重评，直至达成一致。本步骤共进行了 2 轮。第四步，初测。在第一步、第二步、第三步的基础上形成初测量表。以方便取样的原则，通过互联网向社会人员发放问卷。回收问卷 201 份。第五步，初测结果项目分析。通过相关分析、鉴别力分析以及探索性因素分析，筛除质量较低的项目。邀请 2 位心理学专家对结果重评，直至达成一致，形成复测量表。第六步，复测。以方便取样的原则，通过互联网向社会人员发放问卷。回收问卷 553 份。第七步，复测结果项目分析。通过相关分析、鉴别力分析、探索性因素分析以及验证性因素分析，优选项目。邀请 2 位心理学专家对结果重评，直至达成一致。最终得到心理贫穷感量表。量表包括 5 个维度，共 15 题。第八步，信度效度分析。研究采用内部一致性信度。在效度方面，考察了内容效度、结构效度以及效标关联效度。效标关联效度量表采用了生命史策略 Mini-K 量表（Wenner et al., 2005）（见图 2 - 1）。

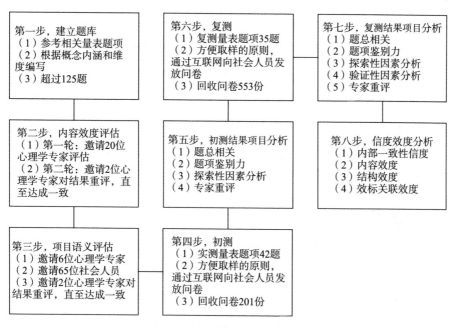

图 2 - 1　心理贫穷感量表编制程序示意

1　研究方法

1.1　参与者

第一次施测分别进行了量表项目的内容效度评估和语义评估。内容效

度评估部分邀请了 20 位心理学领域的专家。这 20 位心理学专家分别在高等院校担任讲师、副教授或教授等职务，或者有着非常资深的临床精神病学或心理咨询经验。项目语义评估邀请了 6 位专家与 65 位社会人员。第二次施测（初测），以方便取样的原则，通过互联网向社会人员发放问卷。回收问卷 201 份。第三次施测（复测），以方便取样的原则，通过互联网向社会人员发放问卷。回收问卷 553 份。

1.2　研究方法

本研究先后进行了三次施测。第一次施测的目的是进行内容效度评估和项目语义评估。第二次施测（初测）是在专家建议和试测的基础上，对项目进行初步分析，探索考察心理贫穷感的结构。初测结果项目分析包括相关分析、鉴别力分析以及探索性因素分析。第三次施测（复测）是在初测的基础上，再次进行项目分析，形成正式量表。复测结果项目分析包括相关分析、鉴别力分析、探索性因素分析以及验证性因素分析。复测通过探索性因素分析（EFA）探索量表的因素结构，并对探索得到的结构，通过验证性因素分析（CFA）验证因素结构与数据的拟合程度，并通过模型竞争来选择拟合程度最佳的模型结构。接着，分析量表的信度和效度，检验正式量表的各项心理测量学指标，以确保量表科学、有效。

1.3　数据处理

本研究采用"问卷星"软件，通过互联网收集问卷数据；通过 Microsoft Excel 软件进行数据存储和管理。本研究应用 SPSS 20.0 和 AMOS 17.0 进行数据统计分析工作。主要的统计分析技术包括相关分析、方差分析、回归分析、探索性因素分析和验证性因素分析等。

2　量表编制程序

2.1　建立题库

基于心理贫穷感的理论基础，以及通过德尔菲法提炼的备选维度的关键词，参考借鉴已有信效度较好的量表，考察相关维度与题目。采用自编的方式来完成。这样初步形成量表题目 78 个。

第一，项目参考了马斯洛安全感 – 不安全感问卷（the Psychological Security-insecurity Questionnaire）（曹中平等，2010）。马斯洛安全感 – 不安全感问卷共有 75 个题目，每个题目包括 "是""否""不清楚" 3 个选项。根据计分表进行计分，选项结果与计分表中的参考答案一致的计 0 分，其他选项结果计 1 分。所有题目的得分相加得到最终的分数。得分数值越高，安全感水平越低。得分数值越低，安全感水平越高。曹中平、黄月胜和杨元花于 2010 年在初中生中修订了该问卷。通过项目分析、探索性因素分析和验证性因素分析，修订后的问卷包含 44 个项目，10 个一阶因素和 3 个二阶因素。其中疑虑不安、担忧未来、情绪低落和世事不满四个维度整合为情绪安全感，人际融洽、乐观开朗、尊重友爱和幸福温暖四个维度整合为人际安全感，自信坚定和自我悦纳两个维度整合为自我安全感。修订后量表的 Cronbach's α 系数为 0.89。两个月后对农村留守儿童的重测信度为 0.72。曹中平等人以亲子依恋安全性量表作为修订后量表的效标，亲子依恋安全性与该量表的相关系数达到中度相关以上（0.4 以上），且达到 0.01 显著性水平。其中情绪安全感是心理贫穷感量表题库的关注焦点之一，尤其是疑虑不安、担忧未来，对应心理贫穷感的不安全感维度。

第二，题库中的项目参考了焦虑自评量表（Self-rating Anxiety Scale，SAS）（汪向东等，1999；Zung，1971）。Zung 在 1971 年编制了焦虑自评量表，该量表包含 20 个项目，4 级评分，评定症状出现的频率。"1"代表"没有或很少有时间有"；"2"代表"小部分时间有"；"3"代表"相当多时间有"；"4"代表"绝大部分或全部时间有"。主要症状为焦虑、害怕、惊恐、发疯感、不幸预感、手足颤抖、躯体疼痛、乏力、不能静坐、心悸、头昏、晕厥感、呼吸困难、手足刺痛、胃痛或消化不良、尿意频繁、多汗、面部潮红、睡眠障碍和噩梦。SAS 量表具有较广泛的实用性，适用于具有焦虑症状的成年人。评定的时间范围强调"现在或过去一周"。20 个项目的各个得分相加，再经过算式 $y = \text{int}(1.25x)$ 换算，得到标准分。对中国正常人 1158 例常模进行研究，结果显示，20 项总分均值为 29.78 ±

0.46，可作为常模总分均值之上限（汪向东等，1999）。其焦虑、害怕、不幸预感等是心理贫穷感量表题库的关注焦点之一，对应心理贫穷感的焦虑感维度。

第三，项目参考了金钱态度量表（Money Attitude Scale）（Yamauchi & Templer, 1982）。该量表共 29 个项目，分 4 个维度：权利 - 名望、维持 - 保留、不信任、焦虑。每个维度项目若干，是一个 7 点李克特量表，用以评价发生频率。"1"表示"从不"；"2"表示"极少"；"3"表示"少"；"4"表示"有时"；"5"表示"经常"；"6"表示"非常频繁"；"7"表示"一直如此"。权利 - 名望维度代表个体如何通过使用金钱来影响他人；维持 - 保留维度代表个体具有谨慎的财务计划；不信任维度代表个体对于带有金钱的情境表现出犹豫、怀疑；焦虑维度代表个体视金钱为焦虑的来源（杨晶，2015）。Yamauchi 和 Templer（1982）发现，人们的金钱态度是独立于其经济收入的。其中不信任维度，即个体对于带有金钱的情境所表现出犹豫、怀疑，以及焦虑维度，即个体视金钱为焦虑的来源，分别对应心理贫穷感的厌恶感和焦虑感维度。

第四，项目参考了物质主义价值观量表（Material Values Scale，MVS）（Richins & Dawson, 1992；李静、郭永玉，2009）。Richins 和 Dawson（1992）的物质主义价值观量表包括以获取财务为中心、通过获取财务追求幸福、以财务定义成功 3 个维度，共 18 个项目，采用 5 点李克特量表计分，从"很不同意"到"非常同意"分别计 1 ~ 5 分。其总量表 Cronbach's α 系数范围为 0.77 ~ 0.88，平均为 0.85，各分量表的平均 Cronbach's α 系数分别为 0.73、0.75、0.77（Richins, 2004）。李静与郭永玉于 2009 年在大学生群体中修订了该量表。修订后的物质主义价值观量表的 Cronbach's α 系数为 0.792，三个因子的 Cronbach's α 系数分别为：0.649、0.671、0.626。间隔四周后，以 90 名被试进行重测，收到有效数据 82 对，重测信度为 0.830。在效标关联效度方面，相关分析结果显示，物质主义与生活满意度之间显著负相关（$r = -0.183$，$p < 0.01$），与被试渴望的月收入之间显著正相关（$r = 0.224$，$p < 0.01$），与买自己想要或需要的东西分配的钱呈显著正相关（$r = 0.178$，$p < 0.01$），而与捐赠（$r = -0.154$，$p < 0.05$）、给或借给朋友或亲戚（$r = -0.135$，$p < 0.05$）、还债（$r = -0.139$，$p <$

0.05）分配的钱之间均呈显著负相关。统计结果说明，物质主义程度高的人渴望更高的收入，更自私，对他人的关心更少，生活满意度更低。该结果在一定程度上验证了 Richins 和 Dawson（1992）的结论，进一步证实了修订后的物质主义价值观量表具有较好的效标关联效度。修订后的量表具有较好的信度和效度。其中以财务定义成功维度对应心理贫穷感的不满足感和金钱关注两个维度。

2.2　内容效度评估

本研究邀请了 20 位心理学专家就各个项目与其维度的匹配程度做出评估。"1"表示"非常不匹配"，"2"表示"基本不匹配"，"3"表示"不确定"，"4"表示"基本匹配"，"5"表示"完全匹配"。这 20 位心理学专家均在大学讲授心理学的相关课程，职称为讲师或副教授。接受平均分在 4 分及以上的项目，进一步调整平均分在 3.5 分至 4 分的项目，删除平均分在 3.5 分及以下的项目。对于修改和删除的项目，邀请 2 位心理学专家对结果重评，直到意见达成一致。

2.3　项目语义评估

量表的每个项目的语句需要简单明了，通俗易懂，措辞准确，无模棱两可，并且适合中国人惯用的表达方式。本研究成功邀请了 6 位心理学专家与 65 位社会人员就项目的语义表达进行打分。"1"表示"非常不合适"，"2"表示"基本不合适"，"3"表示"不确定"，"4"表示"基本合适"，"5"表示"完全合适"。这 6 位心理学专家均在大学讲授心理学的相关课程，职称为讲师或副教授。65 位社会人员来自不同性别、年龄、受教育年限、年收入和地区（见表 2 - 1）。本步骤的目的在于评估项目语句表达的准确性，修改不易理解或有歧义的项目。接受平均分在 4 分及以上的项目，进一步调整平均分在 3.5 分至 4 分的项目，删除平均分在 3.5 分及以下的项目。就修改和删除的项目，邀请 2 位心理学专家对结果重评，直到意见达成一致。最终获得初测量表项目 42 个。

 心理贫穷感

表 2 - 1   试测样本描述统计（$n = 65$）

单位：人，%

变量	水平	人数	占比
性别	男性	29	45
	女性	36	55
婚姻状况	无伴侣	29	45
	有伴侣	36	55
年龄	58 岁以上	1	2
	48～58 岁	3	5
	38～48 岁	21	32
	28～38 岁	23	35
	18～28 岁	17	26
	18 岁及以下	0	0
受教育年限	9 年及以下	6	9
	9～12 年	4	6
	12～16 年	21	32
	16～18 年	29	45
	18 年以上	5	8
年收入	5 万元及以下	17	26
	5 万～10 万元	18	28
	10 万～15 万元	6	9
	15 万～25 万元	12	18
	25 万～50 万元	8	12
	50 万～100 万元	3	5
	100 万元以上	1	2
常住上海	是	44	68
	否	21	32

2.4   初测

邀请两位心理学专家就以上内容效度评估和项目语义评估结果再一次评估。两位心理学专家对于修改或删除后的项目再三重评、修改，直至对题目达成一致意见，无任何分歧。经过修订，最终得到初测版量表 42 个项目。同时，把五个分量表分别命名为：不安全感分量表、焦虑感分量表、厌恶感分量表、不满足感分量表和金钱关注分量表。

　　以方便取样的原则，通过互联网向社会人员发放问卷，并成功回收初测问卷201份。初测问卷包含四个部分：①知情同意书；②人口学信息；③心理贫穷感初测量表；④社会赞许性量表。同时施测的还有：⑤童年社会经济地位量表；⑥生命史策略Mini-K量表；⑦风险偏好水平问卷；⑧损失厌恶调查问卷。问卷答题用时至少12.5分钟。首先，查看被试答题所用时间，删除答题时间低于750秒的问卷35份。其次，对于效验性问卷进行筛查。社会赞许性量表得分高于30分（包含30分）为得高分者，将4份得高分者的问卷剔除。共删除问卷39份。最终，获得初测有效问卷162份（见表2-2）。

表 2-2　初测样本描述统计（$n=162$）

单位：人，%

变量	水平	人数	占比
性别	男性	56	34.6
	女性	106	65.4
年龄	58岁以上	5	3.1
	48~58岁	15	9.3
	38~48岁	54	33.3
	28~38岁	56	34.6
	18~28岁	31	19.1
	18岁及以下	1	0.6
独生子女	是	66	40.7
	否	96	59.3
受教育年限	9年及以下	5	3.1
	9~12年	8	4.9
	12~16年	87	53.7
	16~18年	47	29.0
	18年以上	15	9.3
年收入	5万元及以下	42	25.9
	5万~10万元	35	21.6
	10万~20万元	44	27.2

续表

变量	水平	人数	百分比
年收入	20 万～30 万元	21	13.0
	30 万～50 万元	7	4.3
	50 万～70 万元	7	4.3
	70 万～100 万元	2	1.2
	100 万～150 万元	2	1.2
	150 万～200 万元	1	0.6
	200 万元以上	1	0.6
婚姻状况	无伴侣	54	33.3
	有伴侣	108	66.7
有无子女	无	69	42.6
	有	93	57.4
常住上海	是	81	50.0
	否	81	50.0

2.5 初测结果分析

2.5.1 题总相关

分量表内部各个项目应与该分量表总分显著相关，且相关程度应较高。本步骤分别将五个分量表中的每个项目，与分量表总分进行相关分析，并删除项目与分量表总分相关不显著，或者相关显著但项目与分量表总分相关系数小于 0.3 的项目。删除不满足感分量表中 2 个相关度较低的项目，即第 48 题（2）和（5）。本步骤得到：不安全感分量表（12 题）、焦虑感分量表（6 题）、厌恶感分量表（12 题）、不满足感分量表（3 题）和金钱关注分量表（7 题）。各个项目与各个分量表总分之间都高度相关。

2.5.2 鉴别力分析

本步骤将根据项目的鉴别力删除项目。首先，将被试在各个分量表上的得分进行排序。其次，取各个分量表总分前 27% 所对应的被试数据组成高分组。接着，取各个分量表总分后 27% 所对应的被试数据组成低分组。将各个分量表的两组被试，即高分组与低分组，在各个分量表上的得分进行独立样本 t 检验。删除独立样本 t 检验结果中没有达到显著性水平的项目（见表 2 - 3）。

表 2 - 3　各分量表高分组与低分组临界值

分量表	高分组临界值（＞）	低分组临界值（＜）
Ⅰ 不安全感	105	94
Ⅱ 焦虑感	20	15
Ⅲ 厌恶感	38	28
Ⅳ 不满足感	11	8
Ⅴ 金钱关注	24	17

独立样本 t 检验结果显示：不安全感分量表、不满足感分量表、焦虑感分量表、厌恶感分量表和金钱关注分量表，所有项目在统计上均达到显著性水平。这表明这些项目具有较高的区分能力，可以全部保留（见表 2 - 4）。

表 2 - 4　各分量表高分组与低分组独立样本 t 检验

分量表	项目	分组	n	M	S	t	p
Ⅰ 不安全感	第 21 题（1）	高分组	45	4.62	0.490	6.323	0.000
		低分组	42	3.62	0.936	6.198	0.000
	第 21 题（2）	高分组	45	4.84	0.367	5.721	0.000
		低分组	42	4.05	0.854	5.586	0.000
	第 21 题（3）	高分组	45	4.84	0.424	5.245	0.000
		低分组	42	3.88	1.152	5.107	0.000
	第 21 题（4）	高分组	45	4.91	0.288	6.465	0.000
		低分组	42	3.98	0.924	6.282	0.000
	第 21 题（5）	高分组	45	4.42	0.657	9.163	0.000
		低分组	42	2.69	1.070	9.019	0.000
	第 21 题（6）	高分组	45	4.56	0.586	9.124	0.000
		低分组	42	2.95	1.011	8.967	0.000
	第 21 题（7）	高分组	45	4.67	0.522	8.120	0.000
		低分组	42	3.21	1.071	7.948	0.000
	第 21 题（8）	高分组	45	4.67	0.522	7.849	0.000
		低分组	42	3.48	0.862	7.723	0.000

心理贫穷感

分量表	项目	分组	n	M	S	t	p
Ⅰ不安全感	第21题 (9)	高分组	45	4.51	0.549	5.984	0.000
		低分组	42	3.57	0.887	5.892	0.000
	第21题 (10)	高分组	45	4.49	0.549	6.458	0.000
		低分组	42	3.60	0.734	6.394	0.000
	第21题 (11)	高分组	45	4.44	0.503	6.369	0.000
		低分组	42	3.62	0.697	6.299	0.000
	第21题 (12)	高分组	45	4.36	0.773	4.901	0.000
		低分组	42	3.45	0.942	4.868	0.000
Ⅱ焦虑感	第47题 (1)	高分组	54	3.91	0.807	13.919	0.000
		低分组	37	1.73	0.608	14.665	0.000
	第47题 (2)	高分组	54	4.24	0.432	14.125	0.000
		低分组	37	2.22	0.917	12.514	0.000
	第47题 (3)	高分组	54	4.15	0.684	16.718	0.000
		低分组	37	1.78	0.630	16.982	0.000
	第47题 (4)	高分组	54	4.15	1.219	10.196	0.000
		低分组	37	1.78	0.854	10.876	0.000
	第47题 (5)	高分组	54	3.56	1.208	8.770	0.000
		低分组	37	1.57	0.801	9.440	0.000
	第47题 (6)	高分组	54	4.33	0.971	11.595	0.000
		低分组	37	1.97	0.928	11.697	0.000
Ⅲ厌恶感	第39题 (1)	高分组	44	3.64	0.917	4.316	0.000
		低分组	36	2.64	1.150	4.220	0.000
	第39题 (2)	高分组	44	3.84	0.888	7.824	0.000
		低分组	36	2.22	0.959	7.762	0.000
	第39题 (3)	高分组	44	3.36	0.917	9.294	0.000
		低分组	36	1.69	0.624	9.645	0.000
	第39题 (4)	高分组	44	3.73	0.845	7.506	0.000
		低分组	36	2.06	1.145	7.285	0.000
	第39题 (5)	高分组	44	3.55	1.247	8.314	0.000
		低分组	36	1.64	0.639	8.821	0.000
	第39题 (6)	高分组	44	4.14	1.091	9.637	0.000
		低分组	36	1.92	0.937	9.785	0.000

分量表	项目	分组	n	M	S	t	p
Ⅲ厌恶感	第 39 题 (7)	高分组	44	4.00	1.201	10.316	0.000
		低分组	36	1.58	0.806	10.720	0.000
	第 39 题 (8)	高分组	44	4.00	1.312	11.159	0.000
		低分组	36	1.39	0.549	11.982	0.000
	第 39 题 (9)	高分组	44	3.70	1.047	11.815	0.000
		低分组	36	1.42	0.554	12.508	0.000
	第 39 题 (10)	高分组	44	3.80	1.440	10.078	0.000
		低分组	36	1.28	0.454	10.951	0.000
	第 39 题 (11)	高分组	44	4.14	1.091	11.947	0.000
		低分组	36	1.64	0.683	12.489	0.000
	第 39 题 (12)	高分组	44	4.86	1.305	7.669	0.000
		低分组	36	2.72	1.162	7.760	0.000
Ⅳ不满足感	第 48 题 (1)	高分组	57	4.16	0.492	20.111	0.000
		低分组	28	1.68	0.612	18.676	0.000
	第 48 题 (3)	高分组	57	4.25	0.544	13.280	0.000
		低分组	28	2.00	1.018	10.928	0.000
	第 48 题 (4)	高分组	57	4.37	0.522	14.504	0.000
		低分组	28	2.14	0.891	12.228	0.000
Ⅴ金钱关注	第 31 题 (1)	高分组	44	4.05	0.680	12.940	0.000
		低分组	37	1.95	0.780	12.787	0.000
	第 31 题 (2)	高分组	44	4.20	0.509	13.919	0.000
		低分组	37	2.16	0.800	13.413	0.000
	第 31 题 (3)	高分组	44	4.02	0.549	15.424	0.000
		低分组	37	1.81	0.739	15.040	0.000
	第 31 题 (4)	高分组	44	3.89	0.841	10.433	0.000
		低分组	37	1.97	0.799	10.480	0.000
	第 31 题 (5)	高分组	44	3.82	0.691	15.532	0.000
		低分组	37	1.65	0.538	15.869	0.000
	第 31 题 (6)	高分组	44	4.02	1.248	7.721	0.000
		低分组	37	2.00	1.080	7.818	0.000
	第 31 题 (7)	高分组	44	3.86	1.250	9.553	0.000
		低分组	37	1.68	0.669	10.028	0.000

2.5.3 探索性因素分析（EFA）

采用主成分分析法提取因素，并以方差最大旋转的正交旋转方法进行因素提取。根据因素分析的结果，按以下标准删除题目：

a. 低载荷项目：因素载荷小于0.3；

b. 双载荷项目：在两个因素上的载荷差小于0.2；

c. 低共同度项目：共同度小于0.4；

d. 删除载荷项目少于3个的因素。

本步骤根据以上标准，分别对五个分量表进行探索性因素分析，删除不符合标准的项目。

在分量表 I 中，共有12个项目进行探索性因素分析，采取主成分分析法、最大方差旋转法，根据前述标准删减项目，每删除一个项目，就重新进行探索性因素分析。结果显示：各项目在因素1或因素2上的载荷都高于0.3；项目（6）"我的医疗和养老都有保障"和项目（7）"我拥有稳定的生活"为双载荷项目，且在两个因素上的载荷差小于0.2；所有项目的共同度都大于0.3。于是，将项目（6）和项目（7）予以删除。最终结果为：KMO系数为0.833，Bartlett's 球形检验系数为754.995（$df = 45$，$p < 0.001$）。最终得到10个项目，负载于2个因素上，累计方差贡献率为63.450%（见表2－5）。

表2－5　分量表 I 探索性因素分析

因素	项目	载荷	共同度	特征值	方差贡献率（%）	累计方差贡献率（%）
因素1	第21题（8）	0.730	0.669	4.634	35.267	35.267
	第21题（9）	0.841	0.730			
	第21题（10）	0.837	0.741			
	第21题（11）	0.756	0.586			
	第21题（12）	0.790	0.628			
因素2	第21题（1）	0.580	0.545	1.711	28.183	63.450
	第21题（2）	0.767	0.632			
	第21题（3）	0.807	0.651			
	第21题（4）	0.804	0.650			
	第21题（5）	0.616	0.514			

在分量表 II 中，共有 6 个项目进行探索性因素分析，采取主成分分析法、最大方差旋转法，根据前述标准删减项目，每删除一个项目，就重新进行探索性因素分析。所有项目全部符合上述要求，无一删除，全部保留。最终结果为：KMO 系数为 0.796，Bartlett's 球形检验系数为 384.166（$df = 15$，$p < 0.001$）。最终得到 6 个项目，负载于 2 个因素上，累计方差贡献率为 72.278%（见表 2 - 6）。

表 2 - 6　分量表 II 探索性因素分析

因素	项目	载荷	共同度	特征值	方差贡献率（%）	累计方差贡献率（%）
因素 1	第 47 题（1）	0.824	0.708	3.303	37.111	37.111
	第 47 题（2）	0.873	0.809			
	第 47 题（3）	0.775	0.714			
因素 2	第 47 题（4）	0.709	0.618	1.034	35.167	72.278
	第 47 题（5）	0.890	0.818			
	第 47 题（6）	0.792	0.671	1.681		

在分量表 III 中，共有 12 个项目进行探索性因素分析，采取主成分分析法、最大方差旋转法，根据前述标准删减项目，每删除一个项目，就重新进行探索性因素分析。首先，因素分析的结果显示：（3）"我情愿购买不是很称心但在预算内的商品"为双载荷项目，两个因素上的载荷差小于0.2，予以删除。（4）"闲置的东西不能丢，可以先攒着，再卖掉"和（12）"在花钱方面，我很谨慎"共同度低于 0.4，予以删除。最终结果为：KMO系数为 0.864，Bartlett's 球形检验系数为 690.692（$df = 36$，$p < 0.001$）。最终得到 9 个项目，负载于 2 个因素上，累计方差贡献率为 63.575%（见表 2 - 7）。

由于分量表 IV 的项目较少，本研究将分量表 IV 与分量表 V 合并进行探索性因素分析，以提高分析结果的准确性。分量表 IV 与分量表 V 共 10 个项目，进行探索性因素分析，采取主成分分析法、最大方差旋转法，根据前述标准删减项目，每删除一个项目，就重新进行探索性因素分析，并根据分析的结果决定下一次需要删除的项目。所有项目全部符合上述要求，无一删除，全部保留。最终结果为：KMO 系数为 0.837，Bartlett's 球

形检验系数为 676.012（$df = 45$，$p < 0.001$）。最终得到 10 个项目，负载于 3 个因素上，累计方差贡献率为 68.712%（见表 2 - 8）。

表 2 - 7　分量表Ⅲ探索性因素分析

因素	项目	载荷	共同度	特征值	方差贡献率（%）	累计方差贡献率（%）
因素 1	第 39 题（5）	0.692	0.589	4.587	48.132	48.132
	第 39 题（6）	0.797	0.655			
	第 39 题（7）	0.810	0.663			
	第 39 题（8）	0.750	0.587			
	第 39 题（9）	0.812	0.688			
	第 39 题（10）	0.757	0.578			
	第 39 题（11）	0.806	0.651			
因素 2	第 39 题（1）	0.909	0.830	1.134	15.443	63.575
	第 39 题（2）	0.606	0.483			

表 2 - 8　分量表Ⅳ和分量表Ⅴ探索性因素分析

因素	项目	载荷	共同度	特征值	方差贡献率（%）	累计方差贡献率（%）
因素 1	第 31 题（1）	0.750	0.599	4.560	29.584	29.584
	第 31 题（2）	0.781	0.673			
	第 31 题（3）	0.745	0.730			
	第 31 题（4）	0.775	0.620			
	第 31 题（5）	0.646	0.654			
因素 2	第 48 题（1）	0.868	0.781	1.215	21.039	50.623
	第 48 题（3）	0.835	0.738			
	第 48 题（4）	0.533	0.501			
因素 3	第 31 题（6）	0.871	0.812	1.096	18.089	68.712
	第 31 题（7）	0.836	0.762			

2.5.4　专家重评

邀请两位心理学专家就初测项目分析的过程和结果进行评估，听取专家意见。对经过以上前三个标准进行修改或删除的项目再三重评、修订不

适宜的项目、合并题意相似的项目，直至两位专家对题目达成一致，无任
何分歧为止。最终获得复测施测项目 5 个维度共 33 题。

2.6　复测

经过初测版量表的分析和筛选，最终获得复测项目 5 个维度共 33 题。
以方便取样的原则，通过互联网向社会人员发放问卷，并成功回收问卷
553 份。

复测问卷包含四个部分：①知情同意书；②人口学信息；③心理贫穷
感复测量表；④社会赞许性量表。同时施测的还有：⑤童年社会经济地位
量表；⑥生命史策略 Mini-K 量表；⑦风险偏好水平问卷；⑧损失厌恶调
查问卷。复测问卷答题用时至少 12 分钟。首先，查看被试答题所用时
间，删除答题时间低于 710 秒的问卷 133 份。其次，筛查社会赞许性量
表得分高于 30 分（包含 30 分）的问卷，结果为 0 份问卷。最终，删除
问卷 133 份。复测回收有效问卷 420 份（见表 2 – 9）。

表 2 – 9　复测样本描述统计（$n = 420$）

单位：人，%

变量	水平	人数	占比
性别	男性	158	37.6
	女性	262	62.4
年龄	58 岁以上	15	3.6
	48 ~ 58 岁	45	10.7
	38 ~ 48 岁	125	29.8
	28 ~ 38 岁	171	40.7
	18 ~ 28 岁	63	15.0
	18 岁及以下	1	0.2
独生子女	是	162	38.6
	否	258	61.4
受教育年限	9 年及以下	9	2.1
	9 ~ 12 年	15	3.6
	12 ~ 16 年	236	56.2

 续表

变量	水平	人数	占比
受教育年限	16～18 年	114	27.1
	18 年以上	46	11.0
年收入	5 万元及以下	69	16.4
	5 万～10 万元	93	22.1
	10 万～20 万元	113	26.9
	20 万～30 万元	53	12.6
	30 万～50 万元	33	7.9
	50 万～70 万元	19	4.5
	70 万～100 万元	9	2.1
	100 万～150 万元	12	2.9
	150 万～200 万元	9	2.1
	200 万元以上	10	2.4
婚姻状况	无伴侣	126	30.0
	有伴侣	294	70.0
有无子女	无	147	35.0
	有	273	65.0
常住上海	是	227	54.0
	否	193	46.0

2.7 复测结果分析

遵循严谨的心理测量学操作步骤，对于复测回收的 420 份有效问卷，进行一系列的项目分析操作。

2.7.1 题总相关

每个项目应与其所在的分量表总分显著相关，且相关程度较高。本步骤分别将每个项目与其所在分量表总分进行相关分析，删除相关不显著或者相关显著但相关系数低于 0.3 的项目。通过相关分析发现：根据以上标准，不安全感分量表、焦虑感分量表、厌恶感分量表、不满足感分量表和金钱关注分量表中，各个项目与各个分量表总分之间都高度相关。五个分量表中均无项目删除。操作步骤如初测。

2.7.2　鉴别力分析

本步骤将根据项目的鉴别力删除项目。首先，将被试在各个分量表上的得分进行排序。其次，取各个分量表总分前 27% 所对应的被试数据组成高分组。接着，取各个分量表总分后 27% 所对应的被试数据组成低分组。将各个分量表的两组被试，即高分组与低分组，在各个分量表上的得分进行独立样本 t 检验。删除独立样本 t 检验结果中没有达到显著性水平的项目。操作步骤如初测。

独立样本 t 检验结果显示：不安全感分量表、焦虑感分量表、厌恶感分量表、不满足感分量表和金钱关注分量表，所有项目在统计上均达到显著性水平。这表明这些项目具有较高的区分能力，可以全部保留。

2.7.3　探索性因素分析（EFA）

采用主成分分析法提取因素，并以方差最大旋转的正交旋转方法进行因素提取。根据因素分析的结果，按以下标准删除题目：

a. 低载荷项目：因素载荷小于 0.4；

b. 双载荷项目：在两个因素上的载荷差小于 0.3；

c. 低共同度项目：共同度小于 0.4；

d. 删除载荷项目少于 3 个的因素。

由于复测项目减少到了 33 个，将五个分量表的 33 个项目合并进行探索性因素分析，已排除不同分量表之间多重载荷的项目，提高探索性因素分析的准确率。同时，在保证解释率的同时，为使量表得以进一步精简，各因素项目的数量大致平衡，将因素中载荷量排序靠后的项目删除。根据以上标准进行项目的逐个筛查，每删除一个项目，就重新做一次探索性因素分析。操作步骤如初测。最终获得 KMO 值为 0.817，Bartlett's 球形检验值为 2004.855（$df = 105$，$p < 0.001$），累计方差贡献率为 67.620%（见表 2 – 10）。

表 2 – 10　心理贫穷感量表探索性因素分析

因素	项目	载荷	共同度	特征值	方差贡献率（%）	累计方差贡献率（%）
不满足感	第 48 题（1）	0.849	0.801	4.457	14.210	14.210

续表

因素	项目	载荷	共同度	特征值	方差贡献率（%）	累计方差贡献率（%）
不满足感	第48题（3）	0.796	0.772			
	第48题（4）	0.648	0.597			
厌恶感	第39题（7）	0.749	0.623	1.952	14.002	28.213
	第39题（9）	0.765	0.646			
	第39题（11）	0.812	0.686			
金钱关注	第31题（1）	0.799	0.686	1.69	13.913	42.126
	第31题（3）	0.771	0.680			
	第31题（4）	0.732	0.666			
焦虑感	第47题（4）	0.621	0.553	1.206	12.885	55.011
	第47题（5）	0.678	0.801			
	第47题（6）	0.742	0.773			
不安全感	第21题（1）	0.883	0.597	0.837	12.609	67.620
	第21题（2）	0.868	0.773			
	第21题（5）	0.538	0.597			

2.7.4 专家重评

邀请两位心理学专家就复测项目分析的过程和结果进行评估，听取专家意见。对经过以上前五个标准进行修改或删除的项目再三重评，直至两位专家对题目达成一致，无任何分歧为止。最终获得心理贫穷感量表 5 个维度 15 个项目：不安全感（3 个项目）、焦虑感（3 个项目）、厌恶感（3 个项目）、不满足感（3 个项目）和金钱关注（3 个项目）（见附录5）。

2.8 量表信效度

研究采用内部一致性信度，通过 SPSS 20.0 计算五个维度各自的 Cronbach's α 值以及总量表的 Cronbach's α 值（见表 2-11）。

表 2-11 心理贫穷感量表内部一致性信度

信度	不安全感	焦虑感	厌恶感	不满足感	金钱关注	总量表
内部一致性信度	0.688	0.718	0.772	0.805	0.752	0.827

2.8.1　内容效度

本量表在编制过程中，严格遵循心理测评量表的编制程序。在编制具体项目时，参考了国内外相关的理论、相关量表，并邀请 20 位心理学专家进行评定，以及邀请 6 位专家和 65 位社会人员进行项目语义评估。这些专家均在大学讲授心理学的相关课程，职称为讲师或副教授。量表在一定程度上反映了心理贫穷感的具体维度与内容。量表语言简明易懂，无歧义，这些措施保证了本量表在内容上适合心理贫穷感的测量，量表具有较好的内容效度。

2.8.2　结构效度

考察心理贫穷感的五个维度中，各项目之间的相关性及其与各分量表的相关性。

在维度 I 不安全感分量表中，项目之间以及项目与总分之间相关均显著（$p < 0.01$），表明该因素内部项目方向一致，Pearson 相关性介于 $0.20 \sim 0.50$，呈现中低度相关，表示有所差异，不可相互取代；在维度 II 焦虑感分量表中，项目之间以及项目与总分之间相关均显著（$p < 0.01$），表明该因素内部项目方向一致，Pearson 相关性介于 $0.20 \sim 0.50$，呈现中低度相关，表示有所差异，不可相互取代；在维度 III 厌恶感分量表中，项目之间以及项目与总分之间相关均显著（$p < 0.01$），表明该因素内部项目方向一致，Pearson 相关性介于 $0.20 \sim 0.50$，呈现中低度相关，表示有所差异，不可相互取代；在维度 IV 不满足感分量表中，项目之间以及项目与总分之间相关均显著（$p < 0.01$），表明该因素内部项目方向一致，Pearson 相关性介于 $0.20 \sim 0.50$，呈现中低度相关，表示有所差异，不可相互取代；在维度 V 金钱关注分量表中，项目之间以及项目与总分之间相关均显著（$p < 0.01$），表明该因素内部项目方向一致，Pearson 相关性介于 $0.20 \sim 0.50$，呈现中低度相关，表示有所差异，不可相互取代。

五个因素之间的相关均显著（$p < 0.01$），表明内部项目方向一致；Pearson 相关性介于 $0.20 \sim 0.55$，呈现中低度相关，表示有所差异，不可相互取代（见表 2 - 12）。

表 2 - 12　心理贫穷感量表各分量表相关分析

	不安全感	焦虑感	厌恶感	不满足感	金钱关注
不安全感	1				
焦虑感	0.379 **	1			
厌恶感	0.208 **	0.473 **	1		
不满足感	0.142 **	0.460 **	0.241 **	1	
金钱关注	0.151 **	0.297 **	0.251 **	0.527 **	1

$^*p < 0.05$；$^{**}p < 0.01$；$^{***}p < 0.001$。

2.8.3　验证性因素分析（CFA）

基于以上研究结果，本研究提出 5 个备择模型进行验证：1 个单因素模型；1 个双因素模型；1 个三因素模型；1 个四因素模型；1 个五因素模型。本研究使用 AMOS 17.0 进行模型拟合检验。

单因素模型，即将 15 个项目都载荷在一个因素上，并称之为"心理贫穷感"。分析结果显示：从拟合优度的卡方检验来看，Chi-Sqaure 值显著，Chi-Square/df 的值较大且在 3.00 以上，表示模型需要修正；从近似误差均方根 RMESA 来看，数值高于 0.1，表示模型的适配度欠佳；从调整拟合优度指数 AGFI 来看，数值远低于 0.9，模型拟合欠佳；从比较拟合指数 CFI 来看，数值远低于 0.9，模型拟合欠佳；从 Tucker-Lewis rho^2 指数来看，数值远低于 0.9，模型拟合欠佳；从均方根残差 RMR 来看，数值高于 0.1，表示模型的拟合程度欠佳（见图 2 - 2、表 2 - 13）。

双因素模型，即将 15 个项目载荷在两个因素上。根据五个维度与生命史策略的相关显著与否，划分为两个因素，即"内源性感受"和"外源性感受"。分析结果显示：从拟合优度的卡方检验来看，Chi-Sqaure 值显著，Chi-Square/df 的值在 3.00 以上，表示模型需要修正；从近似误差均方根 RMESA 来看，数值高于 0.1，表示模型的适配度欠佳；从调整拟合优度指数 AGFI 来看，数值远低于 0.9，模型拟合欠佳；从比较拟合指数 CFI 来看，数值远低于 0.9，模型拟合欠佳；从 Tucker-Lewis rho^2 指数来看，数值远低于 0.9，模型拟合欠佳；从均方根残差 RMR 来看，数值略低于 0.1，表示模型的适配度尚可。总的来说，双因素模型的拟合度和适配度优于单因素模型（见图 2 - 2、表 2 - 13）。

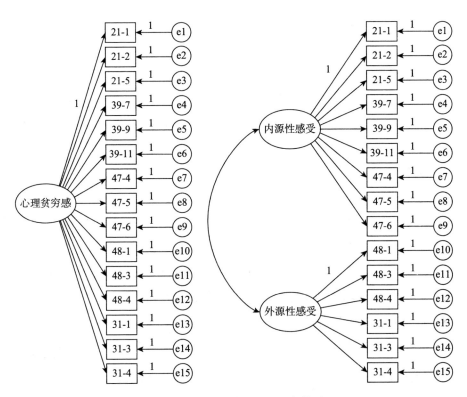

图 2 - 2　单因素模型和双因素模型

表 2 - 13　五个备择模型各项拟合指标比较

模型	Chi-Square	df	Chi-Square/df	RMESA	AGFI	CFI	Tucker-Lewis rho[2]	RMR
单因素模型	915.803 **	90	10.18	0.148	0.658	0.572	0.500	0.111
双因素模型	654.983 **	89	7.34	0.123	0.745	0.706	0.654	0.086
三因素模型	397.891 **	87	4.57	0.092	0.820	0.839	0.805	0.083
四因素模型	288.478 **	84	3.43	0.076	0.870	0.894	0.867	0.069
五因素模型	170.784 **	80	2.13	0.052	0.923	0.953	0.938	0.054

* $p < 0.05$；** $p < 0.01$；*** $p < 0.001$。

三因素模型，即将 15 个项目载荷在三个因素上。根据五个维度与生命史策略的相关显著与否，划分为三个因素，即"不安全感"、"其他内源性感受"和"外源性感受"。分析结果显示：从拟合优度的卡方检验来看，Chi-Sqaure 值显著，Chi-Square/df 的值在 3.00 以上，表示模型需要修正；从近似误差均方根 RMESA 来看，数值略低于 0.1，表示模型的适配度尚可；从调整拟合优度指数 AGFI 来看，数值略低于 0.9，模型拟合欠佳；从比较拟合指数 CFI 来看，数值略低于 0.9，模型拟合欠佳；从 Tucker-Lewis rho² 指数来看，数值略低于 0.9，模型拟合欠佳；从均方根残差 RMR 来看，数值略低于 0.1，表示模型的适配度尚可。总的来说，三因素模型的拟合度和适配度优于双因素模型（见图 2-3、表 2-13）。

四因素模型，即将 15 个项目载荷在四个因素上。根据五个维度与生命史策略的相关显著与否，划分为四个因素，即"不安全感"、"焦虑感"、"厌恶感"和"外源性感受"。分析结果显示：从拟合优度的卡方检验来看，Chi-Sqaure 值显著，Chi-Square/df 的值略高于 3.00，表示模型需要修正；从近似误差均方根 RMESA 来看，数值略低于 0.1，表示模型的适配度

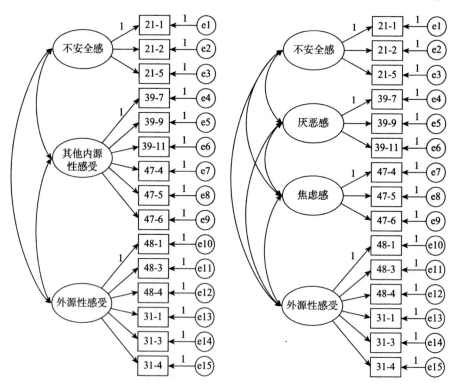

图 2-3　三因素模型和四因素模型

尚可；从调整拟合优度指数 AGFI 来看，数值接近 0.9，模型拟合欠佳；从比较拟合指数 CFI 来看，数值略接近 0.9，模型拟合欠佳；从 Tucker-Lewis rho^2 指数来看，数值略低于 0.9，模型拟合欠佳；从均方根残差 RMR 来看，数值低于 0.1，表示模型的适配度尚可。总的来说，四因素模型的拟合度和适配度优于三因素模型（见图 2-3、表 2-13）。

五因素模型，即将 15 个项目载荷在五个因素上，即"不安全感"、"焦虑感"、"厌恶感"、"不满足感"和"金钱关注"。分析结果显示：从拟合优度的卡方检验来看，Chi-Sqaure 值显著，Chi-Square/df 的值小于 3.00，表示模型拟合良好；从近似误差均方根 RMESA 来看，数值远低于 0.1，表示模型的适配度良好；从调整拟合优度指数 AGFI 来看，数值接近于 1.0，模型拟合良好；从比较拟合指数 CFI 来看，数值接近 1.0，模型拟合良好；从 Tucker-Lewis rho^2 指数来看，数值接近 1.0，模型拟合良好；从均方根残差 RMR 来看，数值远低于 0.1，表示模型的适配度良好（见图2-4、表2-13）。

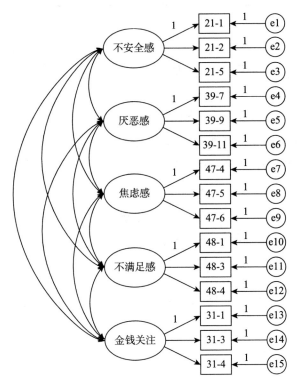

图 2-4　五因素模型

从表 2 - 13 可以看出，五因素模型的各项拟合指数均优于其他几个模型，并且模型得到较好的拟合。因此，五因素模型的假设得到支持。本量表具有较好的结构效度。

2.8.4 效标关联效度

生命史理论是构建心理贫穷感概念内涵的三大心理学理论之一。测量生命史策略的量表工具中，Mini-K 量表得到比较广泛的运用。Mini-K 量表共 20 个项目（见附录 6）。将 Mini-K 量表作为效标关联效度，在复测阶段，同时施测 Mini-K 量表。删除无效问卷和缺失值问卷，最终得到有效可供分析的问卷 420 份。

应用 SPSS 20.0 对 Mini - K 量表与心理贫穷感的五个维度进行相关分析（见表 2 - 14）。

表 2 - 14　心理贫穷感各维度与 Mini-K 量表的相关分析

Pearson 相关性	不安全感	焦虑感	厌恶感	不满足感	金钱关注	总量表
Mini-K 量表	- 0.400**	- 0.190**	- 0.128**	- 0.073	- 0.007	- 0.226**

$^* p < 0.05$；$^{**} p < 0.01$；$^{***} p < 0.001$。

从表 2 - 14 中可以看出，Mini-K 量表与心理贫穷感量表总分显著负相关，与不安全感、焦虑感和厌恶感三个分量表得分显著负相关。Mini-K 量表与不满足感和金钱关注相关不显著。

3　结果

3.1　心理贫穷感量表

经过以上严谨的量表制作流程和数据分析，本研究得到最终的心理贫穷感量表。心理贫穷感量表包含 5 个维度，即不安全感（3 个项目）、焦虑感（3 个项目）、厌恶感（3 个项目）、不满足感（3 个项目）和金钱关注（3 个项目），为包含 15 个项目的李克特量表。"非常不同意"为 1 分，"非常同意"为 5 分。其中维度 I 不安全感为反向计分，即"非常不同意"为

5 分，"非常同意"为 1 分。该量表的最低分为 15 分，最高分为 75 分。总量表的内部一致性信度达到 0.827。总量表与生命史策略 Mini-K 量表显著负相关。

3.2　心理贫穷感在人群中的分布

研究共进行了三次人群测查，在三次测查后，最终形成正式量表。本研究合并了初测和复测的数据。对回收问卷进行筛查，删除无效的和有缺失值的问卷，最终获得 582 份有效问卷。

通过对心理贫穷感各维度进行描述统计可以发现（见表 2 - 15），总的来说：①不安全感的均值低于理论中值，说明大多数人的不安全感还是较低的。偏度大于零，说明不安全感在人群中的分布偏向右侧，在右侧有条长尾，有较多的极端值，这小部分个体的不安全感较高。峰度大于零，说明不安全感在人群中的分布比较陡峭，为尖顶峰。②焦虑感的均值略低于理论中值，说明大多数人对于未来和金钱的焦虑感略低。偏度大于零，说明焦虑感在人群中的分布偏向右侧，在右侧有条长尾，有较多的极端值，这小部分个体的焦虑感较高。峰度小于零，说明焦虑感在人群中的分布比较平坦，为平坦峰。③厌恶感的均值略低于理论中值，说明大多数人对于失去金钱和损失金钱的厌恶感略低。偏度大于零，说明厌恶感在人群中的分布偏向右侧，在右侧有条长尾，有较多的极端值，这小部分个体的厌恶感较高。峰度大于零，说明厌恶感在人群中的分布比较陡峭，为尖顶峰。④不满足感的均值略高于理论中值，说明大多数人对于金钱的不满足感略高。偏度小于零，说明不满足感在人群中的分布偏向左侧，在左侧有条长尾，有较多的极端值，这小部分个体的不满足感较低。峰度小于零，说明不满足感在人群中的分布比较平坦，为平坦峰。⑤金钱关注的均值略高于理论中值，说明大多数人对于金钱的关注水平略高。偏度小于零，说明金钱关注在人群中的分布偏向左侧，在左侧有条长尾，有较多的极端值，这小部分个体的金钱关注水平较低。峰度小于零，说明金钱关注在人群中的分布比较平坦，为平坦峰。

表 2-15   心理贫穷感各维度的描述统计 （ *n* =582）

	n	*Min*	*Max*	均值	标准差	理论中值	偏度		峰度	
							统计量	标准误	统计量	标准误
不安全感	582	3	15	5.51	2.007	9	0.882	0.101	0.993	0.202
焦虑感	582	3	15	8.35	2.760	9	0.226	0.101	-0.398	0.202
厌恶感	582	3	15	7.19	2.659	9	0.556	0.101	0.068	0.202
不满足感	582	3	15	10.22	2.844	9	-0.276	0.101	-0.613	0.202
金钱关注	582	3	15	9.13	2.693	9	-0.190	0.101	-0.583	0.202

3.3   心理贫穷感在人口学变量上的差异

研究共进行了三次人群测查，在三次测查后，最终形成正式量表。本研究合并了初测和复测的数据，对心理贫穷感在人群中的分布进行初步描绘。对回收问卷进行筛查，删除无效的和有缺失值的问卷数据，最终获得582份有效问卷。本研究收集的人口学数据包括性别、年龄、独生子女、受教育年限、年收入、婚姻状况、有无子女等。对心理贫穷感各个维度在人口学变量上进行描述统计，并做单因素方差分析和样本均数间的多重比较分析（见表 2-16）。

表 2-16   心理贫穷感各维度在人口学变量上的描述统计 （ *n* =582）

人口学变量	*n*	不安全感	焦虑感	厌恶感	不满足感	金钱关注
性别						
男性	214	5.58 ±1.967	8.57 ±2.784	7.27 ±2.668	10.49 ±2.752	9.34 ±2.604
女性	368	5.47 ±2.032	8.22 ±2.742	7.14 ±2.657	10.06 ±2.887	9.01 ±2.739
年龄						
58 岁以上	20	4.60 ±1.314	7.30 ±2.430	6.35 ±2.254	8.35 ±2.996	7.65 ±2.498
48 ~58 岁	60	4.48 ±1.702	7.30 ±2.458	6.33 ±2.137	9.25 ±2.938	8.37 ±2.591
38 ~48 岁	179	5.03 ±1.720	8.20 ±2.697	6.94 ±2.628	10.12 ±2.749	9.01 ±2.802
28 ~38 岁	227	5.77 ±2.080	8.50 ±2.735	7.26 ±2.658	10.54 ±2.807	9.34 ±2.539
18 ~28 岁	94	6.63 ±1.995	9.11 ±2.946	8.17 ±2.715	10.68 ±2.764	9.67 ±2.686
18 岁及以下	2	7.50 ±0.707	10.00 ±2.828	9.50 ±7.778	8.50 ±2.121	8.00 ±7.071

续表

人口学变量	n	不安全感	焦虑感	厌恶感	不满足感	金钱关注
独生子女						
是	228	5.67 ± 1.818	8.54 ± 2.625	7.33 ± 2.717	10.71 ± 2.769	9.25 ± 2.721
否	354	5.42 ± 2.117	8.23 ± 2.840	7.10 ± 2.621	9.90 ± 2.850	9.06 ± 2.675
受教育年限						
9 年及以下	14	7.21 ± 2.636	9.36 ± 3.128	7.50 ± 2.902	10.14 ± 2.742	8.71 ± 2.091
9 ~ 12 年	23	5.53 ± 2.356	9.33 ± 2.610	7.20 ± 3.364	9.96 ± 3.067	9.47 ± 2.900
12 ~ 16 年	323	5.90 ± 2.055	8.76 ± 2.435	7.27 ± 2.577	10.49 ± 2.894	9.26 ± 2.916
16 ~ 18 年	161	5.41 ± 1.741	8.15 ± 2.732	7.14 ± 2.708	10.20 ± 2.864	9.28 ± 2.718
18 年以上	61	4.79 ± 1.762	7.39 ± 2.571	7.36 ± 2.627	9.36 ± 2.450	8.16 ± 2.758
年收入						
5 万元及以下	111	6.47 ± 2.088	8.68 ± 2.699	8.36 ± 2.847	9.70 ± 2.782	9.14 ± 2.521
5 万 ~ 10 万元	128	5.94 ± 2.374	8.39 ± 2.909	7.12 ± 2.670	10.45 ± 2.694	9.08 ± 2.625
10 万 ~ 20 万元	157	5.24 ± 2.890	8.32 ± 2.732	7.20 ± 2.633	10.16 ± 2.843	9.06 ± 2.692
20 万 ~ 30 万元	74	5.30 ± 1.694	8.16 ± 2.970	6.67 ± 2.232	10.14 ± 2.999	9.04 ± 2.702
30 万 ~ 50 万元	40	4.73 ± 1.536	7.68 ± 2.093	6.68 ± 2.325	10.20 ± 2.614	9.25 ± 2.808
50 万 ~ 70 万元	26	4.96 ± 1.822	8.08 ± 2.096	6.73 ± 2.127	11.27 ± 2.933	9.50 ± 3.127
70 万 ~ 100 万元	11	4.45 ± 1.128	8.27 ± 3.259	6.18 ± 2.228	11.82 ± 2.750	10.27 ± 2.832
100 万 ~ 150 万元	14	4.57 ± 1.604	7.36 ± 2.061	6.43 ± 2.875	9.43 ± 3.736	8.14 ± 3.394
150 万 ~ 200 万元	10	4.10 ± 0.994	5.80 ± 1.619	5.40 ± 2.591	10.50 ± 2.068	9.00 ± 1.826
200 万元以上	11	4.00 ± 1.183	7.64 ± 3.009	5.45 ± 2.423	10.91 ± 3.477	10.27 ± 3.379
婚姻状况						
无伴侣	180	6.47 ± 2.175	8.91 ± 2.829	7.71 ± 2.669	10.43 ± 2.769	9.40 ± 2.625
有伴侣	402	5.09 ± 1.771	8.09 ± 2.694	6.96 ± 2.626	10.12 ± 2.875	9.01 ± 2.717

续表

人口学变量	n	不安全感	焦虑感	厌恶感	不满足感	金钱关注
有无子女						
无	216	6.25 ± 2.101	8.79 ± 2.971	7.53 ± 2.775	10.48 ± 2.769	9.40 ± 2.597
有	366	5.08 ± 1.816	8.08 ± 2.596	6.99 ± 2.572	10.07 ± 2.880	8.97 ± 2.738

单因素方差分析结果显示，①男性与女性在心理贫穷感的五个维度上的差异均不显著。②不同年龄组间，在不安全感（$F = 14.527$，$p < 0.05$）、焦虑感（$F = 4.227$，$p < 0.05$）、厌恶感（$F = 5.000$，$p < 0.05$）、不满足感（$F = 4.523$，$p < 0.001$）和金钱关注（$F = 3.426$，$p < 0.05$）五个维度上差异均显著。用 LSD 法进一步比较后发现，18～28 岁组的不安全感要显著高于 58 岁以上组（$M_{I-J} = 2.14$，$p < 0.05$）；18～28 岁组对于未来和金钱的焦虑感要显著高于 58 岁以上组（$M_{I-J} = 1.18$，$p < 0.05$）；18～28 岁组对于失去金钱和损失金钱的厌恶感要显著高于 58 岁以上组（$M_{I-J} = 1.84$，$p < 0.05$）；18～28 岁组对于金钱的不满足感要显著高于 58 岁以上组（$M_{I-J} = 2.331$，$p < 0.05$）；18～28 岁组对于金钱的关注程度要显著高于 58 岁以上组（$M_{I-J} = 1.30$，$p < 0.05$）。③独生子女的不满足感要显著高于非独生子女（$F = 11.357$，$p < 0.05$），在其他四个维度上差异不显著。④受教育年限不同组间，在不安全感（$F = 3.701$，$p < 0.05$）、焦虑感（$F = 2.441$，$p < 0.05$）和金钱关注（$F = 2.457$，$p < 0.05$）三个维度上差异均显著。用 LSD 法进一步比较后发现，受教育年限在 18 年以上组的不安全感要显著低于受教育年限在 16～18 年组（$M_{I-J} = 0.62$，$p < 0.05$）、12～16 年组（$M_{I-J} = 0.74$，$p < 0.05$）以及 9 年及以下组（$M_{I-J} = 2.43$，$p < 0.05$）；受教育年限在 18 年以上组对于未来和金钱的焦虑感要显著低于受教育年限在 12～16 年组（$M_{I-J} = 1.09$，$p < 0.05$）、9～12 年组（$M_{I-J} = 1.94$，$p < 0.05$）以及 9 年及以下组（$M_{I-J} = 1.96$，$p < 0.05$）；受教育年限在 18 年以上组对于金钱的关注程度要显著低于受教育年限在 16～18 年组（$M_{I-J} = 1.12$，$p < 0.05$）和 12～16 年组（$M_{I-J} = 1.14$，$p < 0.05$）。在厌恶感和不满足感两个维度上受教育年限不同组间的差异不显著。⑤年收入不同组间，在不安全感（$F = 7.326$，$p < 0.05$）、焦虑感（$F = 2.784$，$p < 0.05$）和厌恶感（$F = 4.420$，$p < 0.05$）三个维度上差异均显著。用 LSD 法进一步比较后发现，当年收

入高于 30 万元时，较低收入组与较高收入组两两之间在不安全感上的差异不显著；当年收入介于 30 万 ~ 150 万元时，较低收入组与较高收入组两两之间在对未来和金钱的焦虑感上的差异不显著；当年收入高于 20 万元时，较低收入组与较高收入组两两之间对于失去金钱和损失金钱的厌恶感差异不显著。在不满足感和金钱关注两个维度上，年收入不同组间的差异不显著。⑥无伴侣组的不安全感（$F = 65.209$，$p < 0.05$）、对未来和金钱的焦虑感（$F = 11.072$，$p < 0.05$），以及对于失去金钱和损失金钱的厌恶感（$F = 9.983$，$p < 0.05$）要显著高于有伴侣组，在不满足感和金钱关注两个维度上的差异不显著。⑦有子女组的不安全感（$F = 50.794$，$p < 0.05$）显著低于无子女组，对未来和金钱的焦虑感（$F = 9.035$，$p < 0.05$）显著高于无子女组，以及对于失去金钱和损失金钱的厌恶感（$F = 5.618$，$p < 0.05$）显著高于无子女组，在不满足感和金钱关注两个维度上的差异不显著。

4　讨论

4.1　维度命名和内涵的讨论

本研究邀请 28 位心理学专家深度参与心理贫穷感量表的编制工作，遵循严谨的心理测量学程序，成功编制心理贫穷感量表，共 5 个维度 15 个项目。

首先，遵循严谨的心理测量学程序，研究结果也支持了理论推演的假设。①不安全感是心理贫穷感的重要标志之一。在初测阶段不安全感维度的项目有 12 个。经过初测和复测两轮筛选，最终获得最优质的 3 个项目。这 3 个项目分别从总体感受、生活压力和收入评价三个角度来评估个体的不安全感水平。②焦虑感是指个体对于未来和金钱感到焦虑。在初测阶段，焦虑感维度的项目有 6 个。经过初测和复测两轮筛选，最终获得最优质的 3 个项目。这 3 个项目分别从对于金钱的总体感受、对于未来的总体感受和金钱不足时的感受三个角度来评估个体关于金钱的焦虑水平。③厌恶感是指在消费心态上比较消极，对于失去金钱和损失金钱感到厌恶。在

初测阶段厌恶感维度的项目有 12 个。经过初测和复测两轮筛选，最终获得最优质的 3 个项目。这 3 个项目分别从习惯性思维、失去金钱的厌恶感和对于金钱损失的厌恶感三个角度来评估个体对于失去金钱的厌恶水平。④个体对于金钱高度渴望，感到不满足。在初测阶段不满足感维度的项目有 5 个。经过初测和复测两轮筛选，最终获得最优质的 3 个项目。这 3 个项目分别从金钱满足、金钱拥有和金钱感受三个角度来评估个体的不满足感水平。⑤金钱关注是指个体对于金钱效用过分夸大，高度关注。在初测阶段金钱关注维度的项目有 7 个。经过初测和复测两轮筛选，最终获得最优质的 3 个项目。这 3 个项目分别从总体倾向、金钱兴趣和成功认知三个角度来评估个体的金钱关注水平。

4.2 量表信效度讨论

本研究遵循严谨的心理学测量程序，成功编制信效度较好的心理贫穷感量表。

首先，在信度方面，本研究采取内部一致性信度。总量表的内部一致性信度达到 0.827，是比较好的。

其次，在内容效度方面，本研究邀请 20 位心理学专家进行内容效度的评定，以及邀请 6 位专家和 65 位社会人员进行项目语义评估。量表在一定程度上反映了心理贫穷感的具体维度与内容。此外，量表语言简明易懂，无歧义。量表具有较好的内容效度。

再次，在结构效度方面，五因素模型的拟合度和适配度较好。本研究提出五个备择模型进行竞争。①单因素模型，即将 15 个项目都载荷在一个因子上。验证性因素分析结果显示，该模型在各方面拟合指标均未达标，拟合度和适配度欠佳。②双因素模型，即将 15 个项目载荷在两个因素上。根据五个维度与生命史策略的相关显著与否，划分为两个因素，即"内源性感受"和"外源性感受"。验证性因素分析结果显示，该模型在各方面拟合指标虽然优于单因素模型，但各项拟合指标都未达标，拟合度和适配度依然欠佳。③三因素模型，即将 15 个项目载荷在三个因素上。根据五个维度与生命史策略的相关显著与否，划分为三个因素，即"不安全感"、"其他内源性感受"和"外源性感受"。验证性因素分析结果显示，该模型在各方面拟合指标虽然优于双因素模型，但依然有部分拟合指标未达标，拟合度和适配度依然欠佳。④四因素模型，即将 15 个项目载荷在四个因素上。根据五个维度与生命史策略的相关显著与否，划分为四个因素，即"不安全感"、"焦虑感"、"厌恶感"和"外源性感受"。验证性因素分析结果显示，该模型在各方面拟合指标虽然优于三因素模型，但依然有部分拟合指标未达标，拟合度和适配度依然欠佳。⑤五因素模型，即将 15 个项目载荷在五个因素上，即"不安全感"、"焦虑感"、"厌恶感"、"不满足感"和"金钱关注"。验证性因素分析结果显示，该模型在各方面拟合指标都优于其他四个模型，各项拟合指标均达标，拟合度和适配度良好。因此，五因素模型的假设得到支持。本量表具有较好的结构效度。

最后，在效标关联效度方面，本研究发现：生命史策略 Mini-K 量表与心理贫穷感量表总分显著负相关，与不安全感、焦虑感和厌恶感三个分量表的得分显著负相关。生命史策略 Mini-K 量表与不满足感和金钱关注两个分量表的得分相关不显著。笔者猜测，心理贫穷感可能分为内源性和外源性两种感受。内源性感受受到童年生活条件的显著影响，而外源性感受可能受到社会文化主流价值观的影响。

4.3　心理贫穷感与生命史策略

在心理贫穷感量表编制阶段，本研究使用生命史策略 Mini-K 量表作为效标关联效度。Mini-K 量表与心理贫穷感的不满足感和金钱关注两个维度相关不显著。研究发现支持了生命史理论的构想。根据生命史理论，童年社会经济地位较高的个体由于成长环境的资源较充足且更加安定，容易形成慢策略；与此相反，童年社会经济地位较低的个体由于成长环境的资源匮乏且不太安定，容易形成快策略（王燕等，2017a）。人们对于资源稀缺的反应依赖于早期生活环境的严酷程度。生命史理论研究者发现，生命史策略的形成可以一直回溯到童年时期，童年生活环境的严酷程度通过童年社会经济地位这一指标进行操作化。研究发现，成年个体的生命史策略与其童年社会经济地位紧密相关，而与其成年后家庭的社会经济地位关系较小（Buss，2009；王燕等，2017a）。童年期个体的需求没有得到满足或被剥夺，造成个体的不安全感，并在内心形成一种不安全感的加工模式，对未

来也感到焦虑。个体可能会通过占有金钱平衡内心的不安全感和焦虑感。由此可以推测，童年社会经济地位很可能是影响成年后个体心理贫穷感水平的显著因素。

4.4 心理贫穷感的人口学变量分析

性别、年龄、独生子女、受教育年限、年收入和婚姻状况都分别对心理贫穷感的各个维度有不同程度的影响。笔者猜测，心理贫穷感有可能不完全受到童年生活条件的影响，还受到成年后个体所处的客观环境的影响。有一部分的心理贫穷感属于内源性感受，它可能源自童年并持续影响到成年。有一部分的心理贫穷感属于外源性感受，它可能源于当下社会风气等外界因素的影响。

第一，性别可以显著预测心理贫穷感的高低，以及不安全感和焦虑感两个维度。总的来说，男性的心理贫穷感显著高于女性。男性的不安全感和焦虑感显著高于女性。成年男性体会到更强烈的不安全感；对于未来男性较女性更加焦虑，对于金钱男性较女性更加焦虑。在当今社会，男性较女性面临更多的竞争压力。压力会影响个体的内心感受，比如体会到更强的不安全感。不安全感又引发对于未来的焦虑感和对于资源的焦虑感。

第二，年龄可以预测心理贫穷感及其不安全感、焦虑感、厌恶感、不满足感和金钱关注五个维度。年长者较年轻者在不安全感、焦虑感、厌恶感、不满足感和金钱关注五个维度上都显著更弱。这符合马斯洛需求层次理论关于高级需求在较年长时期发展，而年轻人更关注低级需求的理论推测。研究结果也显示，在控制了年龄变量以后，童年社会经济地位对于心理贫穷感的影响还是显著的。这说明，相同年龄的个体，不同的童年家庭经济条件对于成年心理贫穷感也存在显著影响。随着社会科技水平的提高，知识的迭代速度越来越快，年轻人面临的生存压力和竞争压力也是前所未有的。面对生存压力和竞争压力，个体内心更容易产生不安全感和焦虑感。随着经济水平的提高，以及世界经济全球化愈演愈烈，物质极大丰富的同时，社会比较也更加强烈，由此激发的对于金钱的不满足感和金钱关注度更高。从马斯洛需求层次理论的视角来看，人类对于较高层次的需求是在人生的晚些时期发展而来的，比如自我实现，年轻人更加关注较低层次的需求，比如性。本研究结果与马斯洛的需求层次理论推测不谋而合。

第三，是否为独生子女可以显著预测不满足感的高低，独生子女较非独生子女对于金钱的不满足感更强。独生子女在家庭中缺少同辈竞争，独享家庭资源，这样的生长环境可能是造成不满足感更强的原因之一。

第四，受教育年限可以预测心理贫穷感，以及不安全感、焦虑感、不满足感和金钱关注。受教育年限越短，个体的心理贫穷感水平越高。受教育年限的提高对于减少不安全感、减少焦虑感、降低对于金钱的不满足感和对于金钱的关注的效用不容忽视。除了金钱直接获得的方式之外，教育获得感很可能是补偿心理贫穷感的一个重要途径。这将是心理贫穷感相关研究发展的又一方向。

第五，年收入可以预测不安全感、焦虑感和厌恶感。年收入越低，个体的不安全感越高；对于未来的焦虑感越高，对于金钱的焦虑感越高；对于失去金钱的厌恶感越高，对于金钱损失的厌恶感越高。年收入提高对于心理贫穷感是一种心理补偿。收入越高对于金钱的负面情绪越少。对于金钱的直接获得是一种直接的心理补偿，可以平衡心理贫穷感。然而，在现实生活中也不乏收入水平很高依然感受到不安全、对未来感到焦虑和对于失去金钱和损失金钱极其厌恶的个体。总的来看，年收入无法预测心理贫穷感。

4.5　心理贫穷感的来源分析

心理贫穷感的内源性感受来自童年贫困的生活经历。童年社会经济地位是评估童年贫困程度的一项重要指标。贫困对于成年后个体的认知、情感和身体健康等方面影响显著。根据生命史理论，童年社会经济地位较高的个体由于成长环境的资源较充足且更加安定，容易形成慢策略；与此相反，童年期社会经济地位较低的个体由于成长环境的资源匮乏且不太安定，容易形成快策略。本研究发现，年收入对于总体的心理贫穷感水平预测作用不显著。这一发现也支持了生命史理论的构念，即成年个体的生命史策略与其成年后家庭的社会经济地位关系较小。童年贫困的生活经历造成个体的不安全感和焦虑感。个体会通过占有金钱平衡内心的这种不舒服

的感受，甚至会出现过度补偿，即对于金钱感到不满足，过度追求。

心理贫穷感的外源性感受来自后天的一些成长条件。例如，独生子女较非独生子女对于金钱的不满足感更强。独生子女在家庭中缺少同辈竞争，独享家庭资源，这样的生长环境可能会造成占有欲强烈，产生不满足感。再如，受教育年限可以预测心理贫穷感，以及不安全感、焦虑感、不满足感和金钱关注。受教育年限越短，个体的心理贫穷感水平越高。受教育年限的提高有利于减少不安全感、减少焦虑感、降低对于金钱的不满足感和对于金钱的关注。教育获得感很可能是补偿心理贫穷感的一个重要途径。

5　结论

心理贫穷感量表包含 5 个维度，即不安全感（3 个项目）、焦虑感（3 个项目）、厌恶感（3 个项目）、不满足感（3 个项目）和金钱关注（3 个项目），是包含 15 个项目的李克特量表。"非常不同意"为 1 分，"非常同意"为 5 分。其中维度 I 不安全感为反向计分，即"非常不同意"为 5 分，"非常同意"为 1 分。总量表的内部一致性信度达到 0.827。总量表与生命史策略 Mini-K 量表显著负相关。本研究所编制的心理贫穷感量表，结构明晰，题目含义明确，信度和效度指标达到或超过心理测量学相关标准，可作为相关领域研究的有效工具。

第3章　心理贫穷感与进化心理学

1　进化心理学的兴起与发展

进化心理学（Evolutionary Psychology）作为心理学研究的新潮流之一，发展于20世纪80年代，来源于日渐成熟的进化论和日益完善的认知心理学的结合。Buss作为当代进化心理学的创始人之一，他认为进化心理学是现代进化生物学和现代心理学的全新综合（巴斯，2007）。当代进化心理学的产生，可以说是把进化生物学与心理学进行整合的新尝试，以适应性原则对心理机制和心理现象进行解释，以期把心理学纳入更广泛的知识体系中。进化心理学成为独立学科的标志是1988年美国人类行为和进化协会的建立。作为专业期刊和官方期刊，《进化与人类行为》杂志在1997年创刊发行。当代进化心理学的主要创始人有D. M. Buss、Jerome H. Barkow、Leda Cosmides和John Tooby等，他们来自心理学、生物学、人类学和哲学等学科。

当然，进化心理学作为新的研究潮流而确立具有双重使命，既使进化论理论思想在心理学领域得以渗透，又从历史维度重新对心理机制进行诠释。Buss（2004）进一步指出，进化心理学的目的是用进化的观点来解释人类心理的机制，并非像知觉、学习、思维等具体研究领域，作为一种思维方式运用到心理学的一切领域，包括对人类心理进化规律的解释。进化心理学认为，不论是生理机制还是心理机制，它们都是自然选择和进化的产物。传统的心理学一直致力于研究心理活动和行为反应的直接原因，很

少去追究它的根本原因。但是，在进化心理学看来，适应器是进化形成的心理机制，每一种适应器都是在特定的进化环境中逐步形成的。它们之所以得以进化，是因为它们在远古环境中能够解决特定的适应性问题。

2 进化心理学的理论及基本观点

2.1 自然选择

在《进化心理学：帝王的新模式》中，Buller（2005）认为，人类身体形态是自然选择的产物。同样，人类的心理和行为也是自然选择的产物，是为适应当时的自然环境进化而来的。这样，自然选择为进化心理学解释人类心理和行为提供了核心理论依据。作为进化心理学的社会生物基础，达尔文《物种起源》（Darwin，1859）的发表，为生物学界甚至科学界从进化的一般理论重新看待人性本质提供了一种新的视角。进化论学说强调：变异为选择提供了基础；对有限资源的竞争为选择提供了途径，即物竞天择是个体对生存资源和繁殖资源的竞争；适应是选择的标准，即适者生存使高适应性的表现型获得选择和繁衍，并推进了物种的进化。社会达尔文主义也遵循进化论自然选择的核心观点，认为人类社会与自然界一样，同样遵循"适者生存"、"自然选择"和"优胜劣汰"等规律。作为社会性动物，人类的主要目的是生存和繁殖，也需要食物、配偶、住所、工具和金钱等（Gorelik et al.，2012）。

2.2 适应性问题

《进化心理学：心理的新科学》（Buss，1999）作为这个领域的代表性著作，主要涉及生存、性行为、择偶、亲代抚育和亲属关系以及群居问题（如合作、战争、冲突、社会地位等）研究。Buss指出，进化心理学通常聚焦于一种"特殊器官"或能力的过去适应性，强调过去，很少强调当前的适应性。从进化心理学来看，对环境的适应是人类心理和行为的唯一来源，尽管也存在基因突变的可能。换句话说，基于自然选择的核心地位，进化心理学家认为人类每个特质都代表其心理和行为的存在，都有其合理性和适应性（任亮宝等，2018）。在进化心理学家看来，人类心理和行为的形式是什么并不重要，关键是它们具有什么样的功能。行为之所以出现是因为它们的功能被用来适应当时的自然环境。另外，进化心理学家也认为，人类的心理和行为需要通过累积选择过程缓慢进化而来，而累积选择过程需要长期稳定的自然环境的压力才能够完成。因此，进化心理学家推算出人类心智最早出现时间，也必须从地质时代第四纪早期的更新世（从 180 万年前到 1 万年前）开始自然选择过程。促使人类进化的这种典型环境被称为"进化的适应环境"（Environment of Evolutionary Adaptiveness，EEA）。所以人类心智的进化其实是一个适应 EEA 的过程。Buss（2004）认为，尽管人类的心理和行为适应过去，但未必适应现在，而适应现在的心理和行为，可能要经过漫长的自然选择和适应的进化过程，在遥远的未来人类身上才会出现。如果从这层意义上说，任亮宝等（2018）研究认为，当前社会中的腐败行为可以看作一种"适应性"反应，有着深刻和遥远的历史根源，是自然适应和长期进化的产物，某种程度上增加了根治腐败的难度。

之后，Hamilton（1964）在达尔文经典遗传论的基础上，提出亲缘利他（kin altruism）或亲缘选择（kin selection）理论，即个体或群体仅对其同类或亲属表现出利他行为。该理论认为，个体行为对亲属繁殖成功率的影响，可以通过相应的遗传相关度来加权获得，即 Hamilton 法则：当 "$C < r \times B$" 时，自然选择就能够顺利使利他行为得以进化。其中，r 是一个小于 1 的加权系数，反映的是施惠人与受惠人之间的血缘关系。C 是利他行为给施惠人带来的损失，而 B 是利他行为给受惠人带来的获益。基本含义是：一个救助他人的行为是否在进化中被选择，取决于这个行为对自身生存与繁殖的损害是否小于给受惠人的生存带来的利益乘以 r 的乘积。该理论认为，自然选择对促使有机体基因传播的特性存在偏好，不管有机体是否能够直接繁殖后代。这一理论为研究决策行为提供了独特视角。任亮宝等（2018）认为，该理论为解释亲代投资和亲属照顾提供了可能性，在一定程度上也为揭示腐败行为和如何反腐提供了理论基础，即腐败者对于资源的抢占不仅满足了个人利益需要，同时也增加了其亲代和子代的适应性，导致出现"家族化"腐败和关系腐败。

2.3 领域独特性

Tooby 和 Cosmides（1990）认为，人类的心智不可能是可以解决各种问题的普适性系统，而是针对进化过程中反复出现的特定问题具有特定适应机制的集合体。也就是说，并不存在普适意义上的智能，所以进化心理学的一个基本视角就是领域独特性（domain-specificity）。有学者指出，人类心智的适应机制不是一个万能的计算机，而更像一个适应性工具箱或带有不同功能刀片的瑞士军刀（Tooby & Cosmides, 1990）。因此，现代生活中不同种类的风险会触发个体不同的心理算法，而这些算法是为了解决人类进化过程中反复出现的不同风险和不同问题（王晓田、陆静怡，2016）。后续的众多研究成果一定程度上证明和支持该论点。Kruger 等（2007）提出，个体在日常生活中的冒险倾向反映了人类进化过程中面临的不同风险和挑战。Loewenstein 等（2001）和 Kruger 等（2007）分别使用各自编制的分类别风险量表进行研究，结果表明，冒险倾向具有类别独特性，不能一概而论。Wang（2008）应用七个风险类别的冒险量表，揭示冒险的起源，并探讨了各个风险类别中冒险倾向与基因和环境之间的关系。结果表明，基因和环境对不同类别冒险倾向的影响不同，进一步证实了领域独特性。正如 Tooby 和 Cosmides（1990）所言，"不同的适应性问题往往有不同的最佳解决途径，因此，使用恰当的问题解决程序能更为有效地使问题迎刃而解。如果两个适应问题有不同的最佳解决途径，那么两套具有针对性的方案比一套笼统方案更为有效"。换言之，领域独特性的机制能更有效地解决适应性问题（王晓田、陆静怡，2016）。

3 生命史理论

3.1 理论概述

作为进化心理学的理论之一，生命史理论也是从进化生物学中"借鉴"而来（Kaplan & Gangestad, 2005）。它源于一个经典心理学问题：个体社会经济地位为何会对其心理和行为产生如此多的影响？进化心理学研究者从进化生物学中引入生命史理论和生命史策略的概念，试图以更加宏观的理论框架对该经典心理学问题进行解释。生命史理论从个体在早年时期形成的生命史策略出发，解释了在不同环境下个体的行为差异。

当然，最初的生命史理论是在生物进化基础上提出和验证的，因为动物的寿命和代数已经被全然观察，所以如何衔接在人类世界中成为一个重要议题。Rushton（1985）提出将生命史理论的观点用于解释人类社会，后来被 Belsky 和 Draper（1991）以及 Chisholm（1993）整合发展。大量研究证明，生命史理论可以像应用于其他有机体一样应用于人类身上（Ellis et al.，2009）。人类生命历程中主要经历的时间是从生育前期到生育期的过渡，但人类所展示出的繁殖能力与动物不同，动物呈现的繁殖能力只在发情期出现，人类的繁殖能力则具有周期性。人类区别于动物的某些特征，比如人类童年脆弱期的延长，使我们无法从宏观的生存环境去考量人类的生命史（Kaplan et al.，2000），但我们能看到童年期对个体的重要性。

生命史理论源于生物进化，在动物身上表现较为明显，人类同样也遵循这个进程。从进化角度来看，它意味着人生的两个终极目标：生存与繁衍。在现实情境中，个体的资源和获取资源的能力有限，但又想更好地适应环境，因此个体面临的基本问题是：如何更好地把有限的时间、资源和能量分配在与生存和繁衍相关的任务上。也就是说，在特定环境中物种能够实现自身资源的最优分配，更可能在严酷的自然选择中存活下来，这就是进化下生命史策略的选择（Griskevicius et al.，2011b）。

在对前人研究整合的基础上，Belsky（2007）提出全新生命发展模型：童年家庭环境和教养经历塑造了个体的心理与行为模式，某种程度上说，决定着个体面对生存和繁殖任务时会采用不同的生命史策略，不同个体的选择偏好是不一样的。模型包含三个基本过程：首先，0~6 岁阶段是人类个体的"预备期"，婴儿通过对照料者的照顾质量进行评估，从而确定未来的成长条件（Giudice，2009）；其次，生命史权衡中的偏好就是生命史策略；最后，基因和成长环境对个体生命史权衡具有交互影响（Figueredo et al.，2006）。因此，生命史策略是个体基于童年经历对身体投入与繁殖投入进行的最佳权衡，促使个体形成稳定的心理行为模式（林镇超、王燕，2015）。

3.2 生命史策略

由于资源有限和人们获取资源的能力有限，面对不同任务时，人类将决策如何将自身的资源和精力分配到这些任务上。因此，生命史理论的第一个基本要点就是，在资源有限的情况下，生命面临着权衡。进化学家认为，个体主要是在生存投入与繁殖投入之间进行资源分配权衡。生存投入以生存为导向，繁殖投入侧重于将资源分配于繁衍、养育后代等方面。Kaplan 和 Gangestad（2005）认为，个体对资源分配的权衡主要有三类：现在繁殖与未来繁殖权衡；求偶与养育权衡；后代数量与后代质量权衡。Ellis 等（2009）认为，人类在维系与成长之间进行的权衡是上述三类权衡的基础和平台（见表3–1）。

表3–1　权衡类别关系梳理

各类权衡	具体选择类型	
权衡1（基本权衡）	维系	成长
权衡2	现在繁殖	未来繁殖
权衡3	求偶	养育
权衡4	后代数量	后代质量
其他权衡	繁殖投入	生存投入
快–慢策略	快策略	慢策略

资料来源：彭芸爽等，2016。

在现实生活中，人类在不同权衡类别中做出选择，其实就反映出个体不同的生命史策略。生命史策略是个体特有行为模式的结合，独特的生命史会影响个体的行为模式，形成不同的生命史策略，而不同的生命史策略所代表的行为也反映着个体独特的生活经历。Ellis 等（2009）用"慢""快"连续体对生命史策略进行标识，不同策略只是一种决策偏好，现实情境中，很少出现绝对快或慢。其中，慢策略（K 策略）一般聚焦未来的生存投入，如生育年龄较晚、延迟满足（Figueredo et al.，2006），而快策略（R 策略）则指向当下的繁殖投入，如更早生育，更看重当下获利（Griskevicius et al.，2013），如图3–1所示。

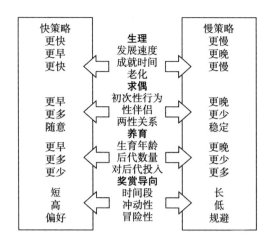

图 3 - 1　快、慢策略对比

资料来源：彭芸爽等，2016；Griskevicius et al.，2013。

　　然而，问题在于为何在不同物种中，有的物种会选择快策略，有的物种会选择慢策略。Schaffer（1983）认为，自然选择偏向于那些做出最佳权衡的个体。从进化意义上讲，"最佳"并不是个体的心理健康状况，而是最具适应性，即关注焦点在个体是否把基因成功地传递给下一代（Belsky et al.，2012）。现有研究表明，大多数人类个体倾向于采用慢策略来开展生命历程（Gladden et al.，2008；Kaplan et al.，2000）。生命史权衡是个体成长经历、基因遗传和环境共同交互影响的动态过程（Belsky，2017）。然而，要深入理解不同个体会采用何种生命史策略，势必要了解影响个体生命史策略形成的因素。

3.3　生命史策略的影响因素

3.3.1　环境因素

　　Figueredo 等（2005）认为，个体所处环境的严酷性、不确定性和资源稀缺性对生命史策略形成最具影响力。而 Ellis 等（2009）认为，环境严酷性和不稳定性是影响个体生命史策略的关键因素。个体成长于严峻的环境中，其预期寿命较短，个体为了保证在死亡之前将基因传递给后代，实现顺利繁殖，经常会选择使用快策略。为了保证后代有较高的存活率到成年繁衍期，快策略个体注重子女数量而不是质量。相反，当个体童年成长环

境较好时，其预期寿命更长，则更注重孩子的质量而非数量，经常采用慢策略（Wang & Chen, 2016；Simpson et al., 2012）。当然，生命史策略不仅受到童年环境压力的影响，还受到当前环境压力的影响。Chisholm（1993）认为，死亡率是人类进化史中重要的生态线索，它会影响自然选择的压力，促使人们采取不同的生命史策略，从而更好地适应环境。有研究表明，预期寿命较短、低收入女性生育年龄更早（Nettle, 2011）。在教育层面，预期寿命越长，毕业率越高，求学时间越长（Krupp, 2012）。也就是说，个体生命史策略的选择受到成长过程中和当前的环境压力的共同影响。

3.3.2 童年经历

进化心理学家认为，除了环境因素及压力外，童年经历对个体生命史策略形成也会产生影响。在 Trivers（1974）亲代投资理论的基础上，人类学家 Draper 和 Harpending（1982）认为，父亲缺失对女孩成长会产生较大影响。因为父亲缺失使个体接受较少的教导和养育，这会使女孩更早地性成熟，其结果是女孩从其他男性身上更早地获取资源。然而该模型缺乏系统性，相应观点也未得到相关研究的证实。但关于"早期经历如何影响个体繁衍策略"的崭新视角进入了心理学研究领域。

Belsky 和 Draper（1991）整合现有理论，提出全新生命发展模型，认为儿童将依恋视为感知环境条件的线索。如果照料者有能力、时间、精力和资源投入儿童身上，实现所谓敏感性、尽责性，使儿童所处生活环境具有丰富的资源，且安全稳定，对其会形成安全型依恋的内部加工模式（Bowlby, 1973）。之后，Belsky（2007）提出相对笼统的个体发展路径：早期的家庭背景；早期的抚养经历；心理和行为的发展；躯体的发展；特定繁衍策略的选择。基于该发展路径，产生生命史策略的两个典型取向，即数量取向与质量取向。如果长期处于含有较多负性应激源的家庭环境中，容易形成不安全型依恋和机会主义人际关系取向，促成一系列快策略。相反，个体处于良好的养育环境中，父母尽责，投入积极情感，则其容易形成安全型依恋和互惠型人际关系模式，子女青春期和首次性行为的时间推迟，促成慢策略结果。当然，两种典型取向只是繁衍策略体系中的两个极端（Belsky, 2007；Belsky & Draper, 1991）。

但是，Ellis 等（2009）认为，童年时期是否暴露在极端恶劣或不稳定的生活环境中，都会促使个体在成年早期形成快策略。居住环境的变化也会使童年生活变得不稳定。研究表明，青少年时期的频繁搬家与快策略之间存在高相关（South & Bose，2005）。Griskevicius 等（2013）认为，不同早期生活经验可以塑造出人们成年后在面对逆境时不同的应对方式。该模型进一步指出，个体的生命史策略只有在困难时期才会被激发出来，在顺境中即使个体的童年经验不同，他们的应对方式也无显著差异。White 等（2013）研究认为，由于受到死亡威胁与童年社会经济地位交互影响，个体会做出两种不同的规避风险行为。

3.3.3　生物因素

环境因素和童年经历是影响个体采取何种生命史策略的重要因素。Figueredo 等（2005）研究认为生态环境决定个体采用的生命史策略，尽管存有环境决定论的取向，但众多研究支持环境因素在个体生命史策略选择中的重要影响。当然，个体的童年经历与其所在的环境紧密相连，因此也不能忽视童年经历对其生命史策略选择的作用。而近期有研究发现，个体的生物因素也会影响生命史策略，这种生物因素主要是睾酮。Rosvall（2013）认为，由于个体睾酮水平不同，其在求偶和养育间的权衡也不同。比如，给雌性树燕注射睾酮，结果发现其攻击性明显增强，这表明睾酮会通过损害养育行为来影响生命史策略的发展。

总之，对于为何有的物种使用快策略，有的物种使用慢策略，生命史理论认为，生命史策略的形成取决于个体所处的生态环境，而物种的任务就是适应其所居住的特定环境，以便最好地生存和繁衍。这就可以解释为何居住在高度严酷和不确定环境中的物种经常采用快策略，因为如果它们把有限资源和经历都投入"自身建设"中，其努力很容易被环境破坏。而那些生活在安全、舒适环境中的物种，则会把资源用在"自身建设"和后代质量上，因为更强壮的个体在环境中生存得更好，也更容易繁殖。对于人类而言，总体上采用慢策略。但在同一物种间，个体的生命史策略也有快慢之分，其原因在于生命史策略形成的生态环境。绝大多数研究认为，人类在童年期的成长环境，在很大程度上决定了个体生命史策略的形成。如果一个儿童长期生活在严酷、不确定和资源稀缺的环境中，其成年后一

般会采用快策略；相反，当儿童成长于富裕、安全的环境时，其成年后将采用慢策略。

4 心理贫穷感与生命史理论

4.1 童年社会经济地位与心理贫穷感

童年贫穷是在认知、社会情感和身体健康方面改变个体终身发展轨迹的强大因素（Evans & Kim，2013；Mossakowski，2015；Liberzon et al.，2015）。弱势儿童比富有的同龄人更有可能面对各种各样的身体压力和心理社会压力（Evans & Kim，2013）。Nikulina 等（2011）认为，童年时期家庭贫穷可以预测成年时期主要抑郁障碍。神经科学研究发现，童年时期家庭贫穷可以改变成年后情绪调节的神经电路。而生命史理论认为，童年时期的社会经济地位可以显著预测成年后个体的生命史策略（Buss，2009）。研究表明，生命史策略的形成取决于个体童年的社会经济地位，与成年后的社会经济地位关系较小（参见王燕等，2017a）。需求层次理论认为，对人类来说，安全感是优先级较高的基本需求之一，物质上、经济上的保障是安全需求的重要内容（Maslow，1943）。而 Bowlby（1969）认为，对环境的安全感需要从童年开始建立。若个体没有建立起安全感，极有可能形成一种不安全的内部心理加工模式，并长期影响其社会行为的各个方面。

鉴于以上分析，徐斐（2018）提出研究假设，认为童年社会经济地位越低，成年后个体心理贫穷感越高。具体研究中，采用童年社会经济地位量表（王燕等，2017a）和自编心理贫穷感量表探讨二者之间的关系，并试图验证研究假设。统计结果如表 3 - 2 所示。

表 3 - 2 童年社会经济地位对心理贫穷感的回归分析

	（1） 心理贫穷感	（2） 不安全感	（3） 焦虑感	（4） 厌恶感	（5） 不满足感	（6） 金钱关注
童年社会经济地位						
非标准化回归系数（B）	- 0.145*	- 0.035**	- 0.050**	- 0.035	- 0.035	0.009

	（1）心理贫穷感	（2）不安全感	（3）焦虑感	（4）厌恶感	（5）不满足感	（6）金钱关注
B 的标准误差	0.057	0.013	0.019	0.018	0.020	0.019
性别						
非标准化回归系数（*B*）	− 2.102 **	− 0.377 *	− 0.550 *	− 0.366	− 0.422	− 0.386
B 的标准误差	0.722	0.160	0.236	0.229	0.247	0.236
年龄						
非标准化回归系数（*B*）	− 0.248 ***	0.049 ***	− 0.046 **	− 0.050 ***	− 0.052 ***	− 0.052 ***
B 的标准误差	0.043	0.094	0.014	0.014	0.015	0.140
独生子女						
非标准化回归系数（*B*）	− 0.721	0.034	− 0.190	− 0.086	− 0.634 *	0.154
B 的标准误差	0.757	0.167	0.247	0.240	0.256	0.248
受教育年限						
非标准化回归系数（*B*）	− 0.420 **	− 0.124 ***	− 0.141 **	0.037	− 0.096 *	− 0.095 *
B 的标准误差	0.139	0.031	0.097	0.044	0.047	0.045
年收入						
非标准化回归系数（*B*）	− 0.012	− 0.006 **	− 0.005 *	− 0.009 ***	0.004	0.003
B 的标准误差	0.07	0.002	0.002	0.002	0.003	0.002
婚姻状况						
非标准化回归系数（*B*）	− 1.308	− 0.717 **	− 0.281	− 0.493	0.143	0.035
B 的标准误差	1.059	0.234	0.346	0.336	0.362	0.346
有无子女						
非标准化回归系数（*B*）	0.545	− 0.097	0.054	0.553	0.058	− 0.024

续表

	（1） 心理贫穷感	（2） 不安全感	（3） 焦虑感	（4） 厌恶感	（5） 不满足感	（6） 金钱关注
B 的标准 误差	1. 103	0. 244	0. 360	0. 350	0. 377	0. 361
常数						
非标准化回归 系数（B）	64. 981	11. 991 ***	14. 854 ***	9. 845 ***	15. 492 ***	12. 799 ***
B 的标准 误差	3. 218	0. 711	1. 051	1. 021	1. 099	1. 053
R^2 修正值	0. 129	0. 203	0. 077	0. 063	0. 051	0. 028
模型显著性水平	0. 000	0. 000	0. 000	0. 000	0. 000	0. 000
因变量预测值的 标准误差	8. 113	1. 782	2. 651	2. 574	2. 770	2. 654
N	582	582	582	582	582	582

* $p < 0.05$；** $p < 0.01$；*** $p < 0.001$。

统计结果表明，在控制了性别、年龄、独生子女、受教育年限、年收入、婚姻状况和有无子女等人口学变量后，童年社会经济地位对成年后的心理贫穷感具有显著预测作用（$p < 0.05$），对于不安全感（$p < 0.01$）和焦虑感（$p < 0.01$）两个维度的预测作用也显著。

具体而言，从人口学变量上看，性别、年龄、独生子女、受教育年限、年收入和婚姻状况分别对心理贫穷感的各个维度有不同程度的影响。究其原因可能在于：心理贫穷感有可能不完全受童年生活条件的影响，还受成年后个体所处的客观环境的影响。部分的心理贫穷感属于内源性感受，它可能源自童年并持续影响到成年。而部分的心理贫穷感属于外源性感受，它可能源于当下社会风气等外界因素的影响。

第一，性别对心理贫穷感、不安全感和焦虑感具有显著的预测作用。

第二，年龄对心理贫穷感及不安全感、焦虑感、厌恶感、不满足感和金钱关注具有显著的预测作用。

第三，是否为独生子女对不满足感具有显著的预测作用。

第四，受教育年限对心理贫穷感以及不安全感、焦虑感、不满足感和金钱关注都有较高的预测性。

第五，年收入对不安全感、焦虑感和厌恶感有较高的预测性。年收入越低，不安全感越高，未来的焦虑感越高，对于金钱的焦虑感越高，对于失去金钱的厌恶感越高，对于金钱损失的厌恶感越高。而心理贫穷感与慢策略显著负相关。这再一次支持了生命史理论的构想。

综上所述，影响心理贫穷感及其各个维度的因素多种多样。童年社会经济地位可以显著预测心理贫穷感，以及不安全感和焦虑感两个维度。此外，性别、年龄、独生子女、受教育年限、年收入和婚姻状况分别对心理贫穷感的各个维度有不同程度的影响。总体而言，童年社会经济地位越低，成年后个体心理贫穷感越高，成年后的不安全感、对未来和金钱的焦虑感也越高。该研究结果在一定程度上支持了生命史理论的构想。

4.2　心理贫穷感与生命史理论

本研究中，心理贫穷感被概念化为个体关于自身经济状况的不安全感、不满足感，它既有认知的成分，也有情绪的成分。在认知上，心理贫穷感属于一种主观的偏差，与现实的经济收入水平不成比例，对金钱的效用过分夸大以及对自身财务状况的评估偏低。在情绪上，心理贫穷感表现为对金钱的极度渴望、过分关注、难以满足以及对未来的过分焦虑。无论是认知还是情绪，都可以对个体的行为产生直接或间接的影响，因此，心理贫穷感较强的个体很有可能表现出过度追求占有、贮藏大量的金钱和物质的行为，甚至不惜铤而走险，违法犯罪。心理贫穷感概念是建立在许多前人研究的基础上，其主要理论基础为 Bowlby 的安全需要理论、Adler 的过度补偿理论和 Griskevicius 的生命史理论。而生命史理论作为构建心理贫穷感概念内涵的三大心理学理论之一，以其作为效标关联效度，有利于心理贫穷感与生命史策略关系的探讨，可进一步验证心理贫穷感概念及维度理论构建的有效性。

本研究利用自编心理贫穷感量表，以生命史策略为效标关联效度，进行信效度检验及应用。研究表明，Mini-K 量表得分与心理贫穷感量表总分显著负相关，与不安全感、焦虑感和厌恶感显著负相关（见表 3 - 3）。

表 3 – 3　心理贫穷感各维度与 Mini-K 量表相关分析

Pearson 相关性	不安全感	焦虑感	厌恶感	不满足感	金钱关注	总量表
Min-K 量表	– 0.400 **	– 0.190 **	– 0.128 **	– 0.073	– 0.007	– 0.226 **

$^*p < 0.05$；$^{**}p < 0.01$；$^{***}p < 0.001$。

　　统计结果表明，心理贫穷感越高，越倾向于发展出快策略。采取快策略的个体，有强烈的不安全感，对未来感到更焦虑，对失去金钱感到更厌恶。具体而言，心理贫穷感与生命史策略显著负相关，研究结果支持了心理贫穷感的理论推演结果。心理贫穷感造成一种主观偏差，个体有意识或无意识地产生一种似乎身处贫穷之中的感受。心理贫穷感高的个体为了占有金钱甘冒风险。这与生命史理论的观点不谋而合。生命史理论认为，在经济剥夺的环境中长大成人的个体，成年后会形成快策略。采取快策略的个体可能更趋向于短期机会主义，更冲动，更倾向于冒险。

　　（1）心理贫穷感会造成一种主观偏差，个体有意识或无意识地产生似乎身处贫穷环境的感觉。个体会过分夸大金钱的效用，对自己身处的环境和经济条件感到不满足，抱有负面的认知和情绪，感到不安全和焦虑。从人本主义心理学的角度来看，基于马斯洛需求层次理论，当个体的需求没有得到满足或被剥夺时，会产生不安全感。个体不安全感的形成可以一直回溯到童年时期、婴幼儿时期甚至是母亲围产期。生命史理论的核心要义就是童年经历对成年后个体的长远而深刻的影响。

　　（2）个体体验到不安全感，并在内心形成不安全感的加工模式，同时，对于未来产生强烈的焦虑感。个体的内心同时体验到不安全感和焦虑感。为了平衡这种不舒适的心理感受，个体有意识或者无意识地寻求心理补偿。心理补偿作为一种防御策略并没有对错之分。然而，这种补偿的心理加工模式不断重复，最终可能发展为一种无意识的自动反应模式，产生过度补偿。

　　（3）个体在不安全感和焦虑感的驱动下，希望能够更多地占有金钱。占有金钱有两种途径，一是避免失去金钱，即减少支出；二是追求获取更多的金钱，即增加收入。在心理补偿机制的推动下，个体会通过占有金钱平衡内心的不安全感和焦虑感。这只是一种应对策略，并无是非对错之分。然而，过度补偿作为心理补偿的结果之一，使个体对于失去金钱强烈地体会到厌恶感，对于获取金钱强烈地感到不满足。个体对于金钱的效用过分夸大，对于金钱高度关注。

（4）不安全感、焦虑感、厌恶感、不满足感和金钱关注是心理贫穷感的五个维度，相互关联，相互作用，继而影响个体的风险决策。也就是说，为了占有金钱，即避免失去金钱或者追求获取更多金钱而甘冒风险。

总体而言，该结果表明：心理贫穷感越高的个体，其生命史策略越倾向于快策略；而心理贫穷感越低的个体，其生命史策略越倾向于慢策略。本研究所编制的心理贫穷感量表，结构明晰，题目含义明确，信度和效度指标达到或超过心理测量学相关标准，可作为相关领域研究的有效工具。

不平等的资源和权力分配，造成部分人缺乏资源而不能维持基本生活水平，其结果是造成心理上的相对贫穷。长期处于贫穷环境中，增加了腐败行为出现的可能性。研究认为，社会中的拜金和贪腐问题，一方面受到当下环境的影响，另一方面受到历史和几十年前社会经济状况的影响，尤其是受到个体童年环境和早期经历的影响。改革开放使人们的物质贫穷问题得以解决，人们确实都富裕了，但心理上的贫穷和童年的不安全感并未消失，过去贫穷留给人们的心理创伤和不安全感仍旧影响着人们当下的生活和行为（孙时进，2014）。任亮宝等（2018）认为，腐败主体出现腐败行为的原因之一是其童年的贫穷经历及心理创伤对当下生活、心理和行为的持续影响。如果没有强大的自我觉察，心理贫穷感会促使个体采用快策略，从而增加冒险，走上贪腐之路。

4.3　亲代投资：童年贫穷对生命史策略的影响

做父母是生命史中一个重要的里程碑，亲代投资也是人类进化中普遍存在的一项典型任务。Trivers（1972）认为，亲代投资泛指父母为了增加其后代的生存机会和增强繁殖能力所进行的任何投资，投资方式以牺牲父母在其他子女身上的投资能力为代价。家庭贫穷对于儿童和青少年发展有一系列负面效应，包括成人消极的教育、负面认知、社会和情绪问题、贫乏经济产出和不健康状态等。父母的心理健康水平也会影响儿童心理发展，比如 Wickham 等（2017）认为，母亲心理健康在贫穷与不利的童年社

会情绪发展中具有中介作用。

　　Wang（2007）的研究试图证实父母对自己家庭社会经济情况的认知如何影响对儿女的投资。进化适应性往往取决于个体在群体中的相对状况，是人们与局部环境中他人比较的结果。Wang 假设社会比较对决策的影响会受到受益人性别的调节。随着相对财富水平的提高，父母对儿子与女儿的投资会出现不同的模式。其深层次的原因在于儿子和女儿在生育变异度与潜力两方面的明显差异。根据 Trivers 和 Willard（1973）的假设，富裕的家庭更可能生育成功的后代，因此会更喜欢生儿子，男孩变得更加富有并且拥有更多后代的机会更大。相反，贫穷的家长更喜欢女儿，女儿在生育上不成功的机会比儿子小。但是 Keller（2001）认为，Trivers-Willard 效应在美国是微弱的，就进化过程中的条件而言，可能源于美国社会资源更加丰富和充足。Wang（2007）基于国内背景的研究，认为社会比较不仅是主观的，而且是针对局部群体的。相对于总体的比较，与邻居比较的主观相对财富更可能影响父母对子女的差异性投资。因为主观相对财富水平较低，意味着家庭经济状况与父母的抱负水平差距较大，父母对子女的生育与财富成功的期望也较高，在这种情况下，对儿子的投资更可能达到父母的期望。相反，主观财富水平较高，则意味着家庭经济状况与父母的抱负水平差距较小，父母对女儿的预期更高，此种情况下，投资女儿更能保证实现目标。因此，基于上述分析，主观贫穷可能造成反转的 Trivers-Willard 效应。

第4章　心理贫穷感对现代人的影响

1　心理贫穷感与环境风险

　　环境是人类赖以生存和发展的基础和物质条件，人类生存于自然环境中，自然环境同时也作用于人类。存在主义哲学一直视"人与环境的关系"为最关注的话题之一，而心理学受到弗洛伊德的影响，把重点放在人与客体的关系或内在生活方面。然而，除了内心世界与客观事实，两者之间存在一个因人而异的"潜在空间"（potential space），它包括自然的、人际的和社会的。个体与环境的关系，包含着积极与消极，积极的感受促使个体趋近环境，消极的感受则促使个体回避或改变环境。这就意味着不同的主观感受在面对不同的环境时会启动大脑不同的功能区域。Bowlby（1969）指出，对环境的安全感需要从童年开始建立。如果个体在童年期没有建立起安全感，那么极大概率形成一种不安全的隐性机制，并且会长期影响个体的社会行为。从一开始有意识的行为逐渐转化为无意识的自动化行为，甚至延续并影响个体成年期的行为方式。

　　个体生存于环境之中，个体本身也是一种微型、稳定且持续动态的生态系统。除了维持自身状态的平衡，也要保证与环境的相对平衡。保证两个维度的平衡主要通过改变自身和改变环境。环境同样包括两个维度，即社会环境和自然环境。改变个体其实是人体生态系统自带的两种恢复能力，即自我调节力和自我恢复力。自我调节力和自我恢复力具有一定的阈限，例如在某种特殊情境中，个体的心理健康产生了问题，由于紧张、焦

虑所带来的负向情绪，打乱了个体所能处理的心理紊乱阈限，恢复不到原有水平，那么此时便是破坏了个体的内在平衡，即使进行即时修复也无法达到原有的状态（曾德慧，1999）。这就会导致心理矛盾和冲突加深，进而导致不健康的心理状态。

通过前面章节中的理论推演，提出"心理贫穷感"这一概念，心理贫穷感是个体相对稳定的内心感受，且长期存在不易变化。其主要包含五个维度：不安全感、焦虑感、厌恶感、不满足感和金钱关注。心理贫穷感是个体对于外界长期形成的一种不轻易变化的心理反应，会造成主观认知的偏差。个体有意识或无意识地感受到曾经被破坏的环境，并对个体所处的环境产生负面的认知及情绪，感受到不安全和焦虑（徐斐，2018）。个体感受到的不安全和焦虑破坏了个体本身的微型生态系统，导致其不能达到与环境的平衡，因此采取相应的应对策略来适应或满足自我，从而重新达到自我平衡状态，在不安全和焦虑状态下所采取的策略和应对方式便是环境行为，而环境行为中存在环境风险。

1.1 环境行为应对策略

关于环境行为的研究，大多侧重于环境保护、环境污染以及环境与人的关系，这是环境学所侧重的方向。建筑学方向的研究则侧重于室内环境。而环境心理学关注的是环境的两个层面。一个层面是关注作为行为背景的环境。环境决定了哪些行为是可能的，决定了行为的难度以及是否成功等。这些"可供性"（affordances）是环境所提供的，它使行为成为可能，同时对行为有很大的决定作用。因此环境心理学非常关注环境对人的行为、情绪的影响和决定作用。另一个层面是环境心理学同样研究人的行为对环境的影响。从广义来说，包括环境问题，如污染、循环、生态等，尽管都是在一个基本前提下，但却是不同的视角。简单来说，环境心理学是研究人的行为和经验与人工和自然环境之间关系的整体科学。环境心理学主要强调的是把环境 – 行为的关系作为一个整体去研究，而不是独立的部分，它们的关系是相互影响与改变，以环境中的问题为中心，意图解决相关性的实际问题。

1.1.1　合理性行为理论

价值观是重要的生活目标和标准，一般被认为影响着态度和行为（Olson & Zanna，1993；Schultz & Zelezny，1999）。价值观是解释人与人之间、组织之间、国家之间和文化之间异同点的有效工具，同时价值观的抽象性允许个体在各种情境下进行预测，影响个体更加具体的态度和行为，提供了稳定的和相对持久的基础，总体来说，价值观决定态度，态度塑造行为。多年来，社会心理学家很遗憾地发现人们的表面态度和行为常常是不一致的。在进一步研究中，心理学家开始了解态度－行为的联系，而且相信态度的确能预测大量的行为（Grob，1995；Meyers，1999；Schultz & Zelezny，1999）。凯瑟、沃尔芬和弗日尔（Kaiser et al.，1999）把研究中不能成功地显现态度和行为之间有很强联系的原因归结为以下几点：①研究者之间对态度缺少一个统一的概念；②态度和行为测量的方式不一致；③有些研究者没有意识到，对行为的抑制会使人们做出和态度不一致的行为。因此关于态度最有影响的理论是费斯宾和阿杰恩的合理行为理论（Theory of Reasoned Action）或计划行为理论（Theory of Planned Behavior）（Ajzen & Fishbein，1980；Kaiser et al.，1999）。该理论认为，假设个人会做出合理选择，而且行为由采取这种行为的意图决定（是否计划这样做），你的意图越强烈，你就会付出越多的精力来采取特定的行为，同时你也就越愿意做出这样的行为，意图依赖于与行为相关的态度，这种与行为相关的主观标准也与行为和感知行为控制相关。此理论指出，一个人采取某一个行为的意图可以预测他实际做的事情。这个意图的产生受态度的影响，也受这个人对社会或团体的行为常规的判断影响，因此行为常规、态度和价值观一起，决定了行为的意图，意图又预测了以后的行为（见图 4-1）。

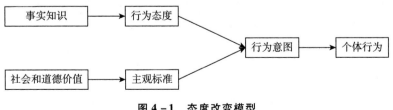

图 4-1　态度改变模型

资料来源：Bell et al.，2009。

1.1.2 唤醒理论

环境刺激的影响因素是唤醒的强度，而环境中的各种刺激会引发个体的生理唤起和行为反应。生理唤起主要表现为心跳加速、血压升高、呼吸急促以及肾上腺素的分泌等；行为反应以肌肉运动增强、反应活跃为主要表现。大脑通过个体的生理反应机制影响个体唤醒的强度，而唤醒强度的改变与环境行为相联系。

伯伦将唤醒描述为"处于一个连续体中的状态，这个连续体的一端是睡眠状态，另一端则是兴奋状态或其他非睡眠状态下的增强活动"（Hebb，1972）。环境心理学以此来解释环境对人的行为产生的影响。唤醒模型理论主要分为低唤醒行为和高唤醒行为，可以有效地解释温度（Bell & Greene，1982）、拥挤（Evans，1978）和噪声（Broadbent，1971；Klein & Beith，1985）所导致的环境行为的后果，无论是正向情绪还是负向情绪的刺激都会影响唤醒程度。一方面，对唤醒的归因会影响个体的行为。唤醒会促使个体去寻找有关其内部状态的信息，即个体试图去解释唤醒的实质及其原因。例如，个体如果把唤醒归因于自己的愤怒，尽管它可能是由环境中的某一因素所引发的，个体也可能会变得更加好斗和具有攻击性（Zillmann，1979），但这不是攻击性增强的唯一原因。另一方面，根据攻击性理论来看，在一定情境下攻击性更容易表现出来，那么唤醒增强会使攻击性增强。比如噪声增强了个体的唤醒强度时，会令攻击性增强。此外，社会比较也会影响个体对环境的认知和行为。通常我们会把自己和别人的行为进行比较，在这种社会比较的过程中，个体拿自己的情况与不如自己的人进行比较时，会对自己目前所处的环境感到相对满意。面对环境中不同的刺激，唤醒的改变程度也不同，但对于中等程度的唤醒，人们大多倾向于正性的行为评价。唤醒对行为的影响是很大的，尤其是操作性行为。耶克斯－多德森定律明确阐述了唤醒程度对绩效的影响。当唤醒水平为中等程度时，绩效最佳。当唤醒水平在最佳点上下浮动时，绩效就会逐步降低。此外，唤醒水平和绩效呈倒 U 形关系，随着任务的复杂程度而发生变化。在难度较大任务中，唤醒的最佳水平点要比简单任务的最佳水平点稍低一些。最佳水平是个体维持自身内部环境的基础，一旦这个水平线未达到或被超越都将影响个体与环境的感知水平，进而影响个体的环境行为。

唤醒是影响个体行为的干预因素，唤醒的改变与环境刺激因素相联系，从而作用于个体的环境行为。个体的情绪变化引起个体的唤醒水平改变，而情绪必然受到环境的影响，因此唤醒对于研究个体心理与环境之间的关系是不可忽视的，同时也具备对个体的环境行为的预测影响。

1.1.3　环境负荷理论

环境负荷又称刺激负荷或刺激过载。环境负荷理论侧重于环境刺激出现时，个体注意力的分配和信息加工过程。个体的注意力是有限的，当个体在环境中通过感知器官获取感觉信息时，会同时输入多种刺激，但个体只能专心加工某一种或分配注意力到几种刺激，从而获取环境中的信息。如果环境中的信息过量，超出个体的加工能力，注意力被分散就会出现超负荷现象。

那么，当环境中刺激因素过多，超负荷现象出现时，会对行为产生怎样的影响？这取决于哪个刺激受到了充分关注，哪个刺激被忽略。一般来说，对当前任务最为重要的刺激会得到足够多的注意，而次要的刺激则会被忽略。如果这些次要的刺激有可能干扰重心任务，忽略它们则会提高效率。但当两者不得不同时进行，且其中一项任务需要的注意范围很广时，次要任务的效率就会下降。根据超负荷理论观点，一旦注意力容量由于长时间使用而耗竭，即便很小的注意要求也可能引发超负荷。甚至当不愉快的或过多的刺激中止时，不良行为后效也仍会产生。社会学家西蒙把大城市行为病理归因于一种超负荷（Simmel，1957）。米尔格莱姆（Milgram，1970）指出，大城市社会生活恶化的主要原因是，人们对周围社会刺激的忽视和注意这些信息的容量减少，而这些信息又源于日常需求的不断增加，因此诸如旁观者见死不救等现象，可能在一定程度上是由环境超负荷而引发的，每天繁忙的都市生活需要人们投入大量的精力，以至于人们几乎没有太多剩余的精力来关注周围的社会，被迫形成一种对他人和周围环境比较冷漠的态度，以便腾出充足的时间来应付日常生活。

环境中刺激因素的过载导致个体的注意力被分散，从而影响了个体的环境行为。环境负荷理论被应用在生活中的环境设计研究领域。通过减少环境负荷刺激，避免个体的注意疲劳现象的发生，预测环境提供的信息

量，从而降低个体环境行为的风险。

1.1.4 行为约束理论

行为约束，是指环境中的一些刺激信息限制或干扰了个体要做的事情。个体对环境中所提供的信息的控制超出了个体能力范围，从而对认知活动产生了干扰。

对信息认知加工能力的唤醒或限制主要是过多或负面情绪的刺激，这种直接的刺激同样影响着一种潜在的能力，即个体对环境的控制能力。我们都曾有过经历寒冬烈日的无能为力感，或是不得不在相当拥挤的环境条件下工作或学习，但又无法改变现状的感觉，这种对环境控制感的丧失，就是环境刺激中的行为约束的第一阶段（Proshansky et al.，1970；Rodin & Baum，1978；Stokols，1978，1979；Zlutnick & Altman，1972）。在行为约束中，约束是指环境中某些现象限制或干扰了我们想要做的事情。约束可能是来自环境的一种不良影响，或是觉得环境对我们的行为有所限制的一种观念。当我们开始意识到环境正在约束或限制我们的行为时，首先会感到不舒服或产生其他的一些消极情绪，也可能会尽力重新获得对环境的控制，这种现象被称为心理阻抗（psychological reactance）或是简单的阻抗（Brehm，1966；Brehm & Brehm，1981；Worman & Brehm，1975）。任何时候，当我们感到我们的行为自由受到限制，这种心理阻抗就会引导我们重新获得自由（Strube & Werner，1984）。例如，如果我们的自由受到拥挤的威胁，那么我们很可能做出一些生理或社会行为让别人走开。根据行为约束理论，实际上我们并不需要体验到失控感后才开始不停地进行反抗，我们所需做的只是预料到有些环境因素将会限制我们的自由，例如预料到会有拥挤，就足以让我们建立起远离他人的身体或心理屏障。在我们重新获得行动自由的过程中，倘若屡次遭遇失败，这种丧失控制感的最终结果即习得性无助（learned helplessness）（Garber & Seligman，1981；Seligman，1975）。这就是说，当我们想获得对环境的控制的尝试屡次失败后，我们就可能开始认为自己的行动对改变当前的处境无济于事或者对环境无能为力，因此就会选择放弃获得对环境的控制。换言之，我们"学习"到自己是无助的，在客观上而言，我们的控制已经起到了效果。

因此，行为约束理论提出了三个基本过程：控制感丧失、阻抗和习得性无助。显而易见的是失去控制感会给个体的行为带来不良后果，重获控制感则能提升个体的效绩和内心希望。在格拉斯和辛格（Glass & Singer，1972）的经典实验中，告知被试，在实验中他们可以通过按一个按钮来减少有害噪声的音量。实际上，即使被试没有按那个按钮，仅仅只是简单地告知被试这个情况，就可减少甚至消除噪声所带来的许多消极影响。仅仅感觉到自己能够控制噪声，就能减少应激所带来的适应性代价。研究者还发现，对噪声的控制感，也能减少噪声对攻击性行为和助人行为的消极影响（Sherrod & Downs，1974）。同样，对拥挤的控制感，能够减少拥挤带来的不愉快感（Langer & Saegert，1977；Rodin，1976），艾伦和费兰德（Allen & Ferrand，1999）发现，个体控制感可以预测对环境负责任的行为。个体对环境的控制感是个体内在环境安全感的基础，安全感来自对环境的可预测性和可控性，因此个体对环境的控制感与个体心理同样具有密切的联系。

1.1.5　环境应激理论

环境应激理论是把环境中存在的因素作为应激源，认为是对个体身心健康有不利影响的因素。例如噪声、拥挤，同时也包括生活方面的应激源，如工作压力、家庭关系、自然灾害、生活环境等。应激被定义为环境行为中的反应，通常作为一种调节或中介变量。作为环境行为中的反应，主要有生理反应、行为反应、情绪反应。生理反应最初是由塞利（Selye，1956）提出，经常被称为系统应激（systemic stress）。行为反应和情绪反应由拉扎勒斯（Lazarus，1966，1998）提出，常被称为心理应激（psychological stress）。心理和生理应激反应相互联系，不会单独出现，因此环境心理学家通常把所有的成分整合到一个理论中，称之为环境应激模型（Environmental Stress Model）（Baum et al.，1981；Evans & Cohen，1987；Lazarus & Folkman，1984）（见图 4 - 2）。

拉扎勒斯和科恩（Lazarus & Cohen，1977）把环境应激源的特性分为三种：灾难性时间、个人应激源和背景应激源。拉扎勒斯认为在不同的环境下，某个环境时间可能属于也可能不属于应激源，应激过程的开始，必定是个体认为某个刺激有威胁的认知评价。这种认知评价是个体的心理因素（智力资源、过去的知识经验、动机）和这个特定刺激情境的认知方面

（刺激的可控制性、刺激的可预测性、即时刺激和定时刺激）的共同作用。比如一个人知道有关一种噪声带来的好处方面的知识越多，或者他对噪声的控制感（终止或避开）越强，那么他就越不太可能将噪声评价为具有威胁性，这个刺激情境所带来的威胁性也就可能越小。

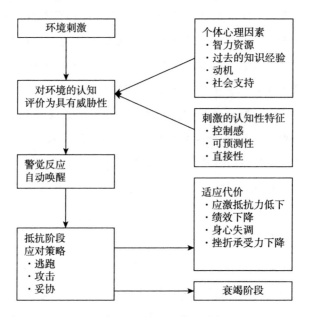

图 4 - 2　环境应激模型路径

资料来源：Bell et al.，2009。

对于应激的适应有利也有弊。经历过一个应激事件并已学会如何应对的个体，才能更好地应对生活中的下一个应激事件。只要应对应激，这种经验既能增强自信心，也能发展个体的应对技能（Aldwin & Stokols，1988）。不过面对并适应应激事件也可能需要付出代价，任何时候，当所有的应激总和远远超出了个体的应对能力时，就不可避免地会导致某些身体或心理上的崩溃。适应一个持久或过度的刺激所要付出的代价，常常是身心紊乱以及抵抗力下降，另一种是上一节中所介绍的认知超负荷，应激导致认知信息的加工能力负荷过重，难以进行其他的信息加工，并容易出错。同时应激下的认知缺陷，也可能由应对的行为策略转移或注意范围变窄所导致（Cohen，1978）。当我们处在应激状态中，个体可能不能或者不愿把精力集中在当前任务上，也就是说，个体的反应针对眼前的应激源，反映的是令个体不适的具体原因。对拥挤——也就是人太多，个体常会采取退缩或回避社会交往的反应，这种反应的原因则是，空间受限有可能导致攻击性行为（Baum & Koman，1976）。环境应激理论能够帮助我们预测环境恶化的可能后果，以及拥挤、极度冷热等应激源可见的影响是否存在。同时应激反应中的一系列神经化研究表明，个体的免疫系统会受到应激反应的影响，也就是说，个体暴露在环境应激源中，可导致免疫系统受损，从长远来看，应激和健康的关系日益密切，也有可能成为以后的关注点。

1.1.6　环境生态理论

这一理论的主要特点在于，关注环境对行为的具体影响。环境与行为如平行线一样相辅相成存在。环境生态理论关心的不是个人的存在，而是代表某一行为情境特征的固定的行为模式，而不管这种行为模式中的个体是哪个人。巴克提出了行为情境概念，以此作为进行相关研究的最主要概念。行为情境可用行为时间、空间维度以及固定的行为模式界定。行为情境观点认为，人们大多数的行为是发生在一定情境之中的。处于不同情境中的个体，其行为是不同的。巴克在此基础上进一步假定，行为情境中的一系列固定行为模式得以保持是具有隐性或显性的规则的（Barker，1998）。

巴克的环境生态理论模型主要关注个体行为的环境背景对大多数个体行为的影响，也被称为非个体行为模型。该模型视个体行为的环境背景为一个独立实体，虽然个体行为的环境背景会随时间而改变，但它确实存在且具有特定的物理结构。非个体行为发生在一个已经存在的建筑环境里是一个样子，发生在森林覆盖的原野或沙漠中又是另外的一个样子，它们之间有很大的区别。标准行为模式和物理环境相互影响、相互依存，借此反映出不同的文化目的。相对个体行为，标准行为模式代表着群体的共同行为特点，这种行为对于个体来说并不具有独特性，但对于不同的环境背景来说则是独特的，即特定的背景下会有一些特定的行为类型，例如假设行为背景是在上课的教室里，那么标准行为模式将包括讲、听、看、坐、记笔记、举手和交流等，由于这一群体行为模式的环境背景，此类行为仅仅发生在教育性的行为背景中，所以环境生态理论由此推论出，由什么样的环境背景可以推知有什么样的行为，环境背景下的行为并不随人的离开而

消失。

由此可见，标准行为模式是独立于环境背景的。它们有着相似的结构或同构，共同创造了环境行为背景。因此，环境生态理论不仅可以根据情境预测将出现的行为，也可以用于解释团体行为以及评价社会对行为变化的影响。

1.1.7 理论的整合关系

以上环境行为理论观点并非相互独立的，各种不同理论都有一定的内在联系。上述理论中不同的环境刺激因素可以作为中介变量来解释环境与行为的关系。例如，过大的噪声会使同一个体在同一时间产生信息超负荷、应激、唤醒和心理阻抗，并且把这些后果归因于外在因素，不论涉及哪个中介变量，单一或综合，任何反应行为都有可能发生，比如逃避、建立屏障或是其他措施，甚至习得性无助等。考虑到所有环境刺激都可能影响行为，因此关于环境与行为的关系可以整合统一来看（见图4-3）。

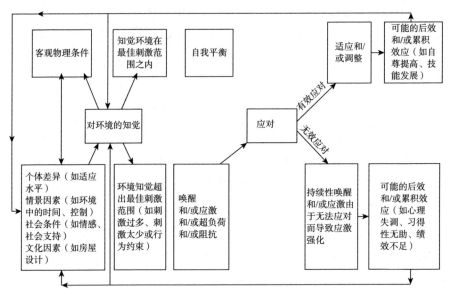

图4-3 环境行为理论整合

资料来源：Bell et al.，2009。

如图4-3所示，物理条件影响了个体的环境适应水平，而个体的适应水平反过来会改变活动的性质，并影响物理条件环境。同样，个体的情绪状态可能影响着个体的期待，对环境的控制力又影响个体行为的目标，因此环境与行为是一种动态相互作用的关系。总之，环境与人是一个整体系统中的两个子系统。它们相互作用影响，试图维持一种平衡状态。当环境与人这种平衡状态被打破时，环境与人的相互作用就不再稳定，个体就要随时做出适应或调整。图4-3并非一个完整的环境理论图，仅仅是把适用于环境行为关系中的理论整合，更清晰地解释环境与个体行为之间的内在联系。

1.2　环境风险

1.2.1　环境风险种类

环境风险关系着个人的安全和生活质量，同样也关系着人类的发展及未来，已经引起了全面关注。那么，什么是环境风险？段红霞（2009）定义"环境风险是指环境灾害或是产生有害影响的环境变化出现的概率"。她总结了34种环境风险源，归纳为环境污染型、人类行为直接或间接的环境破坏型、自然灾害或人类行为灾害型、自然资源短缺、全球环境问题五种（段红霞，2009）。于清源、谢晓非（2006）总结了39种环境风险源，归纳为生态环境型、人类疾病与自然灾害、生存环境三种。王俊秀（2010）总结选取了69种风险源，分为环境风险和行为风险两类。其中包括自然环境、社会环境、自由选择和非自主选择四大风险行为（见图4-4）。

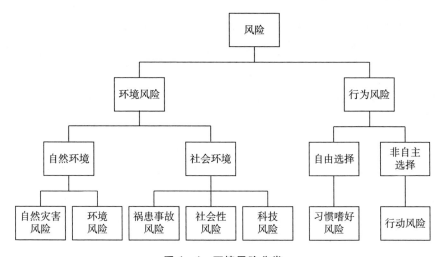

图4-4　环境风险分类

如图 4 - 4 所示，环境风险除了自然环境风险外，重要的是社会环境风险，主要包括战乱、经济危机、网络谣言等人为的行为；行为风险中包含个人的习惯、嗜好等，以及个体日常生活出行、就医和个人生活品位中的倾向，如冒险、赌博、贪污、信仰等。这些都与自身的主观感受及情绪策略相关。心理贫穷感是个体相对稳定的内在感受，同样透过主观感受影响个体的行为，因此，可根据个体心理贫穷感的内在特性，推测个体的环境行为中存在的环境风险，以及推测个体对环境风险可控性的程度。

1.2.2 环境风险认知

环境认知是"知道环境或具有环境方面的知识"，指人对环境刺激的储存、加工、理解以及再造，重新识别和理解环境的过程（苏彦捷，2016）。人们对于不同的环境有着不同的解读方式，同样对于环境风险的解读也截然不同，从而认知、识别、再造不同的行为反应。但对于风险程度的判断，会因为个体对未知的恐惧和不确定性而将风险性能扩大化。1992 年，环境认知专家 Paul Slovic 提出，因为社会经济和科技的发展，从客观上导致人类的生存环境变得更加合理和安全，但是个体的主观感受是相反的。但与之前相比的话，往往倾向于认为现时风险比过往风险不断增加（谢晓非，1994）。

环境风险认知（environmental risk perception）是指个体对存在于外界的各种环境风险的感受和认识，且强调个体由直观判断和主观感受获得经验对个体认知的影响（谢晓非、徐联仓，1995）。环境风险认知结构复杂、可控性低、后果延迟且地域广泛。一般情况下都是由集体原因导致，并且与道德因素相关。在研究初期，研究者仅仅以认知信息加工为基础，没有考虑个体情绪对环境认知、行为判断的影响。在 20 世纪 80 年代后期的研究中，逐步加入了个体情绪的影响，并通过实验验证了情绪在个体判断和决策中的影响。同时，在情绪因素的研究中也产生了争议性问题，有学者提出感知与风险的关系，是先感知到的风险引起了情绪，还是情绪的改变提示了风险呢？Zajonc（1980）在决策的实证研究中提出，个体的第一反应本能自动产生，个体对刺激的情绪反应比认知信息加工更快、更根本，并且影响个体的理解和判断。Johnson 和 Tversky（1983）证实了负面情绪会增强个体风险的感知能力，所感知到的风险并非真实的风险，而是来自个体的其他因素。Sjoberg（1996）采用态度量表，证明了个体所感知到的风险除了是一种认知现象，还是个体的信念和价值观。Bohm（2003）提出，是先感知到风险，后引发预期情绪。也有研究得出，感知与情绪是相辅相成的。Slovic 等（2000）提出"情绪启发式"（affect heuristic），解释了个体凭借个人情绪推动并判断其风险程度，同时通过风险的情报来反作用于情绪，证实了情绪同样受到风险判断的影响。

Bohm 和 Pfister（2000）在认知评价研究中将其分为后果评价和道德评价两种，即基于后果和道德的两种情感，通过因素分析得出帮助行为、回避行为、政治性环保行为、自我关注行为等几种倾向行为。后期将情感细分为预期和回顾基于后果情感、自我与他人基于道德情感。例如，一种创伤性的经历，可能会引发个体后期对特殊情境、事物的认知评价、情感反应以及行为倾向。心理贫穷感是个体稳定的内在特性（徐斐，2018），潜在影响个体的情绪、认知评价以及后期的行为倾向，同时心理贫穷感也作用于道德评价，并由此产生基于道德的情感情绪，做出道德性行为倾向判断。已有研究表明个体对环境风险认知受到情绪和过往经历的影响，故此基于心理贫穷感稳定的内在特性可推测，个体对环境风险认知的差异与个体的早期社会经济地位存在潜在的联系。

1.3 心理贫穷感与环境风险

1.3.1 噪声的定义

人们通常把喧闹声、嘈杂声或者把与音乐声相对而言的其他一切声音称为噪声（noise）。但在实际生活中，"噪声"一词所包含的内涵与外延极为模糊，人们很难对"噪声"做出准确的界定。就人对声音的感受性来说，可以分为两个部分：乐音和噪声。对于人的感受性比较和谐悦耳的声音称为乐音。不同频率和不同强度的声音无规律地组合在一起则称为噪声，让人听起来有嘈杂的感受。噪声常指一切对生活和工作有妨碍的声音。乐音与噪声的声音来源虽不同，但人的感受性随着环境的不同而变化。例如，一个在思考或阅读的人，或是准备入眠的人，如果此时有滴水声或周围响起悦耳的音乐，哪怕这是他平时所喜爱的，此时他也会认为这是嘈杂的噪声。而从心理学角度来定义噪声，则人们主观评价不想要的声

音就是噪声。等强度的所有频率声音组合而成的声音称为白噪声。

1.3.2　噪声的维度

噪声主要有三个重要的维度：音量、可预测性和知觉的可控性。从音量（volume）来看，90 分贝以上的声音就会造成干扰，并且连续在噪声的环境中待 8 小时以上，对身心健康都会有损害。例如，2010 年南非世界杯期间，体育场内千万人同时吹奏南非传统的喇叭，给观众带来了极大的困扰。噪声大会干扰人们的言语交流，从而引发个体的生理唤醒和应激反应，导致风险行为的发生。不可预测、无规律的噪声相较于可预测、持续的噪声更让人烦躁。可预测的噪声相当于同一种刺激反复呈现多次，人体会逐渐习惯和适应。越是不可预测的噪声，越能引发个体的生理唤醒和应激反应。一方面，不可预知的事物可能更具有威胁性；另一方面，环境负荷（environmental load）理论认为，不可预测的噪声会分散更多的注意力，因此对操作产生更大的干扰。如果噪声超出了个体的控制能力，无法消除或减弱，则会产生更大的干扰。例如外面施工，如果关闭门窗可以减小噪声，那么此时噪声便不会有太大的影响，但如果关闭门窗后音量还同样大，就有可能使人感到烦躁不安。不可控制的噪声便会引起个体的生理唤醒和应激反应，导致其注意力分散，并且很难调整自身的状态去适应这些持续且不可控的声音。研究发现，当个体对噪声没有能力控制时，会引发心理阻抗，并且会试图获得控制能力，而当一切努力无效时，会产生无助感，最后选择接受处在噪声状态的现实，不会去消除它，然而长期处于这种环境风险中，会影响个体后期的行为决策。

1.3.3　噪声的影响

1.3.3.1　噪声对健康的影响

首先，噪声对人体最大最直观的影响就是听力的损伤。一种是暂时性阈限改变（Temporary Threshold Shifts，TTS）；另一种是永久性阈限改变（Noise-Induced Permanent Threshold Shifts，NIPTS）。暂时性阈限改变能够在噪声消失后的 16 小时内恢复到正常阈限；而永久性阈限改变则在噪声消除后的一个月或更长时间内都无法恢复到正常水平。研究发现，2005～2006年与 1988～1994 年相比，美国 12～19 岁的青少年丧失听力的比例增加，这与青少年听音乐所接触到的喧闹有关（Shargorodsky，2010）。除了对听力的直接损伤外，高水平的噪声还能导致生理唤醒和一系列应激反应。研究发现，噪声会导致血压升高，影响神经系统、免疫系统和肠胃功能。长期在高分贝的噪声环境中工作，更容易患溃疡，损伤肠组织，导致消化系统紊乱（苏彦捷，2016）。同时一些慢性或急性疾病也是由长期处于噪声的环境中引发，甚至出现失眠等症状。另外，除了直接对身体的影响外，噪声还会引发行为的改变，间接导致对健康的影响。身处噪声环境人们会喝更多的咖啡或酒，抽更多的烟。

由此可以看出，噪声不仅影响人体的生理机能，对人的心理健康也有不利的影响。例如，引发头痛、恶心、易怒、焦虑、阳痿和情绪变化无常等（苏彦捷，2016），同时与其他压力源共同对个体主观的健康感受造成影响。

1.3.3.2 噪声对操作行为的影响

个体的操作行为通常在噪声环境中会受到影响，其出错率会提高。个体的操作行为受多种因素影响，而非一种因素。例如噪声的维度、种类、任务类型，以及个体的噪声易感性等人格特点，甚至包括社会因素（Kroesen，Molin，& Wee，2011；苏彦捷，2010）。

有研究指出，噪声对言语产生了内在的"掩盖"作用，使个体很难"听到自己在想什么"，削弱对阅读的理解力。不同种类的噪声对操作行为也会有不同影响。例如，人造声音、飞机噪声、地面交通噪声或者人们的说话声音，都会导致不同个体对环境评估和认知的负面影响。不同的环境下，噪声对人际吸引的影响也不同。有研究表明，女性更喜欢与她们同处一种环境中的人，包括共享的噪声空间，会对未共享环境的人给予更多的负性评价。同时也有学者认为，这是因为噪声缩小了人的注意范围，人们只关注周围环境的很小部分，对其他人的知觉受到影响，导致极端或不全面的负性判断。

1.3.3.3 噪声与攻击性行为

有学者认为，噪声提高了个体的唤醒水平，同样也会增强个体的攻击性，对于具有攻击性倾向的个体来说尤其如此。有研究发现，无论噪声的水平如何，观看攻击性节目的被试比观看非暴力节目的被试给予他人电击

的次数更多，表现出更强的攻击性。另一些研究发现，被激怒的被试比正常情绪的被试攻击性更强，特别是当噪声不可预测和不能控制时，恼怒的被试攻击性增强。还有研究者探讨噪声对特殊的攻击性——转向攻击（displaced aggression）的影响。转向攻击是指个体遭遇挫折后，无法直接对挫折源做出反应，而是转向无关的对象作为代替品进行攻击的行为。研究表明，噪声敏感性越高、持续的时间越长，个体转向攻击的水平就越高；而低频和高强度的噪声也与更高水平的转向攻击相关（Dzhambov & Dimitrova，2014）。

1.3.3.4　噪声与利他行为

社会心理学家研究证明，个体的利他行为在正向情绪状态下比负向情绪状态下更显著。因此推测，噪声会导致消极情绪，影响个体的助人行为。另外，利用环境负载学说来解释这一推测，认为噪声分散了个体的部分注意力，因此个体不能注意周围环境的细节和重要线索，对他人的需要也就视而不见。为了证明其推测，做了两个实验加以说明（Mathews & Canon，1975；苏彦捷，2010）。被试在45分贝、65分贝的正常噪声和85分贝的白噪声三种条件下，帮助另一个被试捡起落地的书刊的比例分别为72%、67%和37%。被帮助的被试手臂打了石膏时，在高噪声条件下，对其提供帮助的比例从低噪声时的80%下降到了15%；而其手臂没有打石膏时，噪声对利他行为的影响不大。说明噪声使人的注意力广度变窄，不能注意到他人的需求，从而使助人行为减少，因此，我们可以看到噪声带来的不利影响以及环境风险是多方面的。

1.3.3.5　噪声对儿童期的影响

噪声对儿童的身心健康同样会产生一定的影响。研究发现，长期处于音量较大的噪声环境中，尿液中的应激激素（肾上腺素和去甲肾上腺素）含量会上升，血压和心脏舒张水平更高，同时操作动机降低，容易受挫折，对完成任务表现出较多的厌烦情绪（Evans，2006；苏彦捷，2010）。一项探讨飞机噪声和道路交通噪声与儿童心理健康的关系的研究，考察了不同国家、地区的89所机场附近的学校，选取了2844名9~10岁的小学生，评估其心理健康水平，包括情绪问题、行为失调、多动、同伴问题和亲社会行为，结果表明，随着飞机噪声的增加，儿童的多动测试得分增高。噪声很有可能损伤儿童的认知能力。在研究中发现，噪声对学前儿童认知能力有影响（Evans，2000；苏彦捷，2010），首先评估90名4~5岁幼儿的阅读能力，教师评定其语言理解和使用能力，然后在部分教室安装降低噪声设施，一年后，与控制组儿童相比，实验组幼儿在认知测验中的成绩更高，教师评估的语言能力更强，更不容易出现无助感。一项纵向研究也发现，学生阅读能力受损可能与噪声环境有关，对噪声的厌烦反应会增加。进一步研究发现，长期处于噪声中对儿童的长时记忆，尤其是复杂的言语记忆产生负面影响（张乐、梁宁建，2006；任寸寸等，2015）；街道噪声对居住在城市的男孩的执行功能有损害，虽然对女孩没有这种影响（Belo-jevic et al.，2012）。这些研究有力地证明了长期处于噪声环境中，会引发儿童长时间的应激，影响其心理健康水平，损伤其认知能力。

1.3.4　心理贫穷感与噪声

心理贫穷感是个体相对稳定的内心感受，并且长期不易发生变化。对于外界长期形成的一种不轻易变化的心理反应，会造成一种主观偏差，个体有意识或无意识地感受到曾经被破坏的环境，并对自身所处的环境感到不满，或产生负面的认知及情绪，并感受到不安全和焦虑。心理贫穷感是长期形成的一种心理反应，不同的环境下所形成的心理反应的强度不同。声音是无处不在的环境因素，长期处于噪声环境之下的个体所产生的情绪状态和应激反应会随着时间作用于个体的心理反应。噪声会提升个体对被破坏的环境的感受，使其对自身所处的环境感到更加不满，个体的不安全感和焦虑感上升。根据行为约束理论，长期处于噪声环境之后，会形成习得性无助，虽然个体不再尝试努力控制环境，但这种被动式的接受会逐渐作用于个体的心理层面，反过来重新影响个体的行为。上述几个小节分别介绍了噪声对行为、认知以及童年的影响，这些同样也是心理贫穷感对个体的影响，且产生不同的应对策略及环境行为。由此可见心理贫穷感所造成的主观偏差、不安全感都会驱动个体的环境风险认知，产生不同的行为。一种是适应，另一种是改变。而当噪声不可预测和不可控制时，个体的环境风险认知便会上升。生命史理论认为，在经济剥夺的环境中长大成人的个体，成年后会形成快策略，由此推测噪声较强环境下成长的个体，成年后可能会采取快策略，因为噪声较强，个体对环境的预测性和可控性

低，内在的不安全感和焦虑感较高，所以采取快策略满足内在心理的需求。而采取快策略的个体可能更趋向于短期机会主义，更冲动，更倾向于冒险，也就更有环境风险策略。

1.4 总结

很多研究集中在对噪声的消除机制，以及在环境设计中针对背景噪声的最小化控制，同时还有一些学者研究背景噪声对学生的阅读记忆力的影响，以及广告设计中噪声对人脑注意力的影响，这充分说明背景噪声与人有密切联系。随着社会和技术不断地发展，我们可以精确检测到身体各部分的量值越来越多，这就开拓了研究的领域，音乐、声音、噪声不仅仅在声学、艺术领域，同时在认知、医学康复领域也有着各自的应用。声音作为人类不可分割的一种感官因素，与环境、行为以及心理有着密不可分的相互联系。在我们生活中到处都有丰富多彩的声音，如地球本身的地理声音、自然声音、动物声音和人类自己的声音以及创造出来的声音。人的生活离不开环境，而环境的变化也离不开人，在各种形式的互动中，导致各种行为结果。环境中处处充满了声音，通过声音营造了不同的环境。因此可以说三者之间是一种相互影响的共生体模式。在环境行为理论中，明确了噪声对环境行为机制的影响及人对于噪声的应对方式，而噪声同时又具备音乐属性的特质及主观感知的随机性。

现有研究成果表明，人类对声音的感知能力在各种机制中都存在不可忽视的作用。其中环境刺激影响并提高了个体唤醒强度，促使人寻找有关内部状态的信息，从而做出行为反应，因此音感作为人与生俱来的能力，便可以通过环境刺激而随时被唤醒。而过多刺激或负向环境刺激则有可能影响个体唤醒或限制个体信息加工能力，从而导致潜在的能力，即对环境的控制能力丧失，当我们开始意识到环境正在约束或限制我们的行为时，首先会感到不舒服或产生其他的一些消极情绪，也可能尽力重新获取对环境的掌控，产生心理阻抗。同时会对丧失控制的环境产生不安全感。当我们感到行为自由受到限制和不安全时，这种心理阻抗就会引导我们重新获得自由（Strube & Werner，1984）。研究者发现，对环境中噪声的控制感，能减少噪声对攻击性行为和助人行为的消极影响（Sherrod & Downs，1974）。

同样，对拥挤的控制感，能减少拥挤带来的不愉快感（Langer & Saegert，1977；Rodin，1976），Allen 和 Ferrand（1999）发现，个人控制感可以预测对环境负责任的行为。环境应激理论把声音、拥挤作为环境的应激源，认为它们是威胁人的健康情况的不利环境。根据音感的已有研究，声音的感知能力和敏感性具有个体差异性，同时具有诱导性，诱发个人体内的节拍器和情感体验，作为连接链与外界协调至共同的脉冲周期，那么声音作为环境中的应激源就会唤醒个体感知的能力，并连接感知所处的环境，从而获得对环境的控制，引发情绪体验及行为方式。

个体的安全感作为心理学研究的一个重要概念，最早由精神分析学家弗洛伊德提出，他认为当个体因接受刺激而产生焦虑的情绪时体验到的感觉是不安全感，马斯洛最早对安全感做出明确的解释，他指出安全感是一种从恐惧和焦虑中脱离出来获得信心、安全和自由的感觉，特别是满足一个人现在和未来各种需要的感觉。丛中、安莉娟（2003）提出安全感是心理健康的基础，是"对可能出现的对身体或心理的危险或风险的预感，以及个体在应对处置时的有力/无力感，主要表现为确定感和可控制感"。陈顺森等（2006）认为，安全感主要包括对情境的风险预感、面对风险时的主观体验和解决危险的能力评估三个方面。姚本先等（2011）将安全感定义为一种情绪情感体验。在国内外的实证研究中，大部分关于安全感的研究主要在社会支持、家庭支持、依恋关系、安全感的测量、结构维度等方面，研究对象主要是婴幼儿、初中生、大学生、医护人员、患者、灾后群体等，但对于安全感的干预性研究目前较少，从国内外对安全感的概念化定义得出，这是一种主观性的体验，同时包括对未知行为的控制及应对策略，因此，本节从个体对环境的体验感入手，把个体对声音的感知与个体的安全感引入环境心理学的理论模型，来探讨声音与安全感的相关性。作为感受环境的主体，个体对声音的敏感程度是否会影响其主观体验（即安全感与不安全感），以及个体对声音的敏感程度对环境的预感性和可控制感是否存在影响，此后将在现有研究的基础上对这些问题进行进一步的实证研究。

2 心理贫穷感与健康风险

四次工业革命促进了生物医学、制药学等科学技术的快速发展，人们曾以为随着医疗技术的不断发展与完善，人类健康差异会越来越小，然而事实并不乐观。大量国内外研究探讨了健康不平等的影响因素，其中，当前的社会经济地位不平等是造成健康差异的一个主要因素。从宏观水平上看，发达国家居民健康水平高于欠发达国家，国家的经济发展水平尤其会影响居民的传染性疾病发病率，如甲型肝炎等（Polimeni et al. , 2016）。从微观水平上看，中国同欧美主要发达国家一样，社会经济地位越高的人，其健康水平越高（王甫勤，2012）。然而，社会经济地位的影响不仅仅具有共时性，研究证实，社会制度变化和社会经济条件对健康的影响还体现在一代人的整个生命历程中（Chen et al. , 2010）。个体层面上，儿童期的社会经济条件会影响成年后的自评健康水平、发病率及死亡率，并且独立于成年后的社会经济条件（Guthrie, 2007；Hertzman, 1999）。值得警惕的是，目前处于低社会经济地位的儿童盈千累万，2015 年联合国统计报告指出，世界范围内作为童工的儿童约有 2.15 亿人，每 7 个儿童中就有 1 个是童工，其中每年有 270 万名童工因贫困导致健康问题而死亡（Sturrock & Hodes, 2016）。2015 年，《国家贫困地区儿童发展规划（2014—2020 年）》提到特殊困难地区的儿童有 4000 万名（国务院办公厅，2015），如果加上城镇贫困儿童，那么数量将是骇人的。这些儿童不仅在经济条件上落后于他人，成年后健康水平也是隐患。儿童的发展前景决定着国家的未来，所以研究儿童期社会经济地位与成年健康的关系、作用机制、应对策略，具有重大的社会意义。

该研究主题引起了国外很多儿科专家、社会学家、心理学家的关注，美国、荷兰、芬兰、意大利、韩国、日本等很多国家的学者根据本国普查数据对儿童期社会经济地位是否对成年健康有影响，影响集中于健康的哪些方面，做了研究及论述。在这些研究中，主要采用纵向研究数据，以确保儿童期社会经济地位调查的有效性，避免回溯性偏差，由于以往研究结果证实成人回顾性报告和儿童实际社会经济地位之间联系密切（Duncan et al.，2010；Cohen et al.，2010），也有部分研究采用横向调查数据。不同研究选取的儿童期年龄段略有差异，一般为 16 岁以下某一个或几个年龄段内儿童，如胎儿、幼儿、少年儿童、青春期儿童等。儿童期社会经济地位将儿童期父亲或父母职业、家庭年收入、居住条件及其居住稳定性作为衡量标准，评估其对该个体成年后（成年早期、成年中期、老年期）生理健康、风险行为或者心理健康水平的影响。然而，由于此类研究对于数据要求高，干扰变量过多，现有研究无法清晰得知儿童期社会经济地位对成人健康影响的整体情况，只能如盲人摸象般获得寥寥的信息。部分研究试图探索为什么儿童期社会经济地位会对成年健康产生影响，及这种影响是通过什么途径产生的。研究者们尝试着从生物学、病理学、社会学、心理学的视角进行解释和经验验证，在生物嵌入后的基因表达、家庭环境风险及社区环境风险的影响上以及心理资源的运用上取得了一定的进展。然而生物视角、社会视角的研究过于相信基因决定论、环境决定论，未看到人类主体性在其中的作用，心理视角的研究极少，仅考虑到了心理资源对某种特定疾病的中介作用。总的来说，这些研究的解释范围局限于自身的研究经验框架内，仅呈现了碎片化的知识，并未以一个统一的理论，把人作为和日常经验相符的完整的人来解释这一问题的发生、发展、控制。而进化心理学的代表理论之一——生命史理论，则是一个综合遗传生理因素、社会心理因素的解释框架，能够很好地统合已有的研究结论，并且弥补其解释力的不足，同时它为我们提供了一种积极的、新的理解视角，看到了逆境中人的积极作用（孙时进、齐巍，2017）。心理贫穷感是基于这一理论衍生出来的一个概念，是个体比较稳定的内心感受，这是个体早期形成的一种稳定的焦虑心态。经文献整理分析，我们可得出结论：儿童期社会经济地位较低会导致心理贫穷感的产生，而心理贫穷感会增加个体成年后的健康风险。

2.1　儿童期社会经济地位与健康风险

本节收集整理了国内外相关文献，以大量经验证据证实了儿童期社会经济地位较低会造成个体成年后健康水平较差。传统的健康观认为无病即健康，后追加为人体各系统具有良好的生理功能，有较强的身体活动能

力。但是现代人的健康观是整体性的，世界卫生组织提出"健康不仅是躯体没有疾病，还要具备心理健康、社会适应良好和有道德"。本节将从生理健康和心理健康两个层面，总结儿童期社会经济地位对个体成年后健康状态有哪些具体的影响。

2.1.1 儿童期社会经济地位对其成年生理健康的影响

研究表明儿童期社会经济地位较低的个体成年后生理健康水平较差，包括他们对健康水平的自评等级较低，老年阶段存活率较低，多种特定疾病发病率高，存在较多不利于健康的行为。

鹿特丹伊拉斯谟大学公共健康学院早在 1998 年就对儿童期社会经济地位是否通过行为因素影响成人健康进行了研究，该研究针对荷兰 13854 名年龄介于 25~74 岁的受访者，以其父亲职业为儿童期社会经济地位的衡量标准，成年后的健康水平由自评一般健康水平、对于健康抱怨程度和死亡率表示。结果显示，独立于成年社会经济条件，儿童期社会经济条件较差更易存在健康风险，父亲职业是最低级职业即非技术工种的个体，较之父亲职业是最高级职业的个体，在不良健康感自评上高 2.24 倍，对健康的抱怨更多，死亡率高 1.42 倍（Mheen et al.，1998）。同样，一项来自美国犹他州人口数据库的研究，获得 75019 个研究样本，分析儿童期社会经济条件对老年发病率（查尔森合并症指数）和死亡率的影响，结果发现儿童期具有较高的社会经济地位与具有较高的发病率优势轨迹和存活率呈正相关（Zimmer et al.，2016）。

更多的研究针对的是早期贫穷对具体疾病发病率的影响。最普遍的实证研究是关于儿童期社会经济条件对心血管疾病发病率的影响，美国一项 1985~2005 年的纵向研究，关注个体早期面临的生活环境（包括子宫内遇到的）和生命后期的结果之间的关系。他们跟踪随访了 45000 人，对受访者从生到死的家庭环境进行了采集，并分析他们的童年环境特征（特别是其社会经济地位）与他们的寿命和特定死亡原因之间的联系。结果证明，在 5 岁以前生活在低社会经济地位家庭（根据父亲的职业和房屋产权测量）的美国白人，其寿命不易超过 70 岁，且比 5 岁前生活在较高社会经济地位家庭的人更容易死于心脏病（Ferrie，2011）。波兰的研究结果与此相似，童年期社会经济地位对 50 岁女性心脑血管疾病的发生率影响显著，该影响独立于身体质量指数（Body Mass Index，BMI）、成年阶段的社会经济地位以及成年阶段的行为方式，并且主观感受到儿童期贫穷的受访者比不觉得儿童期贫穷的受访者发病率高 3.43 倍（Lipowicz et al.，2007）。可见，贫穷感比贫穷的实际条件影响更大。还有研究显示，童年期低社会经济地位更容易诱发炎症、肥胖、损伤与急性呼吸道疾病、口腔健康问题（Chen et al.，2006；Bernabe et al.，2009；Duncan et al.，2010；Schmeer & Yoon，2016）。

另外，儿童期社会经济条件对成人健康相关行为的影响也很大，日本的一项研究对 3836 名日本社区居民进行了横断数据调查，回顾性评估了受访者 15 岁时家庭的生活条件及父母的社会经济地位，结果显示，儿童期贫困对吸烟（$OR = 1.53$）、缺乏运动（$OR = 1.55$）、不良饮食习惯（$OR = 1.48$）均有显著影响。但是成年后的社会经济地位较高、有较多社会支持及个体的受教育程度较高均会减少恶劣健康相关行为的发生（Kan et al.，2015）。

2.1.2 儿童期社会经济地位对其成年心理健康的影响

从已有文献来看，国外儿童期社会经济地位对其成年心理健康影响的研究分为两类，一类为对心理内部化层面影响的研究，内部化问题（internalization symptoms）包括抑郁的症状，如悲伤、易哭、快感缺乏、易怒，和缺乏能量、焦虑的症状，如在新情境下的恐惧、紧张以及回避；另一类为对心理外部化层面影响的研究，外部化问题（externalization symptoms）一般指行为障碍的症状，如躺着、偷窃、好斗和财产破坏，以及多动障碍、注意力不集中、过度活跃和冲动的症状。

首尔大学预防医学院和健康服务研究所，利用 2010 ~ 2013 年韩国福利面板数据，分析了 2010 年无抑郁症状的 20 岁以上的 9645 个个体，随后在 2011 ~ 2013 年做跟踪调查，发现之后有 16.1% 的受访者得了抑郁症，Kim 等对受访者儿童期和现在（成年后）的社会经济条件分别做低、中、高三等级排列，进一步研究发现，以儿童期和现在的社会经济条件均为中等的个体为参照，两个阶段社会经济地位均低的个体抑郁症发病率是参照群体的 1.88 倍（$OR = 1.88$），两个阶段社会经济地位均高的个体抑郁症发病率是参照群体的 0.45 倍（$OR = 0.45$），并且是否接受过大学教育和现有社会

经济条件的影响并不显著（Kim et al., 2016）。与此研究结果相似，来自美国的两项研究也证实童年期贫穷与高比例的重度抑郁相关 [发病率分别高1.28倍（Nikulina et al., 2011），2.38倍（Bareis & Mezuk, 2016）]。芬兰的研究结果与此略有不同，虽然童年期社会经济地位和成年后的社会心理功能相关，但是只影响敌对和绝望方面，抑郁症状只与受访者的现有职位和收入相关（Harper et al., 2002）。

另外，少数研究显示，童年期的贫穷可以有效预测后期的外部行为障碍。例如，基于魁北克1998～2006年儿童发展纵向研究数据的研究表明，贫穷可以有效预测儿童的多动、敌对、身体攻击等行为问题（Mazza et al., 2016）。美国康奈尔大学的研究表明，个体从出生到9岁处于贫穷环境，成年后会表现出更多的外部化症状和习得性无助（Evans & Cassells, 2014）。加拿大阿尔波塔大学的研究表明，独立于抑郁影响，个体2岁时处于低经济收入家庭会导致其14岁时反社会行为增加（Strohschein, 2006）。

2.2 已有解释路径及其缺陷

2.2.1 生物嵌入

生物嵌入（biological embedding），也可称为生物编程（biological programming）、胎儿编程（fetal programming），是从生物学视角出发，解释儿童期社会经济地位影响成年健康的作用机制的观点。生物嵌入过程是指儿童长期处于劣势的社会心理条件下，会通过一种重要的生物机制，形成特定的持久的易感疾病的身体状态。最早提出生物嵌入模型的是Hertzman，他在1999年的研究中指出，就刺激、情绪和身体状态而言，早期个体生活环境质量的系统性差异，将以一种不利于认知和社会行为发展的方式，影响中枢神经系统中神经化学物质的可塑性。因为中枢神经系统是用于解释环境的系统，且其与免疫、激素和凝血系统紧密相互作用，所以个体生命早期环境质量的系统性差异可能潜在地改变了组织器官的长期功能，并造成各种疾病发病率和死亡率的差异（Hertzman, 1999）。

一些研究指出潜在生物、社会、心理风险的存在范围和暴露时间是至关重要的，个体发展存在"关键时期"（critical period），一般躯体发展、心理发展的关键时期均处于胎儿期及婴幼儿期，也就是指在这些特定时期内发生的风险暴露对器官、组织和身体系统的结构或功能有持久或终生的影响，并且不会以任何戏剧性的方式改善，这一情况被很多学者称为"成人疾病的胎儿起源"，更重要的是，很多关键时期的影响持续到个体生命历程较晚的时期才会体现出来。例如，子宫内发育不良可能对胎儿发育的肌肉细胞数量有不利影响，因此在出生时，个头较小、生长迟缓的胎儿可能会持续减少肌肉细胞数量（或肌肉结构）。虽然个体仍然可以通过肌肉肥大来补偿，使其在功能上可能没有明显的差异，但是当个体进入老龄阶段时，这种虚假补偿就会被拆穿，当这种躯体补偿开始失效时，潜在的结构性缺陷可能变得更加严重。另外个体发展还存在敏感时期（sensitive periods），关键时期和敏感时期通常在流行病学中被广泛使用，没有太多区别。在关键时期发生的内在变化是完全或部分不可逆转的；敏感时期也是快速变化的时期，但是在时间窗口之外还有更多的余地来修改甚至扭转这些变化。关键时期可能在与生物子系统发育机制相关的慢性疾病风险的作用上更为明显，而敏感时期可能在心理 - 行为发展中更为常见（Ben - Schlomo & Kuh, 2002）。

波士顿大学儿科中心的 Kathleen Conroy 等（2010）研究认为，在个体某些器官系统或生理过程发展的关键期，物质环境、社会环境及结构或社区环境均可通过生物嵌入对成年健康产生影响。物质环境指的是个体的子宫环境、出生条件、早期生活的物质条件等。例如，胎儿营养不良或出生体重过低导致胰腺内出现的 β 细胞减少，容易导致胰岛素耗尽，增加了 II 型糖尿病的风险（Hales & Barker, 1992）；另外，哮喘也与早期生活物质条件有关，虽然有多个基因影响哮喘，但调节 IgE 合成物和过敏性炎症是由环境激活的（Gern et al., 1999），在低收入家庭中更容易存在蟑螂和尘螨，是呼吸道疾病的风险因素，容易引起过敏反应和发展成哮喘。社会环境指的是婴幼儿成长的环境，此时，经历慢性压力或社会剥夺的婴幼儿会表现出神经递质释放的特定模式，导致脑发育的结构性改变。社会经济条件低下会增加经济压力、儿童期被忽视等情况，社会环境压力会激活个体的丘脑—垂体—肾上腺通路，形成应激反应，长期的应激反应和皮质醇释放会导致海马神经元损伤和损失，并通过增强对钙和谷氨酸的易感性，引起神经损伤甚至坏死。研究还指出，社区安全、教育制度也可能在大脑中

形成生物嵌入（Conroy et al., 2010）。最近一些研究显示，炎症可能是儿童期社会心理压力转化为生物状态的重要调节机制（Danese et al., 2011）。2016 年自然科学报告上发表的一篇相关文献表明，在炎症表达 845 个基因上，儿童早期低社会经济地位的个体炎症基因表达水平总体更高，且与炎症基因转录组的持续上调相关，并且独立于其随后的社会经济地位，也就是说，儿童早期的低社会经济地位将在炎症表达基因上留下生物标记（biological marks）（Castagné et al., 2016）。

因此，"生物嵌入"的作用可以视为两个阶段，第一阶段，个体在胎儿期或是婴幼儿期，如果处于低社会经济地位，可能直接暴露于营养供给不良、病毒感染、环境污染等风险中，致使个体形成终身的健康隐患；第二阶段，社会经济地位低，来自家庭内部、学校、社区环境的不良信息作为一种可体验到的慢性社会心理压力，长期的压力负荷通过生物嵌入机制对机体产生作用。这一生物、医学的视角，以自然科学的精确的研究方法开展，为这一研究问题奠定了扎实的基础。但是这一取向将活生生的个体还原成了组织、染色体、细胞、神经冲动，丧失了人的主体性，忽略了人的主观能动性，导致有效降低儿童期社会经济地位负面影响的希望渺茫。只能在生命历程中通过医学手段治疗具体的疾病，而在客观条件必然存在的前提下，这些疾病的"胎儿起源"成为永远无法解决的问题。

2.2.2 累积效应

累积效应（cumulative effects），也被称为路径模型（pathways model），是从社会学的视角出发，指个体成长过程中存在的客观因素（如躯体健康水平、家庭环境、居住条件等多种贫穷经验）累积性地影响了其成年后的健康水平。这一模型强调的是连锁反应，儿童早期如胎儿期家庭社会经济地位较低，造成了疾病、环境风险、不良行为等问题的累积，导致其成年后健康水平越来越差。举例来说，家庭经济条件差、婴儿出生体重较轻会导致该个体成年后易患心血管疾病（Barker, 1998），在生物嵌入模式中，心血管疾病的获得是由于器官发育不全，而在累积效应模型中，家庭经济条件差、婴儿出生体重较轻，导致婴儿从小健康状况不好，就医条件差，个体缺少良好的教育资源，缺乏健康知识，可能会如吸烟的父母一样存在不利于健康的烟酒习惯，这些不良因素逐渐累积，最终导致个体中老年时期，相对于家庭经济条件好的个体，更易患心血管疾病。

这种累积效应的已有研究呈现了三种路径。其一，儿童期社会经济地位较低，在没有得到有效改善的情况下，大多数会累积性地导致成年后的社会经济地位较低，当前的社会经济条件是当前健康水平的一个重要解释因素，所以成年后的健康状况较差（Conroy et al.，2010）。然而很多已有研究表明，在控制了当前社会经济地位这一因素后，原假设仍然成立（Evans & Cassells，2014；Mheen et al.，1998；Castagné et al.，2016）。可见，这条早期 SES—后期 SES—后期健康的路径，只能部分地解释该问题，在成年期社会经济地位因素的掩盖下，仍存在一条隐秘的路径。

其二，儿童期社会经济地位较低导致儿童期的健康水平较低，儿童期健康水平累积性地影响了成年后的健康水平，因此成年后健康状况较差（Conroy et al.，2010）。这一路径与生物嵌入有相似之处，差异在于不良健康状态的累积过程，生物嵌入的观点在于个体关键时期或敏感时期由社会经济条件带来的损害无法修补，而这一路径的观点在于，疾病在针对性治疗不及时的情况下是可以累积及相互诱发的。持这一观点的研究者更关注人的躯体健康水平，在对策方面，更关注贫困儿童的医疗救助。2016 年美国儿科期刊刊发了一篇由美国儿科协会的贫困儿童教育委员会（CPES）开发的、专门为医学生开设的针对贫困儿童的课程，课程包括流行病学、病理生理学、社会决定因素、领导力和行动力等多方面的知识，他们相信加强医务人员对贫困儿童的治疗、护理，让贫困儿童获得平等的医疗救助条件，就能有效改善贫困儿童终身健康困扰和幸福感缺失的问题（Chamberlain et al.，2016）。这些医学教育上的努力确实是贫困儿童的福音，贫困儿童不仅应该和家庭经济地位较高的儿童享有同样的医疗条件，而且应该针对贫困儿童的特殊性予以更精确的信息收集、更耐心的护理、更多的支持和理解，教授贫困儿童父母更多营养和日常照顾上的知识，这些措施确实对减少健康不平等有所帮助。然而，仅仅考虑儿童期健康是远远不够的，该路径无法解释儿童期健康状况良好的贫困儿童，在成年后发病率升高的现象。

其三，这条路径是以社会经济地位或健康以外的其他变量作为中介的。例如，儿童期社会经济地位低造成了居住条件、父母教养方式、学校

教育环境、饮食习惯、行为习惯等中间变量向不利的方向不断累积，患病风险的不断累积，造成了成年后健康状况的恶化（Conroy et al.，2010）。Evans 和 Cassells 研究提出了暴露风险的累积，他指出儿童早期的贫困经历可能致使个体比他人更多地暴露于两类风险中，即物理风险和社会心理风险，其中物理风险包括噪声、拥挤、住房问题，社会心理风险包括暴力、家庭动乱、与家人分离。其研究结果表明 0～9 岁处于贫穷的儿童，在 13 岁时暴露于物理风险和社会心理风险的概率更高，导致其 17 岁后有更多的外部化行为障碍和习得性无助（Evans & Cassells，2014）。此外，不良的童年经历，也是累积风险的一个重要因素，频繁的生理心理虐待，会导致个体不良健康状态、躯体功能受限及慢性病暴发（Greenfield & Marks，2009），还可能加速个体的衰老（Belsky，2017）。另外，儿童期社会经济地位会影响风险行为，如敌对、肢体冲突、吸烟、酗酒等，风险行为也具有累积性，长期的风险行为累积会导致犯罪率、发病率和死亡率上升（Falkstedt et al.，2016；Mazza et al.，2016）。这条路径较之前两条路径更能看到社会经济地位较低的个体成长历程中的具体细节，考虑的因素更复杂、更全面，但是这条路径过于偏向环境决定论，个体在这些风险中像是一个被动的接受者，恶劣的风险环境塑造了个体并决定了其一生的健康发展方向。

如上文所述，三条路径均有其各自的优缺点，但是总的来讲，每一条路径都没将代际因素考虑在内，忽视了代际的传递效应，研究显示，母亲的早年逆境会导致其生活在较差的社会经济条件中（Bouvette-Turcot et al.，2017），也就是说，上一代的儿童早期社会经济条件对下一代儿童社会经济条件有影响，以致影响下一代的健康水平，同样健康水平也具有代际传递性。所以对于这一问题，我们需要站在历史的时间长轴上考虑，才能真正厘清问题，进而提出有针对性的应对策略。

2.2.3 心理资源

虽然儿童期社会经济地位对其成年后心理健康水平具有影响的研究很多，但是从心理学视角出发审视这个问题的研究极少。随着认知、情绪、情感研究的不断丰富，心理资源对人的影响隐秘而强大，如弗洛伊德所提出的潜意识，虽如冰山底座隐秘于深海不可见、不可知，却是支撑海面上冰山的根基，所以心理资源是一个极重要且不容忽视的解释维度。而在儿童期社会经济地位与成年健康关系的研究中，常常忽视了心理资源的重要性。已有研究文献中仅有少数几篇将心理一致感（sense of coherence）视作主要中介变量进行研究，然而，心理一致感只是心理资源的维度之一，已有研究范围过窄，亟待投入大量的理论及经验研究。

在已有的研究中，日本东京大学的 Kan 等（2015）的研究表明，心理资源在童年期社会经济地位与现在自评健康水平及压力水平的关系中具有中介作用。这里的心理资源指的是精通感（mastery）和心理一致感，精通感为个体精通能力和自我效能感的总称，是指个体拥有一种能够全面掌控生活中的每件事的感觉，但不是能够改造自己或他人人生的信念；心理一致感在 1979 年由以色列心理学家 Aaron Antonovsky（1989）提出，是一种总体上个体对生活的认知倾向性，也可被看成个体用来预测和管理内外部环境的一种人格特质，包括可理解感、可管控感和意义感三个维度。可理解感指个体认为生命历程中体验到的压力不是复杂、混沌、不可知的，而是清晰、可预测、可理解的，这是良好压力应对的前提；可管控感指的是个体利用自身或外部资源来应对压力的能力；意义感指的是这些压力不仅存在负面意义，还可以被视为具有挑战性、值得为之投入资源的正性意义。这种心理一致感在个体 15 岁以前得到发展，并且在随后的整个生命历程中保持稳定。个体在儿童期，父母是其发展精通感和心理一致感的主要资源，他们的影响会一直持续到成年早期。例如，父母受过高等教育，具有较高的责任感、自我价值感，更加自力更生，能够促进他们的孩子发展出这些技能（Gerris et al.，1997；Mirowsky et al.，1996）。父母的社会经济地位（职业职位、财富水平）能够有效地确保家庭文化的稳定性，儿童拥有社会经济地位更高的父母更容易获得更高的精通感和心理一致感，并且个体的精通感和心理一致感与健康水平呈正相关。Kan 等使用日本的横向调查数据，调查了 1497 名男性样本和 1764 名女性样本，调查包括心理资源（精通感和心理一致感）、儿童期社会经济地位（父母受教育程度和感知到的社会经济地位）和近期的健康水平（心理压力和自评健康水平），结果表明在控制了性别、年龄、个体自身的受教育程度后，心理资源确实是儿童期社会经济地位和成年健康之间的中介变量，统计意义上达到了显著性水平，同时观察到了一些性别差异，在女性样本中，心理资源仅在父

母受教育程度和成年健康之间起中介作用，而在男性样本中，心理资源则在自我感知到的儿童期社会经济地位和健康之间起中介作用，因为这些差异在其他国家研究中没有表现出来，所以笔者认为这可能是日本特殊文化造成的（Umeda et al.，2015）。

另外，也有研究证明，心理一致感影响儿童期社会经济地位和成年后具体健康相关行为之间的关系。Bernabe 等利用芬兰 2000 年健康调查的数据，分析了 5318 名 30 岁以上的参加者的儿童期社会经济地位（父母受教育程度）、成年期的社会经济地位（个体受教育年限和家庭收入）、心理一致感量表及口头报告健康相关行为（牙科出诊情况、刷牙频率、糖摄入频率和每天吸烟情况）。利用结构方程模型检验了成年期的社会经济地位和心理一致感在儿童期社会经济地位和口头报告健康相关行为之间的调节作用，并在模型内利用多组比较分析性别和年龄群组。结果显示调节效应显著，但是成年期的社会经济地位的调节作用强于心理一致感（Bernabe et al.，2009）。与 Kan 等的研究结果不同，该研究显示这种调节效应不存在性别和年龄差异。

我们目前能看到，这一心理资源视角主要涉及的是心理一致感的概念，即个体应对早期压力环境的心理感知能力。这种感知能力可通过父母教育、学校教育以及从书本或环境中自学等多种途径获得，虽然有形成的敏感时期（始于 15 岁以前），但是敏感时期持续时间较长，并且是终身可提高的一种能力。在三种视角中，这种视角最能体现个体的主体性和主观能动性。但是，由于从心理学视角出发的研究过少，心理资源的探索过于狭窄片面，研究零散、不成体系，没有形成一套系统完整的理论体系解释这一现象。

2.3 心理贫穷感对健康影响的解释框架

心理贫穷感是基于进化心理学的生命史理论发展而来的一种衡量人对金钱态度的概念，进一步说，可以称之为不同成长环境下的个体对生存方式的稳定的心理感受。1895 年达尔文发表了《物种起源》，提出了一种革命性的观点，通过自然选择来理解人类的心理和大脑的设计（Buss，2005；Darwin，1859）。此后，心理学家们率先发起了一种新的学术研究框架，这种研究框架试图将相互脱节的、碎片化的、相互矛盾的人类学科组合为一个集心理、社会、行为科学于一体的整合的框架，这个框架在全面平等的基础上结合了进化科学，并对所有现存信仰和实践中的问题做了系统修正（Tooby & Cosmides，1990）。这种框架就是进化心理学框架，它主张人类心理是以自然选择所设计的生物组织为基础，发展出特定的思维及行为模式，用来解决环境适应性问题，最终帮助个体得以生存与繁衍（Buss，2005），进化心理学家用这个思路来思考人类和社会（Tooby & Cosmides，1990）。生命史理论是一种来自进化心理学的中层理论，用以理解心理对环境的适应性。这种框架主要是指，由于所有有机体可拥有和利用的资源有限，在个体面临权衡（trade-offs）时，机体将如何分配时间、资源、能量到具体的任务上，以形成一种稳定的心理、行为特征，使他们的适应性最大化。生命史理论一般关注的是整个生命历程（发展、成长、繁衍、老化）中，所有生命事件的最优分配策略（Buss，2005）。

　　Pianka（1970）版本的 r/K 选择理论认为，存在一个人类共变范畴，适用于人类繁衍行为的模型，即 r/K 连续体，连续体的一端是极端 r（例如，最大繁殖量且不投入任何养育），另一端是极端 K（例如，选择最小繁殖率和精心设计的父母照顾模式）。根据 Pianka（1970）的观点，生命史理论预测，在所有条件相同的情况下，生活在不稳定状态（例如，食物可利用性波动极大）和不可预测环境（例如，高比例的捕食性行为）的物种，倾向于发展出"r 选择"，即繁殖率高，父母投资低，代际间隔时间短等。相比之下，生活在稳定和可预测的环境条件下的物种趋向于发展与低繁殖率、高父母投资和长代际间隔相关的"K 选择"模式。Pianka（1970）版本的 r/K 选择理论自 20 世纪 80 年代以来被广泛地阐述和修订，但作为经验描述的组织原则，生命史策略的一般模式得到了持续的支持（Figuere-do et al.，2006）。Ellis 在 r/K 选择理论的基础上，提出了一种人类生命史策略的新的发展性理论，他认为相关生命变量（例如，青春期开始的时间、首次性行为和首次生育发生的年龄、亲本投资策略）位于一个由慢到快的连续体上，并称之为快/慢策略，快策略指个体的心理特征、行为表现都围绕着尽快繁衍、尽快完成大量的基因复制，慢策略相对快策略放慢了繁衍的速度，注重自身基因的提升及后代基因的质量。恶劣程度（提高

发病率、死亡率的外部因素）和不可预测性（恶劣环境中时空情境的变化）是生命史策略演变和发展的最基本的环境影响因素（Ellis et al.，2009）。

本研究对心理贫穷感与测量生命史策略的 Mini-K 量表进行了效标关联效度分析，结果不安全感、焦虑感、厌恶感三个维度以及整体量表得分越高，越倾向于采取快策略。快策略的核心心理特征是注重短期利益，牺牲长远利益，倾向于拥有多个配偶以及资源较少投入子女身上。在现代社会中，这些快策略特征可能表现为冲动、短视思维、滥交、较少母性、很少或根本没有在子女养育上投入、社会支持很少、对社会规则的漠视以及广泛的冒险行为。慢策略的核心心理特征是需要考虑长远利益，有选择地进行性交配和高额的亲本投资。在现代社会中，这些慢策略特征可以表现为长远规划、一夫一妻制、广泛的亲本投入、大量的社会支持、遵守社会规则（如合作、利他主义）以及对风险认知水平高。从社会行为来讲，许多工业和技术发达国家的主流规范往往把快策略定义为不受欢迎的，慢策略是受欢迎的，因为社会地位和影响力上升在大多数情况下是由持慢策略的个体创造的。快策略可能导致女性个体早孕、意外怀孕概率增加，学习问题或辍学，情绪问题及其导致的暴力或自杀行为，犯罪，药物滥用，贫穷等社会问题（Figueredo et al.，2006）。

早期社会经济地位越低越可能形成心理贫穷感高的心理状态，心理贫穷感越高的个体，在日常行为及健康决策方面越可能倾向于采用快策略，进而与心理贫穷感低的个体形成健康水平的差异。我们可以从生命史策略在儿童期社会经济地位和成年健康的关系上看到具体的作用形式。虽然关于这方面的研究不多，但是我们能从已有研究中找到一些线索。Weiss 等构建过一个"共生因子"（covitality），包括主观幸福感、负面情绪、积极情绪、总体健康和医学上的症状等维度（Weiss et al.，2002）。这个共生因子与生命史策略中的 K 因子相关，并且能够预测亲本投资努力和躯体努力的增长（Figueredo et al.，2006）。适应性指标理论认为，这种共生因子在性选择的心理特征所引起的行为表达上也有所体现（Miller，2010）。由此可以预测，生命史策略对健康有重要影响，进一步可预测，与快策略个体相比，慢策略个体应当在一般健康、发育稳定性和身心功能的各种指标上发展水平更高。

其中一个原因可能是生命史策略对应的生理状态直接导致的健康差异，生命史理论预测，较低的儿童期社会经济地位会促使个体形成快策略，较之慢策略个体，快策略个体生理发育有更早、更快的特点，随之衰老速度也就更快（彭芸爽等，2016），这一过程更可能是生命史策略的遗传或是胎儿编程在起作用。

另外，更值得关注的是，生命史策略在心理特征及行为显性表现上导致的健康问题。生命史策略指向的与健康相关的一个重要中介是饮食，饮食是关乎生存的一个极为重要的因素。亚利桑那大学的 Hill 等在 2016 年运用实验研究方法验证了儿童期社会经济地位低的状况会导致个体在没有能量需求的前提下进食（Hill et al.，2016）。他们选择了一些大学生作为被试，被试排除了肥胖的人（体重指数＞30），也排除了食物过敏或糖尿病患者，并选择了戒烟时长超过 5 小时的被试，以免对研究造成污染。此实验为单盲实验，被试被告知他们参加一个消费者研究，让他们在自由试吃的情况下进行消费偏好选择，实际上考察儿童期不同社会经济地位的被试在无外界控制的条件下，在不同能量需求（以餐后时间及血糖含量来衡量需求高或低）的情况下，对饼干、可乐等食物的摄入量的差异，并在最后由研究者计算个体消耗的卡路里数。研究结果显示，儿童期拥有较高社会经济地位（回顾性调查被试 12 岁以前的家庭社会经济条件）的大学生，他们的食物摄取是根据当下的能量需求来调节的，当他们感到饥饿且能量缺乏时，比刚进餐后吃得更多，而这一现象没有在较低社会经济地位环境下长大的被试中观察到，他们在能量需求高和能量需求低的时候都会消费相当多的食物。这一结果印证了儿童期成长于低社会经济地位环境的人与来自高社会经济地位环境的人相比，更可能是肥胖的（Gonzalez et al.，2012），并且因为肥胖会损害能量调节（Galic et al.，2010），这种刺激可能是恶性循环的。

而这一研究结果恰好和生命史理论的假设相符合，个体从小生活在较差的社会经济环境中，会采取快策略，不顾及对自身的长远影响，尽快储存更多的能量，以使其在先天条件或环境条件劣势的前提下，获得最大限度的繁殖潜力。挪威北极大学的 Olsen 和越南芽庄大学的 Tuu 采用考虑未来后果量表（Consideration of Future Consequences，CFC）中的两个子量

表——未来型和即时型，对越南青年做了方便食品消费的研究，结果证实 CFC - 即时型与享乐主义饮食价值观高度正相关，CFC - 未来型与健康主义饮食价值观高度正相关，从侧面佐证了上述预测的有效性（Olsena & Tuu，2017）。Maner 等更进一步，直接考量了生命史策略与肥胖的关系（Maner et al.，2017）。该研究采取快/慢策略的分类方式来定义生命史策略，他们认为在以不可预测为特征的环境中长大意味着不知道将来什么时候、什么情况下会获得资源及消耗资源，所以快策略的个体激活了促进即刻的资源消费的心理过程，这种心态可能会导致个体在无论是否需要营养的时候都尽可能地多消费食物，如果将来食物的供应不确定，那么在有机会获得食物的情况下，一定会尽可能地消费食物，这种行为在远古时代是高度功能性的，为人类的适应性做出了极大的贡献（Marlowe & Berbesque，2009）。因此，Maner 等使用多种族的纵向数据，验证儿童期社会经济地位和成年体重或肥胖的关系，以及生命史策略在其中的作用。他们首先在研究一中证实了儿童期家庭收入与体重指数（Body Mass Index，BMI）的关系，儿童期家庭收入较低的个体相对于较高的，在初次婚姻之后，具有较高的 BMI。随后在研究二中，加入了对生命史策略作用的检验，这里的生命史策略使用目前公认信效度良好的 Mini-K 量表进行测量，在原有直接作用的基础上，加入了更低儿童期社会经济地位到更高不可预测环境（$b = -0.31$，$p < 0.001$），更高不可预测环境到更快生命史策略（$b = -0.18$，$p < 0.001$），更快生命史策略到饮食失调（$b = -0.24$，$p = 0.005$），饮食失调再到肥胖（$b = 0.58$，$p < 0.001$）的这一路径，在排除多个替代性模型后，证实这一完整的中介模型才最符合数据，并且他们还发现即便控制了受访者当下的社会经济地位，这一中介路径也是不变的。

上述解释路径仅考虑了生命史策略中的心理特征及行为表现，然而这部分的作用离不开脑组织器官的参与，根据神经心理学，大脑及它所产生的认知和行为的形成、发展和变化，都是先天和后天获得的适应性问题的成功（或不成功）解决方案塑造出来的。所以这种复杂的、综合性的生命史策略作用路径更具有理论价值，也更符合实际经验。研究表明，快策略和个体杏仁核活动有关（Killgore & Yurgelun-Todd，2004）。儿童期生活在社会经济地位较低的家庭中，可能会由于环境的恶劣和不稳定而更倾向于使用快策略的个体杏仁核更活跃，对食物刺激的反应更强烈，更容易形成肥胖以及能量调节功能障碍，进而导致其他的慢性健康问题。另外一个与此相关的脑结构是额叶皮层，额叶皮层是产生认知能力及执行能力的区域，如规则管理、冲动控制、延迟满足、注意力、决策能力等，快策略个体的额叶皮层发育晚，发展过程速度慢、停止早（Figueredo et al.，2006；McNamara，1997），所以快策略的个体更难控制自己的冲动，自我控制是健康饮食习惯最强的决定因素之一，它在面对饮食选择时是自动开启的（McCarthy et al.，2017），尤其是在对刺激物有强烈反应的前提下，这种控制能力的不足，对食物摄入，尤其是使人有享乐感的食物（高脂肪、高能量、低纤维）的摄入，会与儿童期社会经济地位较高的个体产生明显的差异，并导致肥胖。肥胖不仅会引起冠心病、高血压、血脂异常、脑卒中、糖尿病、癌症、关节疼痛等疾病，而且在 1999 年世界卫生组织就已经宣布肥胖本身就是一种疾病（WHO，1999）。另外，自我控制不仅能够影响食物摄入，还能影响健康相关行为，如吸烟、酗酒等（Davies et al.，2017）。

2.4　基于早期社会经济地位不平等对健康隐患的应对策略

儿童期社会经济地位较低不仅影响童年期的发展，还不利于成年后的健康，更令人不安的是，这种社会经济地位的影响不仅对个体健康造成终生的影响，并且还将在代际传递。因此，如何应对早期社会经济地位不平等带来的健康不平等至关重要，更重要的是解决心理贫穷感对现代人的困扰，从根本上阻断这一作用路径。

首先，在生物层面上，要增加处于低社会经济地位儿童的医疗保障。医疗卫生部门应着重为医学生开设贫困儿童的医学教育课程，提高医护人员对贫困儿童健康发展特殊性的认识。从贫困新生儿生产到常规性疫苗注射，再到疾病治疗，要时刻确保医疗环境及治疗方案的公平性，注重加强儿童及家属的心理建设。

其次，在社会层面上，需要政府、社区、学校的共同关注，防止环境因素嵌入生物水平。政府应尽量缩小各阶层间居住环境的差异，尤其是在居民区周边噪声、绿化、卫生等环境问题上实现平等化。社区内部注重对低经济收入家庭存在的家庭暴力、与家人分离、儿童过早工作等问题的关

注，早发现并及时干预。在学校里注重对因儿童期贫困而产生行为问题的儿童的心理矫正，对于有敌对、斗殴等行为障碍的儿童不能一味地惩罚、批评，甚至直接开除，而是要耐心帮助其培养正确的言语使用方式、行为作风、交往方式。

最后，在心理层面上，个人的觉醒至关重要。在儿童期社会经济地位的影响上，父母的觉醒十分重要，这种觉醒应该是多方面多维度的，包括对金钱的态度，减少对剩菜剩饭等有损经济的问题的不当处理；对冲动状态，克制不良健康行为的发生；对焦虑心态、不安全感的管理等。如果父母有心理上的觉醒，了解自我状态将有助于压力感的释放，减少情绪上的累积效应，减少对下一代的代际损害。

3　心理贫穷感与日常行为

心理贫穷感是一种主观的内心感受，这种感受由认知和情绪交互共同产生，心理贫穷感有其特有的认知和情绪特点，而认知进一步产生情绪，情绪又会反过来影响认知，两者交互作用。心理贫穷感会影响人的日常行为，这种影响体现在方方面面，也有各种表现形式，这一节我们试图从行为背后的动机这一底层维度来探讨心理贫穷感对个体的影响，并且从"说服"这一角度来探讨如何最大限度降低心理贫穷感对行为的消极影响，以达到教育引导的目标。

3.1　心理贫穷感与动机

在以往的经验研究中，动机理论中潜在的动机假设都是享乐主义（hedonic principle）或者说是追求快乐、回避痛苦的原则（approaching pleasure and avoiding pain），功利主义（utilitarian principle）或者说是趋利避害，该假设涵盖两个维度，一是感性维度的情绪上的积极体验；二是理性维度的功能上的需求满足。

动机涵盖了人们日常生活的方方面面，以直接涉及金钱的消费为例，Philip kotler 在《营销管理》中曾说过，研究消费者行为的起点是刺激－反应模型中四个关键的心理过程（动机、认知、学习和记忆）。消费动机是消费者做出购买决策的一种内部驱动力，并且在购买的整个过程中，消费者的心理、精神和感情上的需求都不同程度得到满足。当需求达到一定的强度而驱使人们采取行动时，需求就变成了动机。消费动机研究领域的动机研究，虽然没有把功利主义和享乐主义作为大框架进行分类，但各种小分类依然可以归到这两类中。例如，网络虚拟物品的消费动机主要有性与攀比、成就、领导、实用与便利和沉溺五种动机（李先国、许华伟，2010）。奢侈品消费有从众、独特与炫耀性三种动机（Leibenstein，1950），享乐主义和完美主义动机，功能主义、体验主义与象征主义动机，炫耀性、独特性、从众性、享乐性与完美主义动机，社会性动机（包括从众、炫耀和社交）和个人性动机（包括自我馈赠、自我个性一致性和追求品质）的分类（付世平，2010）。朱晓辉（2006）发现，中国消费者的奢侈品购买动机中具有领先和身份象征的动机，而王慧（2009）研究发现，中国消费者的面子消费和关系消费的动机相对较高。Batra 和 Ahtola（1990）认为，消费者动机具有二元性质，在购买商品或服务时主要考虑两方面：一是满足情感需求；二是满足实用性需求。而实践发现，消费动机通常是混合的，有时具有倾向性。例如，旅游演艺产品消费中的炫耀性动机，既可以是享乐的也可以是功利的，当消费者更想要获得炫耀带来的愉悦感时，炫耀性动机便属于享乐主义范畴；当消费者炫耀是为了获得一些什么时（例如，获取关系的建立或者身份的彰显），炫耀性动机便属于功利主义范畴。

Voss 等（2003）研究发现，测量消费者功利主义消费动机的指标有 5 个，包括消费品的有效性、有益性、功能性、必要性和适用性，而测量享乐主义消费动机的指标则是消费者感受到的趣味、兴奋、愉快、激动、享受这 5 大指标。由以上指标可以发现，功利主义和享乐主义这两个动机的差异在于，功利主义是一种结果性动机，侧重目标，而享乐主义既可以是目标也可以是过程本身。功利主义消费者更在意购买行为和产品本身的功能是否能满足其需求，例如，在服装消费中消费者会更在意服装本身是否能满足其保暖、社交等实际功能，在购买礼物中消费者会更在意自己是不是买了礼物以表达对被送礼之人的关注，以及送礼和礼物本身能否满足双方的实际需求，理性层面的得失利弊是更为重要的；而享乐主义消费者在同样的消费场景下，对服装消费会更在意美观和自我愉悦感，对送礼消费

会更关注送礼过程及礼物本身能否让双方开心，情绪上的积极体验是更为重要的。

而对具有心理贫穷感的人而言，功利主义的消费通常呈现短期利益为上的特征，例如，追求便宜而牺牲质量、对贵的商品具有天然的排斥和贬低等。无论何种消费，心理贫穷感的人都倾向于对其利益是否能被最大效能地满足而感到怀疑和焦虑。享乐主义的倾向表现会呈现两个极端：一个极端是近乎奢侈疯狂的消费，另一个极端是近乎苛刻节俭的消费。差别在于前者试图在金钱的挥霍中体会对金钱的拥有感和支配感，从而消除自己的焦虑感和不安全感；而后者在金钱的守护中体会对金钱的拥有感、在管理金钱数字的过程中体会对金钱的支配感，从而消除自己的焦虑感和不安全感。两种动机的共同表现是无论如何都无法产生满足感，更多的是为了追求刺激和暂时的麻木。

除了消费，在亲密关系和职场工作上，心理贫穷感也会带来类似的影响，这种影响同样体现在极端性和骤然变化上。在亲密关系上，心理贫穷感的人会呈现自卑和自傲两种极端表现，并且在互动的过程中，对付出和收获呈现计算和计较的心态，在心理贫穷感强烈的人心中，所有关系都是对资源的再分配和支配争夺，是竞争关系，他们通常无法关注和享受单纯的感情，对内的刺激和对外的炫耀是他们所追求的。一般来说，心理贫穷感强烈的人在亲密关系上的体验都相对较差。

当然，心理贫穷感对个体职场工作的表现也产生正面影响，同时，风险也比较高。心理贫穷感强烈的个体因为焦虑感常常会努力工作争取更高的薪酬和更好的岗位，因此他们的工作表现常常是不错的，而且因为他们永远无法满足，所以有持续的动力去改进自己。但风险在于，心理贫穷感强烈的个体对金钱和权力会有超乎寻常的关注和渴望，因此倘若在工作过程中有机会接近金钱和权力，这些个体更有可能突破职业伦理和规则去试图拥有金钱和权力，这背后既有认知的影响，也有情绪的影响。然而，即使拥有了更多的金钱和更高的权力，他们依然无法体会到快乐，反而产生更多的焦虑，这与他们在消费领域和亲密关系领域的表现一致，看起来似乎在追求享乐和追求功利，形式上或许拥有了快乐，达成了功利性的目标，然而内心始终无法满足。

现在我们回到动机这个维度上，虽然享乐主义和功利主义能解释大部分人的日常生活的行为动机，但依然有些情境无法据此做出解释。以奢侈品营销为例，同样是宣传奢侈品能让人获得愉悦感（享乐），能让人有面子（功利），同时满足了享乐主义和功利主义，但仍然有一批消费者不为所动。但换个方式，宣传如果不用奢侈品就会让人在某些场景下不开心，丢面子，一些消费者就会被打动。两种宣传方式传达的消费动机其实是一致的，差异在于，前者告诉消费者奢侈品可以帮助他从 0（现在的状态）到 1（有了以后的愉悦及面子状态），而后者则告诉消费者奢侈品可以帮助他避免从 0（期望的状态）到 -1（因为没奢侈品而带来的不开心及丢面子的状态）。当消费者的特质属于期待从 0 到 1，那前者就能打动他；当消费者的特质属于避免从 0 到 -1，那后者才能打动他，这便是调节匹配理论（Higgins et al. , 2003）。

调节匹配理论（Regulatory Fit Theory）发展自调节定向理论（Regulatory Focus Theory），是 1997 年 Higgins 提出的新动机理论，区分出与成长（advancement）需要相关的促进定向（promotion focus）和与安全（security）需要相关的预防定向（prevention focus）。根据调节定向理论，一些个体会关注行为带来的收益，而另一些个体会关注没有行为带来的危害，这两类个体分别受到促进定向与预防定向这两种动机系统的调节：当个体属于促进定向时，会关注通过某种行为（或者通过无某种行为）实现积极的结果；而当个体属于预防定向时，会关注通过某种行为（或者通过无某种行为）避免消极的结果。该理论对理解个体的基本心理过程具有重要启发和影响，包括个体的认知评价、决策判断和行为策略。在认知评价时，当信息内容与提升需要有关时，促进定向的个体对其更为敏感，而预防定向的个体面对安全需要有关的信息时更为敏感（Freitas et al. , 2005）；当信息本身包含情绪时，促进定向的个体更容易注意到包含喜悦 - 沮丧情绪的信息，而预防定向的个体更容易注意到包含放松 - 愤怒情绪的信息（Shah & Higgins, 2001）；当信息与收益或损失的结果相关时，促进定向的个体对包含收益的信息更为重视，而预防定向的个体对包含损失的信息更为重视。在决策判断时，调节定向理论对个体的决策判断具有重要影响，包括决策过程中备选方案的产生（generation of alternatives）、决策偏差和反事实思维（counterfactual thinking）。就备选方案而言，促进定向个体相比预防定向个体会采取更多的分类方式（Crowe & Higgins，1997），设想更多的解释可能性；就决策偏差而言，客观概率的变化相对更吸引促进定向个体的注意，并且促进定向个体容易高估大概率事件而低估小概率事件，而当个体是预防定向时，其估计连续事件发生概率的准确性则相对较高（Brockner et al.，2002），因为他们偏好避免损失，所以会关注连续事件的内在原因以便采取行动来避免损失的发生。相比较而言，个体是促进定向时，估计独立事件发生的可能性的准确性会更高。当人们遭遇决策失败时，若个体是促进定向，他们反省失败的方式是加法式反事实思维，即他们如果做了什么就原本可以成功，而预防定向个体反省失败的方式则是减法式反事实思维，即他们如果不做什么就原本可以避免失败。在制定行为策略时，Higgins 和 Friedman 都在各自的研究中发现，当个体是促进定向时，其更为激进，而预防定向的个体则较为保守。在完成目标时，当个体是促进定向时，更多采取探索性加工方式，并且注重速度（实际表现也是速度更快）；当个体是预防定向时，更多采取谨慎的加工方式，并且注重准确（实际表现也是更为准确）（Higgins et al.，2003）。调节定向理论关于基本心理过程影响的研究，既丰富了经典心理学理论，也发展了经典心理学理论，包括动机理论和决策理论，还明晰了促进定向个体和预防定向个体的不同，为应用层面的研究提供了基础。

　　该理论提出后主要被应用到人际互动、组织管理和营销等领域，在营销领域尤为突出，应用和研究成果都最为丰富。个体的调节定向在消费场景中，其差异在消费动机、对商品信息的加工和对商品的购买决策等方面均有体现。有两种主要的研究角度：一种从消费者出发，研究分析不同调节定向的消费者之间的差异；另一种在前者的基础上，以营销者为中心，着重分析研究如何提升营销的说服效果。以消费者为中心，调节定向影响个体的购物决策主要有三种方式。首先是参照自我的激活，在个体购物的需求识别阶段，不同调节定向的个体会激活不同的自我状态（Higgins et al.，2003），主要依据自我差异理论（Self-Discrepancy Theory），这使不同定向的个体从最初就呈现不同的消费动机——促进定向的消费者寻求购买促进型商品以达成理想自我的追求，而预防定向的消费者寻求购买预防型商品以维持应该自我的状态。有研究发现，当大学生消费者是促进定向时，这类群体对促进型商品的购买意愿和购买频率更高，例如唇膏。而当大学生消费者是预防定向时，他们对预防型商品的购买意愿和购买频率更高，例如安全套。也就是说，不同定向的消费者在需求识别阶段会激活不同的参照需求，从而形成相应的消费需求。其次是"过滤器"效应，当个体搜索信息时，调节定向就像"过滤器"一样使不同定向的个体对不同信息具有不同的关注程度（Wang，2006），对商品广告和产品信息进行选择性的关注。尤其当个体感受到较大的信息负荷时，不同调节定向的个体会采取与其定向相关的选择性加工。最后是目标追求策略的不同。当个体为促进定向时，倾向于采取热切策略，积极寻求理想结果，因此会搜索更多商品，Ramanathan 和 Dhar（2010）对真实的购买数据进行分析后发现，面对不同定向的促销信息，消费者购物车里的商品数量会显著不同，促进定向框架的大于预防定向框架的。因为促进定向的消费者会形成更大、更多样化的考虑集，他们认为越大、越多样化的选项越好，从中选择优势明显的对象，对购买结果具有越好的预期。不同的是，预防定向的消费者试图采用警惕策略来避免消极结果，他们在搜索时商品数量相对较少，考虑的范围也相对较小，并且多样化弱于促进定向个体的选项，最后基于选项的实质信息评估价值，选择这种选项，对购买结果的预期也较为保守。因为促进定向的个体更爱冒险（Higgins et al.，2003），更愿意做出改变，所以促进定向的个体对新产品具有更高的兴趣和接受度。Herzenstein 等（2007）研究表明，预防定向的消费者更担心新产品的性能风险，因此预防定向的消费者对新产品的购买意愿较低。从享乐主义和功利主义这两个包含过程动机和结果动机的维度，调节定向进一步提供了策略性动机的研究对象和研究角度。

直观猜想来看，心理贫穷感对个体策略性动机的影响似乎和框架效应相似，即厌恶损失而激进获取，也就是说，面临损失时，心理贫穷感强烈的个体会采取情境性的防御定向。但其差别在于，面对获取的可能性时，不管高低，心理贫穷感强烈的个体会采取情境性的促进定向，与常态相比，策略上会更为激进，也就是说，为了目标可以忽视规则和道德，类似于俗话所说的不择手段。这背后是认知和情绪的双重影响，情绪上包含焦

虑和兴奋,这种兴奋更类似于赌博带来的兴奋感;而认知上可能会出现认知失调,但个体通常能为自己的行为找到合理的自欺欺人的借口。当然,具体的行为表现和内在决策路径还需要进一步的研究去探索。总之,具有心理贫穷感的个体在策略性动机上的差异存在很多未知的空白。

3.2　心理贫穷感与说服效应

研究假定心理贫穷感是一种稳定的特质,那么,对具有心理贫穷感的个体而言,其日常行为在互动和改变上又会呈现怎样的特征?如果我们想要尽可能规避心理贫穷感带来的负面影响,我们可以怎么做?下文将从说服这个角度来探索分析,因为在互动和改变的过程中,说服是一个重要的刺激因素。

说服效应(Persuasion Effect)是指在面对说服性信息时,个体的态度发生改变,并进一步影响其决策行为。生活中普遍存在包含说服效应的现象,既影响人们日常行为决策和社会公共事务的推行,也在管理、营销、公共健康、政策制定、政治选举等领域具有重要影响。心理学一直对说服效应的研究十分关注,其理论模型、影响因素和影响机制的研究,既有理论价值也有很大的应用价值。因此,在市场营销、管理学和公共政策制定推行等实践领域对说服效应的研究比比皆是。另外,对说服方而言,对说服效应的研究应用有助于其目标达成;对被说服方而言,对说服效应的研究和学习说服知识(persuasion knowledge)有助于避免掉入有害说服的陷阱。以市场营销领域为例,实践人员和研究者都对消费者行为(consumer behavior)产生越来越大的兴趣。现今时代,商业环境一直在发生日新月异的变化,市场营销正在成为组织或企业的重要组成部分(Kaplan & Haen-lein, 2009;Sangroya & Nayak, 2017),因为市场营销可以促进企业成功,实现商业理想,拉近企业(品牌)与客户间的关系(Verhoef, 2003)。当涉及营销策略时,客户即消费者必然是其核心。从营销的角度来讲,消费者对市场营销的成功至关重要,因为他们在购买、使用和评价及传播的过程中,既直接为公司和品牌创造了收入,也通过影响其他人的购买行为而间接为公司和品牌进一步创造收入。当然,正面影响如此,反面影响也如此,消费者的态度和行为既能利于市场营销,也能对公司和品牌的市场营销造成损害。因此，为了达成消费者产生购买行为和复购行为这一最终目标，营销方需要了解消费者做出购买决定的整个过程，了解这些决定所涉及的步骤。消费者行为不仅是对产品和服务的购买行为，还包括更广泛的行为，包括购买前和购买后行为，涉及购买前想法形成和制定，购买后使用、评价和传播，整个过程都在满足消费者的欲望和需求。影响消费者行为的因素主要分为两类：外部因素和内部因素。外部因素包括社会、文化和人口因素，内部因素包括主观上意识到的和主观上没意识到的内隐的身心因素。每个个体的行为决策都受到四个因素的启发：学习、动机、知觉和态度。动机是因素之一，发挥重要作用。消费动机是一种内部状态，它促使人们识别和购买满足有意识和无意识需求或愿望的产品或服务。然后，满足和刺激这些需求可以激励他们重复购买或寻找不同的商品和服务以更好地满足这些需求。除了消费领域，在职场和亲密关系中，也处处存在说服场景和说服效应，厘清这些有助于我们通过进一步研究去明晰心理贫穷感在这个过程中发挥的作用。

说服效应的理论模型主要有精细可能性模型（the Elaboration Likelihood Model，ELM），双加工理论（Dual Process Theories，DPT），启发 - 系统式模型（Heuristic-Systematic Model，HSM），以及自我功效分析（Self-Validation Analysis）理论。

双加工理论认为人们的推理在信念偏向系统（系统 1）和逻辑分析系统（系统 2）相互作用下进行，系统 1 的加工过程快速且自动，通常靠直觉和知识信念解决问题；系统 2 则通过逻辑和规则来解决问题，其过程特点是缓慢、成系列和控制加工（Evans，2006）。当两个系统推理结果不同时，两个加工过程就会发生冲突。在传统的信念偏差研究范式下，一系列的研究都发现了明显的信念偏差效应。具体来说，相较于非冲突问题，冲突问题下的正确率更低、反应时间更长、信心评分（confidence ratings）更低。根据双加工理论，被试在系统 1 和系统 2 发生冲突时，会使用更多的认知资源对系统 1 进行抑制（Stupple & Ball，2008），双加工理论常被用于解释加工在知觉和行为形成时的作用和影响。根据双加工理论，个体既可以通过对说服性信息的精细加工形成态度，也可以在较少的努力下根据启发式线索形成态度。

在双加工理论的基础上，精细可能性模型提出：信息接收者对问题思考的深度，或者说对问题的加工程度会影响说服效果。精细可能性模型把态度改变的路径分为中心路径（central route）和边缘路径（peripheral route），前者指个体有比较大的可能性对问题和决策进行思考，具有详细的认知加工过程，对信息论据和其他相关线索都会仔细审查。而后者指个体思考的可能性较小，一般不具有认知努力，容易被信息的表面特征说服，例如，说服者的专家资格和说服的情感渲染，因此，态度和决策的改变和发生常常便捷而快速。可以说，个体对问题进行的认知加工的深度会影响究竟是哪种路径占主导地位。当个体事件涉入度较高时，或者当个体拥有较高的认知需求时，中心路径会更有说服力；而当涉入度较低时，边缘路径就会有效。利用 ELM 中的何种路径处理信息与动机和能力有关，当具有精细处理信息的动机和能力时，个体将通过中心路径处理信息，此时，消费者将使用更多认知资源用于评估信息；而缺乏动机或能力的个体更倾向于通过边缘路径处理信息。Sengupta 等（1997）研究发现，个体在高涉入条件下更有可能对品牌形成持久稳定的态度（相比低涉入条件）。这是因为在高涉入条件下，个体对广告中的产品信息进行了精细加工，从而通过中心路径形成品牌态度。

Chaiken（1980）将人们的信息加工方式分为系统式加工（systematic processing）与启发式加工（heuristic processing），Petty 等（2007）提出了区分这两种信息加工方式的方法。启发－系统式模型认为个体加工问题的努力程度是由其动机和认知能力决定的。系统式加工好比精细可能性模型所说的中心路径，个体在形成态度判断前，会对所有与问题和决策相关的信息进行精细加工；但启发式加工与精细可能性模型中的边缘路径略有不同，其线索到态度判断的路径更为具体，个体的思考和决策秉持"最小认知努力原则"（Principle of Least Cognitive Effort）。研究表明，当个体对说服性信息进行系统式加工时，个体会更有可能基于信息本身的说服力改变自己的态度；但如果个体采取启发式加工，无论信息本身的说服力如何，个体都很难发生态度改变。Martin 等（2007）利用该实验范式研究了从众行为的认知加工方式，发现当个体接收大众信息时，无论后续给出的与大众信息相反的观点的说服力是强还是弱，个体都坚持与大众保持一致。

该实验表明，个体的从众行为是对信息进行启发式加工的结果。Briñol 等（2007）利用该实验范式再次验证了该结论。

自我功效分析理论进一步解释了说服效应，Petty 等（2007）研究者认为，ELM 和 HSM 都只针对个体最初形成的观点和想法，即个体认知的第一水平。而自我功效分析理论认为，个体在接收信息之后，除了会对说服性信息做出第一水平的认知，还会对该想法和该过程进行再思考。也就是说，该理论对说服效应的形成机制进行了元认知层面的探讨，举例来说，不同个体接收了同样的说服性信息并形成了同样的态度和观点，但两者对自己的认知过程和所持观点具有不同程度的信心，那么最终形成的说服效应便会发生差异，信心越强，说服效应就越强。此外，该理论还能对情绪在说服效应中的作用做出更好的解释，例如，同样是接收包含强论据的说服性信息，被诱导表现出愉快情绪的个体更容易被说服，而对悲伤情绪个体的说服效果相对较弱（Briñol et al.，2007），这是因为愉快情绪令被试拥有对认知过程和观点更强的信心。自我功效分析理论告诉我们，要提高针对消费者的说服效应还需要关注消费者的元认知过程。那么，对于心理贫穷感强烈的个体来说，他们的元认知过程是什么样的，这依然是个研究空白。

除了以上四个理论模型，不断有新的理论被提出，从而对说服效应的形成机制进行进一步解释，如单模型理论（the Unimodal），该理论认为，随着个体决策动机的进一步增强，以及其判断能力的进一步提升，个体会更为仔细地认知加工说服性信息，也就是说，后续信息的加工过程会和信息本身一样具有说服效应。Gawronski 等（2006）提出联想 - 命题评价模型（Associative - Propositional Evaluation Model），该理论认为内隐态度改变的潜在心理过程是联想过程，而外显态度改变的潜在心理过程是命题过程，是少数涉及内心态度转变的说服效应理论。以上两个理论模型还需要进一步的实证研究来证明。

说服效应的主要影响因素包括信息源的可信度、信息的呈现方式、社会网络、情绪和事件涉入度等。其中信息源的可信度和信息的呈现方式主要由说服方主导提供，而社会网络、情绪和事件涉入度主要与被说服方相关。

信息源的可信度的主要构成要素为专业性、可靠性和吸引力，也就是说，信息源是否提供了有效信息，能否具有如实提供有效信息的意愿，以及信息的有效程度是多少。研究表明，信息源的专业性和可靠性越高，信息源的可信度就相应越强，说服效应也因此越强。有研究者在实验研究中用信息源的专业性和产品类别作为自变量，个体对产品质量的评价和购买意愿作为因变量进行研究，实验结果支持了以上结论。而吸引力是另一个相对复杂的要素，在实证研究上比较有争议。既有研究表明吸引力越强，个体对信息源的专业性和可靠性就相应具有越高的评价，购买意愿也相应越强；也有研究表明吸引力对个体的说服效果没有显著影响，其差别可能在于消费者有没有将感知到的吸引力这一积极态度迁移到品牌和购买意愿上（Patzer，1983）。本研究猜测，对心理贫穷感强烈的个体来说，吸引力越强的信息源，其说服效应越强，主要通过情绪影响。而专业性和可靠性的影响需要进一步探究，对心理贫穷感强烈的个体来说，信息源的权威性，尤其是外在的权威性，或是外在的名声，其影响可能高于信息源真正的专业性与可靠性。

信息的呈现形式指对相同客观对象的不同表述。比如是用情节性的故事呈现还是用非情节性的描述呈现，故事是一种强有力的说服方式，叙事传输（narrative transportation）是故事说服效应的主要机制，整合了注意、情感和意向的独特心理过程。当使用情节性故事呈现信息时，使用不同情节主题来传递相同的目标也会产生不同的说服效果。陈瑞等（2016）在反酒驾广告的说服效果研究中发现自我约束、朋友约束和模范人物约束主题的反酒驾广告可以有效地降低受众的酒驾意向，其中不同主题的反酒驾广告在不同情境下具有不同程度的说服效果。再比如是用单面信息还是双面信息对产品进行描述，双面信息是指在提供优点的同时，也主动暴露一些缺点，例如"我们的苹果全天然野生生长，但因为没有人工干预，所以会有点酸"。研究表明双面信息广告的说服效果相比单面信息广告，对高涉入者的说服效果显著增强；但对低涉入者，二者的说服效果没有显著差异（代祺等，2010）。刘中刚（2015）研究发现，双面信息对说服效果的作用会受到品牌知名度的影响，其对不知名品牌的可信度提升比知名品牌要高；此外，若增加价格折扣信息，个体对知名品牌的购买意愿会增强，而与此同时，对不知名品牌的购买意愿会减弱。除了双面信息，信息框架也是热门研究因素，信息框架是指对相同的客观信息的不同表述——积极框架和消极框架，研究发现不同情境下积极框架和消极框架具有不同程度的说服效应。信息框架通常会和其他变量一起对说服效果发生作用，例如，个体的事件涉入度（issue involvement）和个体的调节定向（regulatory focus）等。本研究认为，对心理贫穷感强烈的个体来说，故事可能是一种更好的说服途径，因为故事更有可能打动被说服者。此外，双面信息对心理贫穷感个体而言可能不是好的呈现方式，因为不安全感和焦虑感本身会让个体对负面信息过于关注，也就是说，体会到的不是可信，而是危险。所以，对心理贫穷感个体来说，主旨明确、情节丰富、信息取向单一的故事或实际例子的描述会是更好的说服方式。

影响个体态度的重要因素还包括个体所在的社会网络（Huckfeldt et al.，2004），主要分为态度多样性社会网络和态度单一性社会网络。研究发现，个体身处态度多样性社会网络中，其态度更有可能发生转变（Levitan & Visser，2008）。Visser 和 Mirabile（2004）在其实验研究中也发现，当个体被随机分配到态度多样性社会网络中，面对与其态度相反的说服性信息时，相比被随机分配到态度单一性社会网络中的个体而言，他们在态度上发生了更大的转变。这是因为当个体身处态度多样性社会网络中时，个体对其态度的正确性并没有很强的确定感，这种不确定感会使个体对新的态度和信息进行更深入、更仔细的加工，从而调整自己的态度观点。本研究认为，心理贫穷感强烈的个体多倾向于身处态度单一性社会网络之中，因为这样的网络一来比较紧密，二来群体内成员的行为和动机都比较容易被推测，这会让他们更有安全感。但是，这样容易造成恶性循环，如果说进入社会后的成年阶段很难干预，那么在学校期间，通过人为地增加学生间的互动和交流则是一个可以探索的干预途径。

情绪对个体的行为、判断和决策一直具有重要影响，因此一直是说服效应研究中的热点。Bless 等（1996）在研究中发现个体的积极情绪和消极情绪会对个体产生不同的作用，边缘线索信息对积极情绪下的个体具有更强的说服效应，因为在积极情绪下个体不会对信息进行深入精细加工；而含有强论据的中心诉求对消极情绪下的个体具有更强的说服效应，因为

在消极情绪下的个体更有可能对信息进行深入精细加工。但是，Sinclair 等（2010）得出了不同的观点，他们发现积极情绪下的个体会对积极情绪属性的信息论据进行精细加工，这可能是动机的影响。除了在研究结论上存在争议外，在研究方法上，积极情绪和消极情绪的划分过于简化，因为不同情境下个体可能具有混合情绪，并且就算是单一的积极或消极情绪，也可能是不同的情绪组成，例如，积极情绪包含自豪、快乐、兴奋等，而消极情绪则有悲伤、愤怒和厌恶等。对心理贫穷感强的个体来说，情绪在其决策过程中正在发生怎样的影响也值得进一步研究。

最后，事件涉入度（issue involvement），即信息和决策本身对个体的重要程度，也是说服效应的一个重要调节变量，具体是指信息主题、内容和目标与个体的价值观和目标之间的关联程度。Sengupta 等（1997）研究发现，被试在高涉入条件下形成的品牌态度更为持久，这可能是因为高涉入度被试通过中心路径形成了品牌强度，其加工广告信息的程度更为深入、精细。越来越多的研究者开始关注并研究事件涉入度在说服效应中的影响，对心理贫穷感强烈的个体来说，涉及金钱、权力、名望等主题的事件，其涉入度与说服效应之间的关系会是一个比较重要的研究方向。

不少类似贪腐等负面行为也多发生在这些事件中，在这个过程中，个体对金钱、权力和名望的认知与对风险、道德和规则的认知是怎样的？又是在怎样的决策路径下做出了跨期风险决策？这是我们需要研究关注的领域。

3.3 心理贫穷感、动机与说服效应的交互作用

研究发现，说服效果受说服性信息的框架和其调节定向的影响，两者一致时说服效果最好。也就是说，损失框架的信息以预防定向的方式呈现，收益框架的信息以促进定向的方式呈现，其说服力更强；而损失框架的信息用预防定向的方式展现时，说服力更强（Lee & Aaker，2004）。在后续研究中进一步发现，信息框架、信息调节定向和信息接收者的调节定向三者相匹配时，说服效果增强，例如当个体处于促进定向时，对以促进定向展现的收益框架的营销信息会更易被说服；反之，当个体处于预防定向时，对以预防定向展现的避免消极结果和维持安全需要的营销信息会更

易被说服。2008 年 Cesario 等研究者归纳了调节匹配效应影响说服效果的三种作用机制：正确感、加工流畅效应和影响精细加工可能性。正确感是指当三因素的定向方向一致时，消费者会产生正确感，并把这感受归因于信息本身，从而增强说服效果。加工流畅效应是指当三因素调节定向匹配时，消费者对信息的投入程度（strength of engagement）会增强，从而对信息更为偏好，信息说服效果因此增强（Cesario & Higgins，2008）。影响精细加工可能性是指当三因素调节定向匹配时，消费者会对信息进行更精细的加工，并增强说服效果（Cesario & Higgins，2008）。另外，在面对营销信息时，一些线索会令消费者察觉到营销行为，从而启动说服知识，产生心理阻抗，进而降低对品牌及商品的评价。研究发现，预防定向的消费者更易启动说服知识。同时，预防定向的消费者主要使用系统式加工，因为他们对认知因素更为重视，购物决策主要依据商品的具体效用（Pham & Avnet，2004），而促进定向的消费者主要采用启发式加工，因为他们对情感因素更为重视，购物决策主要依据商品所能提供的情感价值。

有关说服效应的研究已经进行了很久，大量实验证据得以积累，并在其心理机制和影响因素的探究上取得了不少成果。除了双加工理论、精细可能性模型、启发－系统式模型和自我功效分析理论等解释认知加工机制的说服效应理论模型外，还有睡眠者效应（Sleeper Effect）这一强调说服时间效度问题的概念，睡眠者效应是说服效应中的一个特殊现象，指个体在态度改变的历程中，说服效应随着时间的推移而增强，这进一步丰富了说服效应的研究，因为以往研究说服效应都是研究即时效应。睡眠者效应的概念由 Petrova 和 Cialdini 提出，但对该现象的解释直到 2008 年才被提出，Petrova 和 Cialdini 认为，个体在编码说服性信息时，说服性信息和折扣线索分别形成联想集，它们联结以后会形成态度，联想集和态度是产生睡眠者效应的两个重要因素，当说服性信息不再受折扣线索的影响时，即当说服性信息内部的联结比说服性信息集与折扣线索集之间的联结大时，睡眠者效应就会发生（张朝洪等，2004），这个假说也被称为有用性－有效性假说（Availability－Valence Hypothesis）。可以说，说服效应的研究从现象到影响因素再到影响机制都在被不断拓展和丰富。

动机理论的新发展调节定向理论和调节匹配理论也是如此，自 1997 年

被提出以来，如今的研究大多集中在现象和影响因素上，丰富了我们对不同调节定向个体的特征的认识。这20多年的研究，贡献主要集中在以下方面：调节定向的内涵和测量；调节定向和调节匹配对基本心理过程和生活的影响。

调节定向和调节匹配对基本心理过程的影响主要包括决策判断、认知评价和行为策略。不同定向的个体具有不同的需要、目标、情绪体验和对结果的关注点，这种差异使个体在认知过程中对不同信息具有不同的敏感度，已有研究已经不断明晰和丰富两者敏感度的差异。其决策判断的不同主要体现在备选方案、决策偏差和反事实思维上。行为策略的差异主要体现在冒险和强调速度的探索性加工方式（促进定向），保守和强调准确的谨慎性加工方式（预防定向）。已有研究一方面正在不断丰富调节定向和调节匹配对基本心理过程影响的认识，另一方面也在不断丰富其实验范式。调节定向和调节匹配对生活的影响，主要包括社会互动、组织应用、营销和其他领域。目前研究者发现说服效应影响因素中的信息来源可信度、情感线索、说服性知识、卷入度等因素都和个体的调节定向有直接或间接的关系，从而影响个体态度和行为的改变。调节关联效应（Regulatory Relevance Effect）是研究者在研究过程中发现的不同于调节匹配效应的一种情况，这是指当个体的调节目标与说服性信息内容中的要素相关时，说服效果会明显增强。例如，促进定向的个体对营销信息中的促进型要素更为敏感，也更容易被说服；反之，预防定向的个体对安全需要和避免消极结果的说服性信息更为敏感，也更容易被说服（Aaker et al.，2001）。它和调节匹配效应的差异在于，前者指个体的调节目标和说服性信息的内容一致，基于结果；后者则基于过程（Lee & Aaker，2004），这一差异在理论提出之初并未被明晰。

除了研究内容不断丰富，在研究变量框架上现有研究也做出了不少贡献（针对调节定向和调节匹配对说服效果的影响），在研究中逐步明晰和丰富了前因变量、中介变量、调节变量和结果变量。其中前因变量包括被试变量，如文化背景和自我建构；刺激变量，如信息框架、信息解释水平；情境变量，如任务操纵、时间距离。以消费品为例，研究者Weaven等（2014）在研究中把商品类别分为享乐型和实用型，呈现方式分为情感型和理智型，把个体的调节定向水平分为高和低，通过实验研究分析了商品类别和呈现方式作为刺激变量对不同调节定向个体的说服效果的影响，其对说服效果的测量分为三部分，分别是对表述内容的态度、对目标的态度和个体的行动意愿态度，这种测量方式也是大部分说服效果研究所采用的。中介变量即调节关联效应和调节匹配效应，调节定向对说服效应的影响主要通过这两者起作用。调节关联效应发生在说服性信息的内容和策略与个体调节性目标一致时，而调节匹配则是基于过程，其发生主要通过正确感、加工流畅效应和影响精细加工可能性这三种机制。对调节变量的研究主要集中在影响精细加工可能性，例如，个体对说服信息的加工路径，个体的认知需求和涉入度等。结果变量大致分为四类：一是态度偏好层面；二是认知记忆层面；三是价值判断层面；四是行动意向层面。

在后续研究中，针对心理贫穷感个体的动机研究和说服效应研究会是一个比较有理论意义和应用价值的研究方向。心理贫穷感与动机的研究可以帮助我们了解心理贫穷感个体的情绪特征、认知特征和行为模式特征，明晰其决策路径，从而使我们可以以一种积极而有益的方式引导这个群体发挥其特长，杜绝其隐患。而心理贫穷感与说服效应的研究可以帮助我们在关键时刻说服该群体突破心理贫穷感的影响，做出对个体更具有长久益处的慢决策，或者做出对集体更有益的无私决策和行为。

对每一位心理贫穷感强烈的个体来说，他们既需要更加认识自己，也需要社会共同的努力和帮助。心理贫穷有多个层面的成因，宏观到国家和社会，中观到社区和学校，微观到家庭和个体，每一个层面都会影响心理贫穷者的行为，我们既要切实提升他们的主观生活幸福度，也要协助他们更好地管理自己的决策和行为。

4　心理贫穷感与风险决策

4.1　认知与情绪影响风险态度

风险决策（decision under risk）是指决策者在对于未来可能的结果可以预测或预知，对于各种可能结果的发生概率也可以预测或预知的情况下

做出的选择（李纾，2005）。也就是说，对于未来结果会如何，决策者并没有百分之百的把握，然而对于可能的后果和各种后果发生的概率有所预期，在这样的条件下进行的选择决策就是风险决策。显而易见，小到每一天的日常生活，大到整个人类生存发展的历史演进，许多选择都是风险决策。风险决策无处不在，与每个人息息相关。研究者对于风险决策的关注也是经久不衰，与日俱增，尤其关于影响风险决策的个人因素的研究正逐渐成为新的发展趋势。

传统的经济学理论认为人们是理性的，遵循"效用最大化"（maximization of utility）的原则进行决策，寻找有利于自己的最佳方案。Herbert A. Simon 对此提出质疑，他认为人类的认知系统是存在局限的，人们的理性是有限的。当个体面对风险决策时，由于认知局限或是情绪等因素的影响，个体不可能做到完全理性，即寻找最有利于自己一生的方案。此时，个体会选择一种简单快速的方式来进行信息搜索、比较和选择，最终选择令自己可以接受的结果（Simon，1955）。所谓"最大化"或者"最优化"的情况是不可能达到的。Herbert A. Simon 的观点获得很多研究者的支持。

研究者们将影响风险决策的因素划分为客观因素，例如，文化差异（cultural differences）（Camprieu et al.，2007）、领域差异（domain-specific differences）（Rees-Caldwell & Pinnington，2013），和主观因素，例如，风险感知（risk perception）（Zingg & Siegrist，2012）、风险态度（risk attitude）（Ding et al.，2012）。其中，风险态度指的是个体在风险偏好水平上的差异。Hsee 和 Weber（1997）开发风险偏好水平问卷来测量个体在风险偏好水平上的差异。风险偏好水平较高的个体倾向于选择更加冒险和不确定的方案，而风险偏好水平较低的个体倾向于选择保守和确定的方案。有研究者采用该量表进行实证研究。研究结果支持了风险态度对于风险决策的影响（Ding et al.，2012；陈世平、张艳，2009）。

越来越多的研究者强调个体的认知和情绪对于风险态度的影响（Ariely et al.，2005）。Kermer 等（2006）发现，如果人们对将要失去的物品具有较强的情感依恋，那么为了避免失去或损失带来的负面的情绪反应，人们将更倾向于避免失去或损失。风险态度还会受到潜意识的影响，决策者对选择会产生某种敏感反应（Erb et al.，2002）。人们对待风险的态度也具有领域特殊性，在不同的情境下（如择偶或投资），人们的风险态度会不同（Rees-Caldwell & Pinnington，2013）。有学者呼吁，决策研究不能只关注选择结果的总体统计，还要注重对个体差异的分析（Gigerenzer & Goldstein，2011）。显然，由于认知和情绪等内隐的个人因素，不同的个体具有不同的风险偏好水平（Lopes，1987；毕研玲、李纾，2007）。

　　行为经济学领域有关风险决策的研究发现备受世界瞩目。2002 年诺贝尔经济学奖获得者 Kahneman 和 Tversky 提出前景理论（Prospect Theory）来描述现代人的实际决策过程（Kahneman & Tversky，1979）。Kahneman 和 Tversky 认为，人们在心理上给予损失的权重要大于给予获益的权重。这被称为"损失厌恶"（loss aversion）。2017 年诺贝尔经济学奖获得者 Richard Thaler 提出禀赋效应（endowment effect）和心理账户（mental accounting）。接着，Thaler 提出双重自我的控制模型。他认为人们的头脑中存在两个自我，一个是有远见、自律的"计划者"（planner），另一个是短视、冲动的"行动者"（doer），两者竞争决策的主导权（Thaler & Shefrin，1981）。以上研究结果都提示个体的认知和情绪会对其风险决策产生影响。

　　众多研究者在"有限理性模型"（Bounded Rationality Model）的基础上提出个人进行风险决策的过程模型，以解释个体进行风险决策的认知机制和过程。其中有两个模型——占优启发式模型（the Priority Heuristic）（Brandstatter et al.，2006）和"齐当别模型"（Equate-to-Differentiate Theory）（李纾，2001；Li，2004）得到学界比较多的关注和认可。在占优启发式模型中，决策者首先就备择选项进行比较搜索，当不同方案之间的差异超过了抱负水平时，即停止继续搜索（Brandstatter et al.，2006）。"齐当别模型"认为，决策者会在不同的维度上比较备择方案，将差异较小的维度齐同掉，继而根据差异较大的维度进行决策（Li，1994）。相比较而言，"齐当别模型"更加关注个体因素对于风险决策过程的影响，尤其是认知和情绪的作用。

　　总的来说，在影响风险决策的诸多因素中，风险态度是影响风险决策的重要主观因素之一。个体的认知和情绪影响个体的风险态度。不同的个体具有不同的风险偏好水平。

4.2 行为经济学看认知与情绪的影响

4.2.1 Daniel Kahneman 的前景理论及其发展

2002 年诺贝尔经济学奖获得者 Kahneman 和他的同事 Tversky，于 1979 年提出前景理论来描述现代人的实际决策过程（Kahneman & Tversky，1979）。前景理论认为人们在心理上给予损失的权重要大于给予获益的权重。从前景理论的价值曲线图可以发现，损失部分的曲线比获益部分的曲线更加陡峭。这一现象被称为 "损失厌恶"（Kahneman & Tversky，1979）。他们发现，在获益的情境下，大多数人会选择确定的获益方案，避免不确定的冒险方案，表现出风险规避；在损失的情境下，大多数人会避免确定的损失方案，选择不确定的冒险方案，表现出风险偏好。这一现象被称为 "框架效应"（Framing Effect）（Kahneman & Tversky，1979）。Tversky 和 Kahneman（1986）使用的一个调查支持了上文提到的损失厌恶和框架效应的特点（见图 4 - 5）。调查一共有两个问题，也就是两个框架。一个是获益问题，共有 126 位美国人参与回答。其中有 72% 的参与者选择确定的选项 1A；28% 的参与者选择不确定的选项 1B。另一个是损失问题，共有 128 位美国人参与回答。其中 36% 的参与者选择确定的选项 2A；64% 的参与者选择不确定的选项 2B（Tversky & Kahneman，1986）。调查结果支持了损失厌恶和框架效应。

关于框架效应的存在与消失，有很多实验和神经科学方面的发现。Wang（2008）提出了模糊与矛盾假说（Ambiguity and Ambivalence Hypothesis，AA 假说）。该假说认为只有在模糊情境（ambiguity）和矛盾情境（ambivalence）时，框架效应才会发生作用，从而对决策者的判断产生影响（Damasio，1994）。模糊情境是指缺少首要线索的情况。首要线索具有进化、生态与社会意义的重要性，是进行决策的重要参照点。矛盾情境是指首要线索清晰，并不模糊，但是会引发相互矛盾的情况。除了首要线索，还有次要线索。Wang（2008）认为框架就是次要线索之一，并且语言交流的方式也是次要线索之一。在首要线索模糊的情况下，次要线索就会对决策产生影响（Damasio，1994）。研究发现对于风险的情绪反应与理性分析往往是相互冲突的（Damasio，1994；Loewenstein et al.，2001）。Wang

获益问题（$N = 126$）

1. 假设你比你现在的情况更富裕，多拥有 300 美元，你需要在以下两个选项中做选择：

A. 确定获得 100 美元［72%］

B. 50% 的可能性获得 200 美元，50% 的可能性什么都得不到［28%］

损失问题（$N = 128$）

2. 假设你比你现在的情况更富裕，多拥有 500 美元，你需要在以下两个选项中做选择：

A. 确定损失 100 美元［36%］

B. 50% 的可能性什么都不损失，50% 的可能性损失 200 美元［64%］

注：N 表示参加实验的被试人数，方括号里的百分数表示选择每个选项的被试占比。

图 4 - 5　Tversky 和 Kahneman（1986）的调查

（2006）研究发现，当情绪与认知发生矛盾的时候，框架效应产生作用；对于情绪和认知未发生矛盾的被试，框架效应不产生作用。产生框架效应的相关脑区主要包括杏仁核（De Martino et al.，2006；Guitart-Masip et al.，2010）、脑岛和右额下回（Zheng et al.，2010）。抑制框架效应的相关脑区则包括眶内侧前额叶（OMPEC）和前扣带回（ACC）（De Martino et al.，2006；Roiser et al.，2009）。研究发现：右额下回（IFG）与框架效应密切相关。右额下回参与抑制、选择和认知控制等活动。它会根据决策问题所包含的语义和情感含义评价风险线索，并调整风险偏好。风险厌恶水平越高，右额下回就有越高程度的激活（Christopoulos et al.，2009）。

在现实生活中，个体的风险偏好不仅取决于金钱的获益框架条件或是损失框架条件，还会受到参照点的影响。在 Tversky 和 Kahneman（1986）的调查中，就涉及了参照点的因素。在获益框架下，参照点是 300 美元，较低；在损失框架下，参照点是 500 美元，较高。他们认为参照点对于风险态度也存在影响（Tversky & Kahneman，1986）。在此基础上，Wang 和 Johnson（2012）提出参照点理论。该理论采用底线、目标和现状，将决策的预期结果划分为失败、损失、获益和成功四个区间。该理论认为，人们的基本

偏好表现为规避底线风险，寻求目标风险（Wang & Johnson，2012）。是风险偏好还是风险规避，取决于现状与目标及底线之间的关系，而不是取决于获益还是损失的框架条件。

在风险决策中，一个风险选项是否具有吸引力同样取决于社会比较（Linde & Sonnemans，2012）。Festinger（1954）认为社会比较（social comparison）是指，人们自发地收集他人的信息，并与自己相应的信息进行比较，从而调整自己的决策。社会比较根据其参照比较的对象可以分为三类（Festinger，1954）。①上行社会比较。上行社会比较是指个体在某个维度上，与社会地位更高、收入水平更高或者事业成就更高等表现更好的他人做比较。②平行社会比较。平行社会比较是指个体在某个维度上，与社会地位相似、收入水平相似或者事业成就相似等表现相似的他人做比较。③下行社会比较。下行社会比较是指个体在某个维度上，与社会地位更低、收入水平更低或者事业成就更低等表现更差的他人做比较。研究发现，如果一个风险选项提供了超越他人的可能性，那么它对决策者的吸引力就增大（Hill & Buss，2010）。Gibbons 和 Buunk（1999）把社会比较倾向看作一种稳定的个体特质。

很多时候，人们需要在现在收益较小的选项和未来收益较大的选项之间做出选择。风险决策的研究者们称之为跨期决策（intertemporal choice）（Loewenstein & Elster，1992；Loewenstein et al.，2003；Scholten & Read，2010）。Monterosso 和 Ainslie（1999）认为，个体选择"较迟的大收益"是较强的自我控制能力的表现。当人们缺乏自我控制资源时，决策将依赖冲动系统，从而做出自动的、本能的行为。自我控制资源充沛时，决策将更多地依赖精细系统，从而做出经过深思熟虑、符合社会规范的行为。自我控制的一个主要中介变量是血糖水平。Wang 和 Dvorak（2010）的实验中，通过在禁食后，向实验组被试提供含糖饮料，向控制组提供添加甜味剂的不含糖饮料，观察血糖水平对于跨期决策的影响。实验结果显示，血糖水平较高者更偏好未来获益，而血糖水平较低者更偏好即刻获益。Briers 等（2006）发现，相比饥饿的人，酒足饭饱的人更愿意参与慈善活动。Dewall 等（2008）发现，血糖水平越高，人们越会表现出更多利他行为。

总的来说，Kahneman 的前景理论为后续风险决策的研究提供了一个很有效的研究范式。在此基础上发展而来的有关框架效应、参照点、社会比较和跨期决策的研究，都是从个人决策的角度探讨认知和情绪的个人主观因素对风险决策行为的影响。

4.2.2　Richard Thaler 对行为经济学的贡献

Daniel Kahneman 将自己于 2002 年获得的诺贝尔经济学奖归功于 Richard Thaler，并称 Richard Thaler 是行为经济学的开创者。2017 年，Richard Thaler 因其在行为经济学领域的突出贡献，荣获诺贝尔经济学奖。

Thaler（1980）提出禀赋效应。禀赋效应是由 Kahneman 和 Tversky（1979）的损失厌恶发展而来。禀赋效应合理地分析了在日常生活中人们对于物品价值评估的方式。Richard Thaler 于 1980 年首次提出禀赋效应。他发现，人们对于自己拥有的物品的价值评估，要比未拥有的相同物品的价值评估更高（Thaler，1980）。Thaler 与他的同事设计了一个实验来验证自己的观点。当时有 44 位大学生参与了这项实验。其中，一组大学生作为买方，对一个咖啡杯估值，看自己愿意出多少钱购买。另一组大学生作为卖方，先得到一个咖啡杯，再对咖啡杯估值，看自己多少钱愿意售出。根据新古典经济学理论，两组被试对于同一种咖啡杯给出的价格估值应该不会有显著的差别。然而，实验结果显示，卖方组对于咖啡杯给出的售价金额，是买方组对于咖啡杯给出的购买金额的两倍（Kahneman et al.，1990）。实验结果支持了禀赋效应的存在。这一发现与 Kahneman 和 Tversky 对于损失厌恶的估计不谋而合。Kahnaman 和 Tversky（1979）发现，对于同样价值的损失和获益，损失给人们带来的负效应是获益给人们带来的正效应的两倍。

Thaler（1985，1999）提出心理账户。心理账户理论认为个体的内心对于不同的经济活动会建立不同的账户；就像人们对不同的支出和收入分门别类一样，在人们的内心也有这样一个账本，对每项经济活动进行分门别类，在进行决策时，每个账户是独立核算的（Thaler，1985，1999）。因为人类认知的有限性，无法全盘整体地考虑，通过心理账户的方式可以简化决策过程。例如，Thaler 提出以下调查问题（见图 4 - 6）。

1. 假设你决定去听一场音乐会，门票售价为 200 元。要出发的时候，你发现新买的价值为 200 元的电话卡丢了。请问，你是否还会去听音乐会？

A. 会

B. 不会

2. 如果你昨天花 200 元买了一张今晚的音乐会门票。要出发的时候，你突然发现音乐会的门票丢了。如果要去听音乐会，必须再花 200 元买门票。请问，你是否还会去听音乐会？

A. 会

B. 不会

图 4 – 6　Thaler（1985）的调查

通过调查发现，大部分人在情境 1 中会选择继续去听音乐会，而在情境 2 中会放弃去听音乐会（Thaler，1985）。Thaler 通过心理账户来解释这一现象，那就是人们对于音乐会和电话卡分别在内心设立了两个账户。在情境 1 中，音乐会的成本没有受到电话卡沉没成本的影响，依然是 200 元。而在情境 2 中，音乐会的成本上升为 400 元，对于一部分人来说比较昂贵，这部分人就会选择放弃去听音乐会。

Thaler 和 Shefrin（1981）提出"双重自我"模型。Richard Thaler 认为每个人头脑中都住着两个角色。一个是有远见、自律的"计划者"，另一个是短视、冲动的"行动者"。两个角色相互博弈，竞争主导权，共同影响决策者的行动选择。虽然人会理性思考，却往往经不起眼前利益的诱惑，而采取短视、冲动的行为，很难做到自我控制。个体需要消耗认知资源或意志力来控制自我，然而认知资源和意志力是有限的。虽然在理性上"计划者"提出"最大化一生效用"的行动方案，在行动时却不自觉地受到短视、冲动的"行动者"的干扰（Thaler & Shefrin，1981）。Thaler 提出在具体的决策过程中，可能需要外力"助推"（nudge），以帮助个人做出更优化的选择。在此理论的基础上，Thaler 向政府提出"助推"计划来帮助人们克服内心短视、冲动的"行动者"，支持有远见、自律的"计划者"，从而做出理性的优化的选择。

Thaler（1981）的研究支持了人们在跨期决策中对于时间偏好的不一

致性。新古典理性跨期选择模型采用指数折现模型（Fisher，1930；Samuel-son，1937）。然而指数折现模型难以解释一些特定情形下展现的行为，如偏好反转（preference reversal）。Strotz（1955）、Phelps 和 Pollak（1968）以及 Laibson（1997）提出时间不一致的偏好，即在跨期决策中，人们对于短期利益和长期利益的偏好会随着时间的变化而变化。后来的经济学家又提出"双曲线折现"（hyperbolic discounting）模型（Ainslie，1992）。Thaler（1981）的研究支持了"双曲线折现"模型（见图 4 - 7）。

---

1. 请在两者之间进行选择：
A. 今天的一个苹果
B. 明天的两个苹果

2. 请在两者之间进行选择：
A. 一年后的一个苹果
B. 一年又一天后的两个苹果

图 4 - 7　Thaler 和 Shefrin（1981）的调查

Thaler 发现在第一个问题上，有一部分人会选择 1A 选项；然而在第二个问题上，没有人选择 2A 选项。这就表明，在经历一年的等待以后，之前一部分选择 1A 选项的人改变了主意，而愿意多等待一天。Thaler 解释说，这是因为时间贴现率发生了变化，它并非一个常数。根据"双曲线折现"模型，时间贴现率先高后低。也就是说，当时间点越临近当前，时间贴现率越高；当时间点越远离当前，时间贴现率越低。举个例子来说，在面对两个选择时，一个选择是"今天获得 400 元"，另一个选择是"一个月后获得 2000 元"，决策者选择了前者。也就是说，决策者认为一个月后的 2000 元价值小于今天的 400 元。这时，一个月的价值相差 1600 元。如果将两个选项在时间维度上向未来推迟一年，成为选择一"一年后获得 400 元"和选择二"一年零一个月后获得 2000 元"，决策者选择了后者。也就是说，推迟一年以后，一个月的价值相差已经小于 1600 元。此时，发生了非理性的选择反转。这是因为时间贴现率会随着时间变化，而并非一个常数。

总的来说，Richard Thaler 的风险决策研究非常关注个人的主观因素对风险决策的影响。禀赋效应、心理账户、"双重自我"模型和时间贴现率的发现都支持了个体与金钱相关的认知和情绪上的差异会对不同的风险决策产生影响。

4.3　决策模型对认知与情绪的关注

传统的经济学研究者坚持"理性人"假设，支持期望效用理论。该理论认为人们在进行决策时会计算备择方案的效用值与概率的乘积，并遵循效用最大化的原则进行选择。1955 年，美国经济学家 Herbert A. Simon 提出"有限理性"（Simon，1955）。他认为，由于人们的认知存在局限，在进行决策时，并不是遵循效用最大化的原则，而是一种寻找满意的过程（Simon，1955）。正是因为认知的局限，人们不可能达到传统经济学所提出的理性状态。此后，有众多研究者在"有限理性"的基础上，提出个人的决策过程模型。其中占优启发式模型和"齐当别模型"得到学界比较多的认可和关注。

Brandstatter 等（2006）提出占优启发式模型。他们认为抱负水平是个体进行决策的关键。决策中的个体遵循一定的顺序来搜索信息，即最小可能结果、最小可能结果的概率、最大可能结果的概率、最大可能结果。然后，就结果与结果之间、概率与概率之间进行比较。当两者之间的差异超过抱负水平就停止继续搜索信息，接着做出更具吸引力的选择。

Li（1994）提出"齐当别模型"，支持决策者认知能力的有限性。李纾（2005）认为，影响个体进行风险决策的关键机制，在于决策者对于备择方案各维度之间"优势关系"的辨别。个体为了更快速有效地在众多备择选项中做出选择，首先会将各个备择选项的信息分类，划分为不同的维度进行比较。差别较小的维度会被齐当掉，差别较大的维度会被保留，作为进一步决策的重要参考。最终决策者根据差别较大的维度信息选出满意的备择方案。

占优启发式模型和"齐当别模型"都不同程度地关注认知与情绪对个体决策过程的影响。占优启发式模型强调抱负水平是人们进行决策的关键。人们具有不同的风险偏好，可能会造成对于同一选择的不同抱负水平，这也会影响决策行为。"齐当别模型"强调不同的个人因素会导致不同的信息搜索过程。占优启发式模型认为人们根据固定的程序搜索信息，似乎没有考虑情绪的卷入。而"齐当别模型"认为人们对各个维度进行差异齐同和差异保留的信息加工过程，就包含个体认知和情绪的因素。相对而言，"齐当别模型"更贴近个体真实的决策过程。

4.4 心理贫穷感与风险偏好水平的相关性研究

本研究对 754 位社会人员进行了问卷调查，采用心理贫穷感量表测量自变量心理贫穷感，采用风险偏好水平问卷测量因变量风险偏好水平，性别等人口学变量为控制变量。结果发现，心理贫穷感对于风险偏好水平的预测作用显著。该结果表明，心理贫穷感水平越高，个体的风险偏好水平越高。

4.4.1 假设

心理贫穷感水平高的个体，在面对与金钱相关的风险决策时，会为了避免失去金钱或追求获取更多的金钱而甘冒风险。从进化心理学的角度来看，生命史理论认为，成长于资源匮乏环境的个体会发展出快策略，而成长于资源富裕环境的个体会发展出慢策略。采取快策略的个体具有更高的冒险倾向、更趋向于短期机会主义、更冲动和自我控制水平更低。从人本主义心理学的角度来看，人们在资源匮乏、物质被剥夺的环境中成长，会造成内心的不安全感。为了平衡内心的不安全感，个体会采取心理补偿的防御措施，甚至会发展出过度补偿。心理补偿一开始往往都是有意识的，这种不安全的加工模式在不断重复中，逐渐发展成为无意识的自动加工模式，并很可能发展成为过度补偿，即对于金钱的过分关注以及非常强烈的占有欲。

假设：个体的心理贫穷感水平越高，其风险偏好水平越高。

4.4.2 方法

在编制心理贫穷感量表的过程中，共施测三次，第一次是邀请心理学领域专家就内容效度进行评估，以及邀请心理学领域专家和社会人员共同对项目语义进行评估；第二次施测是初测，同时施测的有风险偏好水平问

卷；第三次施测是复测，同时施测的有风险偏好水平问卷。通过上网的方式向社会人员发放问卷。初测和复测共成功回收问卷 754 份。根据必要的答题时间和社会赞许性量表的分值，去除无效问卷以及有缺失值的问卷。本研究共获得有效问卷 524 份（见表 4 - 1）。

表 4 - 1　样本描述统计（$n = 524$）

单位：人，%

变量	水平	人数	占比
性别	男性	181	34.5
	女性	343	65.5
年龄	58 岁以上	18	3.4
	48 ~ 58 岁	50	9.5
	38 ~ 48 岁	157	30.0
	28 ~ 38 岁	213	40.6
	18 ~ 28 岁	85	16.2
	18 岁及以下	1	0.2
独生子女	是	212	40.5
	否	312	59.5
受教育年限	9 年及以下	12	2.3
	9 ~ 12 年	22	4.2
	12 ~ 16 年	294	56.1
	16 ~ 18 年	139	26.5
	18 年以上	57	10.9
年收入	5 万元及以下	100	19.1
	5 万 ~ 10 万元	119	22.7
	10 万 ~ 20 万元	148	28.2
	20 万 ~ 30 万元	64	12.2
	30 万 ~ 50 万元	38	7.3
	50 万 ~ 70 万元	22	4.2
	70 万 ~ 100 万元	9	1.7
	100 万 ~ 150 万元	9	1.7
	150 万 ~ 200 万元	4	0.8
	200 万元以上	11	2.1

变量	水平	人数	占比
婚姻状况	无伴侣	162	30.9
	有伴侣	362	69.1
有无子女	无子女	194	37.0
	有子女	330	63.0

4.4.3　研究工具

风险偏好水平为因变量。本研究采用风险偏好水平问卷（Hsee & Weber, 1997）来测量个体的风险偏好水平（见附录 7）。风险偏好水平问卷包括获益和损失两个情境、自己和他人两个主体，2×2 个条件组合下各 7 道风险选择项目，共 28 道单项选择题。如果被试选择不确定方案，即风险偏好，得 1 分；如果被试选择确定方案，即风险规避，则不计分。总量表分数最高为 28 分。如果个体更多地选择不确定方案，而非确定方案，评估的分数就会较高，这一结果表明个体的风险偏好水平较高。此变量为连续变量。

心理贫穷感为自变量。本研究采用自编量表测量心理贫穷感。心理贫穷感量表包含 5 个维度，即不安全感、焦虑感、厌恶感、不满足感和金钱关注，共 15 个项目。该量表是一个 5 点李克特量表。"非常不同意"计 1分，"非常同意"计 5 分。其中维度 I 不安全感的 3 个项目为反向计分，即"非常不同意"为 5 分，"非常同意"为 1 分。总量表的内部一致性信度达到 0.827。总量表与生命史策略 Mini-K 量表显著负相关。总量表分数从最低分 15 分到最高分 75 分。各分量表分数分别从最低分 3 分到最高分15 分。分数越高的个体，表明心理贫穷感水平越高。在某个分量表上得分越高的个体，表明在该维度上的感受水平越高。此变量为连续变量。

以下人口学变量为控制变量。①性别为分类变量。男性计"1"；女性计"2"。②年龄为连续变量。③独生子女为分类变量。是为"1"；否为"2"。④受教育年限为连续变量。⑤年收入为连续变量。⑥婚姻状况为分类变量。无伴侣为"1"；有伴侣为"2"。⑦有无子女为分类变量。无子女为"1"；有子女为"2"。

在数据处理上，本研究采用"问卷星"软件，通过互联网收集问卷数

据；通过 Microsoft Excel 软件进行数据存储和管理。本研究应用 SPSS 20.0
进行数据统计分析工作。主要的统计分析技术包括相关分析、方差分析、
回归分析等。

4.4.4　结果

总的来说，风险偏好水平的均值低于理论中值，说明大多数人的风险
偏好水平较低。偏度大于零，说明风险偏好在人群中的分布偏向右侧，在
右侧有条长尾，有较多的极端值，这小部分个体的风险偏好水平较高。峰
度大于零，说明风险偏好水平在人群中的分布比较陡峭，为尖顶峰（见
表 4 - 2）。

表 4 - 2　风险偏好水平的描述统计（$n = 524$）

	最小值	最大值	均值	标准差	理论中值	偏度		峰度	
						统计量	标准误	统计量	标准误
风险偏好水平	0	28	7.63	5.404	14	0.390	0.107	0.266	0.213

以风险偏好水平为因变量，以心理贫穷感为自变量，以性别、年龄、
独生子女、受教育年限、年收入、婚姻状况和有无子女为控制变量，进行
回归分析（见表 4 - 3）。

表 4 - 3　心理贫穷感对风险偏好水平的回归分析

	非标准化回归系数（B）	B 的标准误差
心理贫穷感	0.248 *	0.115
性别	- 5.340 **	2.021
年龄	0.081	0.125
独生子女	- 1.470	2.037
受教育年限	0.741	0.382
年收入	- 0.003	0.021
婚姻状况	- 3.724	2.959
有无子女	1.156	3.083
常数	48.729 ***	11.531
R^2 修正值	0.021	

	非标准化回归系数（B）	B 的标准误差
模型显著性水平	0.016	
因变量预测值的标准误差	21.390	
N	524	

*$p < 0.05$；**$p < 0.01$；***$p < 0.001$。

回归分析的结果表明：在控制了性别、年龄、独生子女、受教育年限、年收入、婚姻状况和有无子女这几项人口学变量以后，心理贫穷感对于风险偏好水平的预测作用显著（$p < 0.05$）。模型结果显著（$p < 0.05$），R^2 修正值为 0.021，说明该模型可以解释风险偏好水平 2.1% 的变异；心理贫穷感（$p < 0.05$）和性别（$p < 0.01$）可以预测风险偏好水平。心理贫穷感水平越高，风险偏好水平越高。男性较女性的风险偏好水平更高。

4.4.5　结论与讨论

4.4.5.1　心理贫穷感与风险偏好水平

在控制了性别、年龄、独生子女、受教育年限、年收入、婚姻状况和有无子女这几项人口学变量以后，心理贫穷感对风险偏好水平的预测作用显著，即心理贫穷感水平越高，风险偏好水平越高。

越来越多的研究者强调个体的认知和情绪对风险决策的影响（Ariely et al.，2005）。研究者发现，如果人们对将要失去的物品具有较强的情感依恋，那么为了避免失去或损失带来的负面情绪反应，人们将更倾向于避免失去或损失（Kermer et al.，2006）。风险决策还会受到潜意识的影响，决策者对选择会产生某种敏感反应（Erb et al.，2002）。近年来有学者呼吁，决策研究不能只关注选择结果的总体统计，还要注重对个体差异的分析（Gigerenzer & Goldstein，2011）。

心理贫穷感水平高的个体对于损失的心理权重很可能大于心理贫穷感水平低的个体对于损失的心理权重。又或者，心理贫穷感水平高的个体对于金钱有更强烈的情感依恋。因此他们对于失去或损失金钱感到强烈厌恶。心理贫穷感水平高的个体在这种强烈的厌恶感的驱动下，具有更高的损失厌恶水平。此外，心理贫穷感水平高的个体对于金钱的情绪反应更加敏感，对于金钱感到焦虑，对于失去金钱感到厌恶，以及对于金钱感到不

满足。这些负性情绪反应都促使个体更积极地追求获取金钱，或者更谨慎地避免失去金钱。心理贫穷感水平高的个体在生命史策略上更倾向于快策略。根据生命史理论推测，心理贫穷感水平高的个体面对金钱相关的风险决策时，为了避免损失金钱或者追求占有更多金钱而表现出风险偏好。

"齐当别模型"的解释。Herbert A. Simon（1955）提出"有限理性"，认为由于人们认知存在局限，又或者是情绪因素的影响，个体在进行风险决策时，采取一种简单快速的决策过程，而无法做到完全理性。有研究者在"有限理性"的基础上，提出了"齐当别模型"来描述和解释个体决策过程。Li（1994）提出了"齐当别模型"。"齐当别模型"可以很好地解释心理贫穷感水平高的个体面对与金钱相关的风险决策时的决策过程。"齐当别模型"强调不同的个人因素会导致不同的信息搜索过程。不同的个体所关注的维度以及对于维度差异大小的判断，都是因人而异的。对于心理贫穷感水平高的个体，很可能更易被备择方案中的金额维度所吸引，而对概率维度的差异不敏感。心理贫穷感水平高的个体更倾向于根据不确定选项中的最大可能结果和确定选项中的中等可能结果的差异来进行选择，而没有进行理性的计算。最终表现为，更倾向于选择不确定的冒险方案，即便当不确定的备择方案的效用值已经大大低于确定的备择方案的效用值时，个体依然表现出风险偏好。

4.4.5.2　心理贫穷感与风险决策

从日常小事到国家大事，与金钱相关的风险决策无处不在。关于心理贫穷感与风险决策还可以进一步探讨以下议题。第一，损失厌恶。心理贫穷感水平高的个体对于损失的心理权重很可能大于心理贫穷感水平低的个体对于损失的心理权重。又或者，心理贫穷感水平高的个体对于金钱有更强烈的情感依恋。他们对于失去或损失金钱感到强烈厌恶。心理贫穷感水平高的个体在这种强烈的厌恶感的驱动下，很可能更倾向于将拒绝赠予视作损失。预期心理贫穷感水平高的个体，更倾向于损失厌恶。第二，跨期决策。个体选择"较迟的大收益"需要较强的自我控制能力。心理贫穷感水平高的个体在生命史策略上更倾向于快策略。根据生命史理论，快策略的个体更倾向于短期机会主义、更冲动和低自我控制。由此推测，心理贫穷感水平高的个体在跨期决策中，更倾向于选择"较快的小收益"。

然而，心理贫穷感水平高的个体对于金钱强烈的情感依恋，对于失去或损失金钱的厌恶，以及对于金钱的不满足感，也可能促使他们更愿意等待，而选择"较迟的大收益"。第三，社会比较。预期心理贫穷感水平高的个体更倾向于上行社会比较。他们对于环境和未来感到不安全和焦虑，过分夸大金钱的效用，并且对于金钱高度关注、感到不满足。

这些研究成果将有助于理解心理贫穷感的成因及其对个体生存策略和风险决策的影响，具有较大的理论价值与实践价值。聚焦个体差异与风险态度的联系，预期不同心理贫穷感水平的个体在风险偏好上也有所不同，这符合决策研究的新趋势，可以验证个体差异的影响，研究结果将有助于理解社会热点问题。

5　心理贫穷感与物质主义和炫耀性消费行为

美国社会学家凡勃伦（Thorstein Bunde Veblen）在《有闲阶级论》（1899）中将炫耀性消费（conspicuous consumption）定义为：人们通过消费昂贵的商品来显示财富，并希望获得社会地位认同的消费行为方式。炫耀性消费并非富人的专利，每一阶层人群都可能具有追求更高阶层人群消费行为的倾向，而物质主义是其重要原因之一。物质主义是一种强调拥有物质财富重要性的个人价值倾向，把获取物质财富作为生活的中心，相信物质财富是幸福的源泉，并以拥有的财物来评价自己与他人的成功。改革开放 40 多年来，国力增强、经济腾飞，人民物质文化生活水平获得了前所未有的提高，但同时，国人崇尚物质主义的倾向也越来越严重，进而出现了诸多炫耀性消费行为，已然成为被时代所诟病的不良现象。另外，随着时代的发展，特别是进入 21 世纪以来，已经成长起来的年青一代又表现出不同于父辈的价值倾向和消费倾向。他们更加关注自我发展，追求自我表达和个人自由，这种被 Inglehart（1990）命名为"后物质主义价值观"的观念在中国已经开始悄然出现，是一种渐进的代际转变迹象，即中国较年轻的群体正在淡化对物质主义价值观的强调，而日益重视后物质主义价值观。

如何理解物质主义和炫耀性消费行为，并解读 21 世纪以来后物质主义倾向的逐渐兴起，已成为时代的需要，而探寻这些现象产生、发展的原因

和影响因素是研究的重中之重。长期以来，国内外学者对于炫耀性消费的研究集中在对不同阶层、不同文化背景、不同年龄层次的比较，主要是从主观因素如当前地位关注、面子意识、物质主义和自尊水平、自我控制等，以及从客观因素，如参照群体影响、品牌联想、商品稀有性、社会认同等方面展开研究；而对于物质主义倾向的来源和成因，国内外的研究基本都认为物质主义会在当个体需求得不到满足的时候作为一种补偿策略而出现，以消除或缓解个体在经济层面、人际层面和自我身份层面的不安全感；而对于年青一代的后物质主义倾向，仅有的少量研究目前也仅限于在理论层面的推演陈述，实证研究较少。此外，已有研究多是从行为和现象的特征入手，而没有触及背后掩藏的本质，比如个体需求来源、各层面不安全感的成因、不同阶层和群体心理差异的根源等。而解答这些深层次的问题，我们才能够探寻到炫耀性消费行为和物质主义倾向的根本原因，进而提供可能的解决方案。进化心理学关注个体的生存和繁衍，从个体在早年形成的生命史策略和人类根本动机的角度出发，为个体成年后在不同环境下的行为差异提供了解释，这为我们认识和理解个体成年后的物质主义倾向和炫耀性消费行为，以及年青一代不同于他们父辈的后物质主义倾向提供了一个不同的研究视角。

在前人对心理补偿机制论述的基础上，我们可以从进化心理学生命史理论和人类根本动机理论出发，从人类生命早期阶段的童年时期对成年期炫耀性消费行为和物质主义/后物质主义倾向的成因及影响因素进行深度探析。个体童年期社会经济地位影响成年期的炫耀性消费行为，从逻辑上看是合理的，而物质主义倾向在二者之间产生中介效应，即童年期社会经济地位越低，无论其成年后社会经济地位是高或低，都是越倾向于更高的物质主义水平和更高的炫耀性消费行为水平；而21世纪以来年青一代不同于其父辈的童年环境和成长经历，可能是其后物质主义倾向的形成原因。心理贫穷感是从进化心理学的视角提出的全新概念，这一概念为我们更为深入地认识和理解炫耀性消费行为和物质主义提供了借鉴。

改革开放40多年来，随着社会和经济的高速发展，中国已经跃升为世界第二大经济体，人民群众的物质生活水平获得了空前的提高，消费观念也发生了极大的变化。传统的"勤俭节约""量入为出"等不仅是老一辈中国人所崇尚和坚持的，也是经济学中的理性消费者在进行消费决策时应当遵从的一个基本准则。然而，在当今国人的现实生活中，炫耀攀比、未富先奢的现象时有发生。研究发现，人们的消费行为很多确实违背了理性原则，并且社会经济地位处于弱势的群体（如穷人）却往往花费更多金钱在奢侈品和炫耀性产品上，如珠宝、服饰、汽车等（Banerjee & Duflo，2007；Moav & Neeman，2010）。Kaus（2013）在南非的家庭消费数据中发现，黑人在汽车、服饰、珠宝和个人护理产品等可见物品上的花费比相同收入水平的白人高出很多。而在中国，改革开放以来，伴随着 GDP 的快速增长、生活条件的大大改善，拜金主义也开始成为困扰我们社会和谐幸福的大问题（孙时进，2014），收入不高却一身名牌的年青一代随处可见，月光族、信用卡奴、暴发户式消费、富二代炫富等现象日益增多，不少人拿着与自身消费水平极不匹配的工资，却依然执着地追求拥有奢侈品的梦想。更有甚者，有的政府官员贪赃枉法、腐败攀比，种种现象吸引着大众的注意力，刺激着百姓的眼球，挑战着朴素的价值观。

这些现象的背后一定有其深层次的本质原因。为此国内外不同领域的研究者们开展了众多的理论和实证研究，以求获得解释。经济学家 Charles 等（2009）和 Kaus（2013）认为个体通过炫耀性消费来显示收入信息以达到财富展示的效果；心理学家 Rucker 和 Galinsky（2009）从心理需求角度来解释炫耀性消费的非理性，这是从心理补偿的视角出发所进行的研究，这种为了弥补某种心理缺失或避免自我威胁的消费行为也被称为补偿性消费行为。

5.1　炫耀性消费概述

消费是社会学、经济学、心理学的热门研究课题，其中，作为非理性消费的典型代表——炫耀性消费——并非当今时代所独有的现象。在茹毛饮血的原始社会，人们将兽皮不仅作为取暖御寒之用，也作为力量和实力的象征，予以展示和"炫耀"，所以可以说炫耀之心，古已有之。炫耀的行为赋予了商品功用价值之外的符号价值。到了生产力高度发达的现代社会，个人所有物可以参与自我定义和自我概念的形成，成为个体身份的一种延伸，而消费行为占据了人们生活的方方面面，购买商品除了其使用价

值之外，人们也更多地关注商品背后的符号意义（Levy，1980；Zaltman & Wallendorf，1979），于是产生了炫耀性消费行为。

加拿大经济学家 Rae 早在 19 世纪 30 年代就提出了炫耀性消费这一概念，但后来并没有得到持续广泛的关注。当今人们对炫耀性消费这个概念的关注和理解，主要始于美国社会学家凡勃伦，他认为，炫耀性消费是指人们通过消费昂贵的商品来显示财富，并希望获得更高的社会地位的一种消费形式。不仅是富人，对所有社会阶层的人来说，炫耀性消费都是人们消费行为的重要表现形式之一。因为处于中下层的人群可能具有追求高层人群消费行为的倾向，每一阶层的个体都有追求和模仿更高阶层的消费方式的需求，所以，炫耀性消费并非富人的专利，低社会经济地位的个体也拥有炫耀性消费的一系列需求（Veblen，1899）。凡勃伦总结了人们展示社会财富的两种方式：广泛地参与休闲活动，大量地消费产品和服务。他指出这两种方式的共同特点是都包含浪费的成分，第一种方式浪费时间和个人努力，第二种方式浪费商品或服务（Veblen，1899）。之后很多学者沿用了凡勃伦炫耀性消费的概念，如 Bagwell 和 Bernheim（1996）以及 Trigg（2001）。随着时代发展和研究视角的差异，研究者们又给出了炫耀性消费新的定义，如 Belk（1985）认为，炫耀性消费是消费者为了拓展自我，并期望他人以自己希望的方式感知自己而进行的购置与拥有的行为。Marcoux 等（1997）指出，炫耀性消费是多维的一个概念，包括五个维度：①物质享乐主义；②从属或脱离一个群体的交流；③社会地位展示；④人际关系调节；⑤卖弄（指因为是高价格商品，并且这种高价格被他人知晓才购买的行为倾向）。朗文词典也对炫耀性消费进行了定义："以引人注目的方式购买很多，特别是购买很多非必需但昂贵的东西。"

国内关于炫耀性消费的研究主要集中在动机、影响因素及特征等方面。袁少锋等（2009）认为炫耀性消费是个体为了获得社会地位而进行炫示财富的消费活动，是个体向周围重要参照群体展示形象、身份和地位以获得心理满足或特定的需求满足而进行公开消费的行为。石可（2016）认为炫耀性消费是个体为了获得非功能价值而表现出来的独特偏好，进而愿意付出更大的代价来获得炫耀的商品。

综合国内外研究发现，炫耀性消费的概念还没有得到统一，国内外学者多是从炫耀性消费的某些特征出发对其进行操作定义，例如，财富炫耀、显示地位、非功能价值、社会认可等方面。我们可以看到，炫耀性消费是消费者为了满足诸如地位、声望、自尊、自我肯定、攀比、虚荣等特定的心理需求，而将特定的消费向参照群体予以展示的行为，这些行为的动机很大一部分是非理性和消极的，如盲目攀比、爱慕虚荣等；而有的则可能是积极和理性的，如树立自信、获得自尊、自我价值肯定等。虽然众多炫耀性消费依托于金银、珠宝、名表、豪车、豪宅之类的奢侈品，但并不完全等同于奢侈性消费，普通的商品也可能成为炫耀性消费的载体。所以，炫耀性消费不是富人的专利，众多学者的研究表明，处于社会中下层的人群的炫耀性消费欲望可能表现得更强烈（Banerjee & Duflo，2007）。

综合已有研究结果，本书认为，炫耀性消费是消费者为满足特定的心理需求而将特定的消费活动向参照群体予以展示的一种消费行为。在外在表现形式上，炫耀性消费就是将特定消费行为向他人展示的行为；在内在心理动机上，炫耀性消费的动机有些相对理性，有些相对非理性；在客观对象上，炫耀性消费商品需要具备在特定群体中能够显示出个体期望展示的某些特征；在行为主体上，炫耀性消费行为并非富人的专利，任何阶层的人都可能是炫耀性消费的主体。

5.2　炫耀性消费的影响因素

5.2.1　炫耀性消费的主观因素

炫耀性消费的主观影响因素主要有地位关注、面子意识、消费者自我、物质主义等。凡勃伦（Veblen，1899）对炫耀性消费的定义就认为其是个体通过展现财富来显示社会地位。人们对地位越关注，炫耀性消费行为就越多。Richins 和 Dawson（1992）研究发现，物质主义与炫耀性消费正相关，物质主义倾向水平越高，越具有炫耀性消费的欲望。Wong（1997）的研究同样表明，物质主义者通常通过炫耀性消费来展示自己的成功、身份地位或唤起他人的嫉妒。Trigg（2001）指出，人们渴望向较高社会阶层靠拢，会通过炫耀性消费模仿较高阶层人群的生活方式。Ball 等（2008）认为个体在社会中的相对位置能够对其主观幸福感产生积极影响。Lee 和 Shrum（2012）认为当个体被忽视并受到社会排斥时，会进行炫耀性消费

以证明自身能力。

国内对炫耀性消费主观影响因素的研究主要集中在面子意识、权力、地位等方面。在集体主义文化背景下，因为一个人的多重身份，所以中国人有很强的面子意识，而面子与社会关系的联系又影响了个体的消费行为。袁少锋等（2009）研究发现，在中国的情境下，面子意识同炫耀性消费正相关，特别是与对高层次身份地位的向往关系显著。此外，权力水平正向促进了炫耀性消费行为，且面子意识在两者之间起中介作用（杜伟宇、许伟清，2014）。但是关于自尊的实证研究结果，国内外的研究出现了不一致的声音。Sivanathan等（2010）发现低收入者具有较低的自尊水平，为了弥补自信和自身地位的不足，表现出更多的炫耀性消费行为；而在对中国消费者的实证研究中，袁少锋（2011）和徐莹（2015）发现个体自尊水平越高，炫耀性消费行为越多，个体的自尊水平与炫耀性消费呈正相关。这一差别是否由文化差异造成，后续还需要更多的研究予以证实。

5.2.2 炫耀性消费的客观因素

炫耀性消费的客观因素主要有参照群体影响、品牌联想、商品稀有性、社会认同等。国外学者 Marcoux 等（1997）发现人际交流、相互影响是炫耀性消费的一个重要维度。Leibenstein（1950）提出了"消费外部性"理论，认为炫耀性消费中商品稀有性有重要作用，如果商品的使用者较多，其效用将趋于下降，尤其是类似于汽车、高档手表和高档化妆品之类的炫耀性产品（Amaldoss & Jain，2005）。O'cass 和 Frost（2002）认为，品牌情感、品牌象征性和品牌形象与个体的自我形象一致性对炫耀性消费有着显著的正向影响。Charles 等（2009）发现参照群体的平均收入水平对群体内个体的炫耀性消费有着显著影响，尤其是收入水平低于平均消费者的个体。此外国外也有少量研究从进化论的角度进行探析，Griskevicius 等（2007）从异性吸引的角度对炫耀性消费进行研究，发现在启动被试配对动机的情境下，男性更愿意对奢侈品进行支付，表现出更强的炫耀性消费倾向；Fraja（2009）认为人们可以通过炫耀性消费的方式将自身较难被观测到的积极特质传递给异性，达到获得理想伴侣的目的。

国内学者的炫耀性消费客观影响因素研究没有国外那么丰富。袁少锋等（2009）认为参照群体对炫耀性消费有显著的正向影响；杨淑萍（2014）认为中学生的消费行为具有面子性、攀附性、独特性和符号性等炫耀性特征，进而影响他们的自我认同建构；卫利华、王祥兵（2014）的研究发现，行为倾向的三个维度——行为态度、主观规范、知觉行为控制，对炫耀性消费起到显著的正向作用；陈姝（2016）认为，大学生的炫耀性消费表现在展现个性、维护面子、喜好品牌和人际交往四个方面；张小莉等（2017）聚焦农村及农民工这一特殊群体，发现农村结婚高消费、天价彩礼和大场面等现象都呈现炫耀性消费的典型特征；梁彩花等（2010）发现，返乡农民工在吃、穿、行上都表现出不同程度的炫耀性消费特征。

　　综上所述，国外学者们做了大量研究，国内学者也在不同的文化背景下丰富了研究。但正如 Saad（2007）所认为的，目前消费心理学领域的研究基本都是基于近端层面（proximate level）对人们的消费决策与行为进行探讨，并认为人们在各个消费领域具有相同或类似的认知过程和决策机制，即存在领域一般性（domain-general）的消费决策机制；与此不同的是，进化心理学则可以从远端层面（ultimate level）探讨个体的消费决策和行为背后的深层次原因，并认为人们的认知和决策过程具有领域特殊性（domain-specific），即不同的领域具有不同的心理模块及其对应的心理机制和认知决策过程。值得注意的是，Fraja（2009）从进化论的角度分析了性吸引对炫耀性消费的重要影响，认为性是对消费行为影响的效用起源；国内学者张雷、朱小琴（2014）也从进化心理学的领域特殊性根本动机系统出发，对人们的消费心理进行了探析研究。本书认为，个体炫耀性消费行为背后的动机来源不仅仅是近端层面，也需要从进化心理学的生命史理论角度出发，基于远端层面追溯到个体童年早期，童年早期不同的经验使不同的个体在人类根本动机的表现上呈现差异性，而由童年早期经验所直接影响的个体不同的生命史策略，会在其成年后继续发挥作用，进而影响个体的消费行为，这正是需要我们进行深层探寻的原因。

5.3　物质主义和后物质主义

5.3.1　物质主义的概念及测量

　　物质主义是一种强调拥有物质财富的重要性，并以此界定自我概念与个人成就的个人价值观（Richins & Dawson，1992），这是目前被普遍采用

和广泛认可的物质主义概念，认为物质主义的本质是一种价值观，帮助个体在许多情境中做出决策选择，其中包括本书所关注的消费领域。根据这一定义，Richins 和 Dawson（1992）编制了被广泛使用的物质主义价值观量表（Materialism Values Scale，MVS），包括三个维度：获取中心（central-ity），指的是把获取物质财富作为生活的中心；获取快乐（happiness），指的是相信物质财富是幸福和快乐的源泉；经济成功（success），指的是以拥有的财物来评价自己与他人的成功。除了价值观取向的定义之外，其他研究者也从不同的研究视角和取向上对物质主义进行了操作性定义，如特质取向认为物质主义者的特质是占据、嫉妒、吝啬与收藏四种人格特质的集合（Belk，1985；Ger & Belk，1996）；目标内容取向将物质主义定义为关注经济成功、地位和美貌等外部目标，而忽视了个人目标，诸如自我成长、帮助他人和健康等（Kasser et al.，1995）；金钱态度取向，认为物质主义者把金钱视为成功的象征（Dittmar et al.，2014）；此外物质主义还有工作价值观取向的定义（Vansteenkiste et al.，2007）。

Richins 和 Dawson（1992）编制的物质主义价值观量表被大量研究证明具有很高的内部一致性信度，是目前国内外实证研究中使用最多的一个物质主义量表。2004 年 Richins 和 Dawson（2004）对 1992 年版的量表进行了修订，将原有的 18 个项目修订成了 15 个项目。后来的实证研究结果证明其具有更好的维度属性。另外，为了使该量表更具实用性，他们还设计了简化版本的 9 个项目和 3 个项目的量表。国内学者李静和郭永玉（2009）在实证研究中对 Richins 和 Dawson 的物质主义价值观量表进行了中文版修订。

5.3.2 物质主义的影响因素

有研究发现经济、情感、生存等方面的不安全感会导致物质主义。Kasser 和 Ryan（1993）的研究表明经济、情感、生存等多方面产生的强烈不安全感使个体内部处于失调状态，并驱使人们追求物质主义目标，以之作为补偿策略满足个人的安全需要，缓解相应的压力和焦虑。Ahuvia 和 Wong（2002）研究认为，儿童早期经济不安全的个体，在成年后具有物质主义人格特质的倾向更高。Allen 和 Wilson（2005）发现低社会经济地位的儿童体验到饥饿、营养不良等食物不安全感，个体在成年后将会更倾向于

150

物质主义。

　　研究发现人际不安全感也会导致物质主义，来源主要是家庭环境和父母的养育方式。Rindfleisch 等（1997）的研究表明，在不完整的家庭里成长起来的个体拥有更高的物质主义水平以及强迫性消费行为倾向。Kasser 和 Ryan（1993）发现，家庭环境不支持个人成长和自我表达与成年后的物质主义水平相关，冷漠、不民主的家庭，其子女往往更加重视经济成功的价值。Flouri（2004）发现父母冲突会增加子女的人际不安全感而导致其具有物质主义倾向。人本主义心理学家马斯洛认为，当一个家庭不能提供安全和支持的环境时，子女会暂时隐藏他们的欲望以维持安全的需要，而成年以后将会形成一种强烈的安全需要，并且可能会通过努力获得经济成功来予以弥补（Kasser & Ryan，1993）。

　　研究发现身份的不安全感同样可能导致物质主义。Christopher 和 Schlenker（2004）认为，物质财富能够被用来向他人表明自己的身份，影响他人对自己的印象，他们的实证研究还发现，对消极评价的恐惧和对身份的关注会显著提升个体的物质主义水平。Christopher 等（2006）认为，如果人们对自己的身份感到不安全，他们会试图通过获得财物来提升自己的身份。

　　英格尔哈特（Inglehart，1990）提出了"后物质主义价值观"的概念和"价值观的代际转变"（intergenerational value change）理论，认为价值观转变基于两个关键假设：第一是匮乏假设（scarcity hypothesis），第二是社会化假设（socialization hypothesis）。匮乏假设认为个人的优先价值观反映的是其社会经济环境相对较为缺少的事物；社会化假设认为基本价值观主要取决于个体未成年期占主导地位的一些条件。英格尔哈特（Inglehart，1990）据此认为个体若是在一种经济被剥夺的环境中成长，会形成一种主观的经济不安全感，致使其成年后看重物质的成功；相反地，如果个体在相对富裕的环境中成长，则可能会更加强调归属感、尊重、审美、知识等"后物质主义"目标，从而形成后物质主义价值观倾向。英格尔哈特认为物质主义是强调经济和人身安全的价值观，后物质主义是强调自主和自我表现的价值观。英格尔哈特利用 EdricSeng-Liang 在 1984 年的调研得到的数据，发现在 20 世纪 80 年代，中国内地的年轻人比年长者更倾向于物质主

义，年轻人更加看重物质，信奉勤劳致富的理念，于是他认为，西方已经完成了从"前工业价值观"到"物质主义价值观"的转变，而这一转变在中国内地却在 20 世纪 80 年代才刚刚起步。英格尔哈特通过纳入了中国数据的世界价值观调查 WVS 发现，中国内地已经开始出现渐进的代际转变的迹象，年轻的群体正在淡化物质主义价值观，而更加偏向于后物质主义价值观。

梳理国内外关于炫耀性消费和物质主义的文献，我们发现大量研究基于心理补偿理论的视角，认为炫耀性消费行为和物质主义倾向与个人的不安全感密切相关。而本书认为，仅仅从基于近端层面的不安全感，进而作为补偿手段出现炫耀性消费行为和物质主义来开展研究远远不够，如前文所述，我们需要从进化心理学的视角，基于远端层面更为深入地探寻不安全感的来源。

进化心理学的生命史理论和人类根本动机理论则给予了恰当的解释。生命史理论认为，为了更好地适应环境，人们面临着一个如何更好地把自身有限的时间、资源和精力分配到与生存和繁衍有关的任务上的问题。如果在特定环境中，物种能够实现自身资源的最优分配，则更可能在严酷的自然选择中存活下来。人类在童年期的成长环境很大程度上决定了其个体生命史策略的形成。若个体在童年时期生活在严酷、不确定和资源稀缺的环境中，成年后将可能采取快策略，也就是短期和快速的变现行为更多；相反，当儿童生长于富裕、安全的环境时，成年后将可能采取慢策略，决策也就更具长远性。因此童年期确定的生命史策略将会对成年个体的物质主义倾向和炫耀性消费行为产生深远影响。

5.3.3 物质主义与消费行为

物质主义和个体的消费行为密切相关。Eastman 等（1997）研究发现，高物质主义的个体倾向于通过向他人展示自己的财富来证明自己的成功，并彰显自己的高身份地位，所以他们更加偏好声望产品；Liao 和 Wang（2009）研究表明，高物质主义者的品牌意识更强，并且对于通过消费名牌产品获得一定的社会地位和身份更加感兴趣。事实上对这些声望产品或知名品牌产品的消费都带有明显的炫耀成分。中国国内狂热的奢侈品消费也可被认为是炫耀性消费。因此我们可以推论物质主义与炫耀性消费存在密切的联系。在国内炫耀性消费泛滥的背后有着物质主义价值观所施加的影响，并且是物质主义价值观的一种体现。

5.3.4 后物质主义与"价值观的代际转变"理论

英格尔哈特（Inglehart，1990）提出了"后物质主义价值观"的概念，这是一种不同于物质主义，而强调注入归属感、尊重、审美、知识等后物质主义目标的价值观倾向。体系层面的转变和个人层面的转变相互关联，经济和科技的快速发展满足了更多人的温饱需求；受教育水平的整体提高，让更多人获得更加开阔的视野，并有机会接触到更为宽泛的信息；而通信技术的快速发展、因特网等虚拟世界的信息联通，让人们突破了物理区域的间隔，获得了前所未有的深入交流的机会。技术的变革、社会的发展，让身处其中的现代人越来越重视寻找归属感、获得尊重和寻求个体自我价值的实现。因此，英格尔哈特认为，随着时代的发展和进步，强调个体自主和自我实现的后物质主义价值观将逐渐取代强调经济和人身安全的物质主义价值观。

本研究认为物质主义价值观和后物质主义价值观的代际转变可以从心理学的角度给予认识和理解。首先，进化心理学认为人类的根本动机决定了行为表现，而生命史理论告诉我们个体童年期环境和社会经济地位影响其不同的根本动机的优先选择，从而决定了其一生相对稳定的生命史策略，进而呈现为不同的行为选择。生命史理论认为，为了更好地适应环境，人们面临着一个如何更好地把自身有限的时间、资源和精力分配到与生存和繁衍有关的任务上的问题。人类在童年期的成长环境很大程度上决定了其个体生命史策略的形成。价值观作为个体相对稳定的行为表现，也将在其童年阶段予以确定。所以物质主义价值观和后物质主义价值观的选择将取决于个体的童年时期。这也是英格尔哈特"价值观的代际转变"理论的进化心理学解释。其匮乏假设可以从人类根本动机角度予以分析，正是个体相对匮乏的事物激发了其根本动机，从而表现出不同的行为策略；而社会化假设也暗含了个体生命史策略的选择取决于其未成年期的社会经济条件。

5.4 研究的理论视角和基础

5.4.1 已有的理论解释——心理补偿和补偿性消费

关于物质主义和炫耀性消费行为，现有研究大多从心理补偿（Adler et al.，2000）视角展开。不同的学科领域经常使用补偿这个概念，心理学中的"补偿"是指个体为弥补自身某方面的心理劣势感，而努力在其他领域获得成功以获取心理安慰和满足的过程，可以被视为一种心理适应机制。前文中提到，英格尔哈特（Inglehart，1990）在"价值观的代际转变"理论中认为，个体所遵循的优先价值观反映了其所处的社会经济环境，这一环境中所缺乏的方面将会内化为个体主观上的匮乏感，而这种匮乏感的来源很大程度上是个体在其未成年期所处的社会经济环境所导致，当这些个体成年后，这种匮乏感所导致的不安全感可能仍然持续存在，个体为寻求补偿而看重物质的成功，成为高物质主义者。所以从进化心理学角度来分析，个体童年早期的匮乏状态可能影响其成年期的物质主义价值观倾向以及消费行为。这也可认为是一种心理补偿。

20 世纪 80 年代的"补偿性消费"（compensatory consumption）的概念被认为可作为一种替代的心理需求满足工具，其实是上述补偿理论的一种延伸。Gronmo（1988）首先提出，补偿性消费是一种为了弥补心理需求未获得满足而做出的消费行为，原因是作为消费者的个体整体自尊或自我实现感的缺失；Grunert（1993）认为任何普通的个体消费者都有可能表现出各种各样的补偿性消费行为；Woodruffe（1997）提出当个体感受到需求和欲望未获得满足时可能产生匮乏感，此时购买行为就有可能作为替代方式以满足个体需求，这种购买行为即可称为补偿性消费；Rucker 和 Galinsky（2009）认为补偿性消费强调的是消费行为作为满足需求的一种替代性手段和工具，而非重点体现产品的功能性价值，补偿性消费是指个体有意无意地通过消费行为来弥补身份威胁以达到一种理想的心理状态。

而所谓过度补偿（overcompensation）就是个体采取的补偿行为已经超出了所需要解决的情境的要求。对环境的安全感需要从童年时期开始建立。若个体没有建立起安全感，那么极有可能形成一种不安全的内部心理加工模式，并长期影响其社会行为。为了平衡内心的不安全感，个体会采取补偿的心理防御机制，甚至会过度防御与补偿，并逐渐转化为个体无意识的自动化行为，最终延续到成年时期。补偿行为开始的前提是个体拥有的能力水平与其需要解决的情境的不匹配。大多数的补偿行为一开始是有意识的。随着补偿行为的进一步发展，有意识的补偿行为渐渐转化为无意识的自动化行为。

本书认为炫耀性消费行为作为一种补偿性消费行为方式，还需要更深入地去探究行为背后的动机所在，而进化心理学中的生命史理论，以及对于人类根本动机的探讨为我们提供了独特的研究视角。

5.4.2　新的理论解释——进化心理学的视角

5.4.2.1　人类根本动机理论

消费与个体的动机密切相关，所以对消费行为的研究，需要在个体动机层面展开探究。马斯洛需求层次理论是人类动机研究广为人知的理论之一。这一理论认为人类需求包括五个层次，从低到高分别为：生理需求、安全需求、归属感需求、尊重需求与自我实现需求。然而马斯洛并未解释这些动机或需求为什么会存在，比如为什么归属感被需要，为什么需要购买礼物送给爱人、朋友，在进化心理学的理论框架下，这些远端层面的"为什么"的问题可以得到很好的回答。进化心理学认为归属感需求是群体生活的需要，我们的祖先不能依靠个人防御外敌获得食物，归属感作为一种心理机制对我们的祖先具有重要的作用，他们借此维系着群体中的各种关系，这种在进化过程中所产生的需求一直延续至今。这也是为什么食物销售总是强调营养丰富和健康，而防盗锁具则强调安全坚固和耐用，它们满足了人类生存和安全的需求；男性购买昂贵的跑车，女性购买优质的化妆品，甚至不惜去整容，这些炫耀性消费行为可能都与择偶动机有关，根本目的是提高性吸引力。

基于进化心理学的观点，Kenrick 等（2010）提出了人类根本动机理论，该理论认为人类的根本动机源于人类祖先解决生存和发展过程中反复出现的一系列适应性问题。这些适应性问题包括生存、繁衍、亲缘和互惠关系等，其相应的根本动机就包括自我保护、避免疾病、远离病菌、结交同盟、追求地位、择偶（包括寻找、吸引异性和留住配偶）、照顾亲人、抚养后代等。Griskevicius 和 Kenrick（2013）认为根本动机系统的核心特

征是，与适应性问题相关的线索可以启动人类相应的根本动机，进而主导个体的认知和决策，并最终形成个体相应的心理和行为模式。Griskevicius和Kenrick（2013）在他们的著作《理性动物》中阐释了从进化心理学角度分析的人类根本动机，认为在人类的大脑中包含7个内在的次级自我：自我保护型、避免疾病型、社交型、社会地位型、择偶型、留住配偶型、育儿型。正是这7个次级自我掌管着我们的思想和行为，让我们在不同的情境下做出不同的决策，甚至是不理性的、匪夷所思的决策。

这7个内在的次级自我，正是人类行为的根本动机。其中与消费行为密切相关的是社会地位、择偶繁衍和亲缘利他的动机。人类成功繁衍必须解决的问题包括吸引并获得异性伴侣、成功生育后代、成功抚养后代等。这些反复出现并在之后一直存在的适应性问题赋予了人类繁衍模块的根本动机以及相应的适应性特征，从而使人类表现出类似的决策与行为。而出现在人类发展进程中的消费行为也是人类解决适应性问题的反映，人们的物质主义倾向和炫耀性消费行为往往与人类自我保护、追求社会地位、社交需求和择偶等根本动机相关联。

综合以上分析，本研究认为进化心理学的人类根本动机理论是解释物质主义和炫耀性消费的一个重要的视角，个体行为的研究不能够脱离对于动机的探讨。社会地位、择偶繁衍和亲缘利他的人类根本动机可能会影响个体物质主义价值观的形成和炫耀性消费行为的选择。所以对于个体不同的根本动机的来源进行深度探讨，将会帮助我们更好地理解和认识物质主义和炫耀性消费行为。

5.4.2.2　生命史理论和生命史策略[①]

生命史理论和生命史策略提供了一个从进化心理学的视角来分析人类行为的方向。成年个体的物质主义倾向和炫耀性消费行为可能与其童年早期的贫困经历所形成的快策略有关。正是因为成长的时代背景不同，导致不同的生命史策略的选择，所以，国内学者认为，要想在"文革"期间成长起来的一代人形成英格尔哈特所说的"后物质主义"（孙时进，2014），或进入郑也夫所说的"后物欲时代"（郑也夫，2007）可能不易，但在富

---

① 详见第三章。

裕的环境中长大的年青一代倒真有可能认真审视金钱、物质和消费的意义。

5.4.2.3　心理贫穷感与物质主义和炫耀性消费的关系

徐斐和孙时进（2019）基于进化心理学的理论视角提出了心理贫穷感的概念，通过对话生命史理论、马斯洛需求层次理论与过度补偿理论，推演了心理贫穷感存在的可能性，认为心理贫穷感是一种与金钱相关的、相对稳定的内心感受，是个体对于自身经济状况的不安全感、不满足感，它既有认知的成分，也有情绪的成分。心理贫穷感包括五个维度：不安全感、焦虑感、厌恶感、不满足感和金钱关注。从心理贫穷感的五个维度出发，结合物质主义和炫耀性消费的概念，我们可以很自然地推导出，心理贫穷感水平越高的个体，其物质主义价值观水平越高，且会表现出越多的炫耀性消费行为。

徐斐和孙时进（2019）的实证研究表明，童年社会经济地位对于成年后个体心理贫穷感的预测作用显著，对于不安全感和焦虑感两个维度的预测作用显著，即童年社会经济地位越低，成年后个体心理贫穷感水平越高，其不安全感、焦虑感水平越高。结合上文我们对生命史理论和人类根本动机理论所做的分析，可以得出，童年社会经济地位越低，个体成年后的心理贫穷感水平越高，其物质主义水平和炫耀性消费行为水平越高。当个体的心理贫穷感水平较高时，不安全感、不满足感和焦虑感会促使个体采用补偿性策略，因而出现炫耀性消费行为，表现出高水平物质主义倾向。

结合中国的实际国情，我们发现，由于经济发展水平的差异，成长于新中国不同年代的个体在安全感上很可能有所不同。改革开放之前，中国社会经历过三年困难时期、"文革"、"上山下乡"等，成长于这些时期的人们不得不勒紧裤腰带过日子。改革开放之后成长起来的"80后""90后"个体，基本称得上是衣食无忧，有的人甚至家庭经济条件相当优越。所以，不同成长年代的个体可能在心理贫穷感上呈现差异，并由此导致不同的消费理念和物质主义倾向。正如孙时进（2014）所论述的：对一个国家来说，解决精神的贫困比解决物质的贫困来得更困难，也更慢，俗话说，贵族的养成需要三代人的时间，就是这个意思。如果说三十几年的改革开放让我们基本上摆脱了物质上的贫困，让国人，起码是我们的第二代

富了起来，而要摆脱精神上的贫困和贪欲，让我们"贵"起来，可能需要更多的时间。今天该是我们摆脱物欲之困扰，寻找精神家园、开启"心长征"的时刻了。

综上所述，本研究认为心理贫穷感虽然是一个较新的概念，但它对于我们理解和认识物质主义和炫耀性消费是一个心理学上非常适合和具有说服力的概念。

5.5 总结与展望

本书细致梳理了物质主义和炫耀性消费行为的概念及影响因素，提出需要基于远端层面追溯到个体童年早期，更为深入地探寻物质主义和炫耀性消费行为的原因。依托进化心理学的生命史理论和人类根本动机理论，我们发现童年早期的不同经验使不同的个体在其人类根本动机的表现上呈现差异性，而由童年早期经验所直接影响的个体不同的生命史策略，会在其成年后发挥作用，进而影响个体的消费行为和物质主义倾向。心理贫穷感概念让我们有了一个全新的视角，去分析和理解物质主义和炫耀性消费，以及中国年青一代不同于其父辈的后物质主义倾向。

依据本章的论述，结合国内外的研究进展，笔者提出未来的研究方向。

第一，童年社会经济地位、心理贫穷感与物质主义和炫耀性消费行为的关系是本位的理论推演结果，未来需要在不同阶层、不同年龄层次、不同地域的群体中进行实证分析，以求获得验证；心理贫穷感是一个全新的概念，其概念的内涵和维度以及测量方法等需要进行大量的实证研究予以丰富和完善。

第二，炫耀性消费行为和物质主义一样，都兼有理性和非理性的原因，如何纠正和规避非理性的因素将是下一步这一领域研究的一个方向，从而为全面而正确地认识这两个概念，以及在现实社会中消除其不良影响提供理论和实践的支持。

第三，以儒家伦理道德为核心的中国传统价值观不排斥物质主义，但提倡自我超越，强调自省和自我约束，重义轻利，提倡节俭。这些特点使中国传统价值观能够促进人际和谐，保持个体心理平衡，维护个体心理健康。因此，中国传统价值观与炫耀性消费和物质主义存在一定的矛盾和冲突。特别是以儒家思想为核心的中国传统价值观提倡仁义礼智信、温良恭俭让，这些特点都是与物质主义和炫耀性消费行为相抵触和冲突的。所以本书认为中国传统价值观能够在一定程度上抑制国人的物质主义倾向，减少炫耀性消费行为。这可能也将是下一步研究的一大方向。

第5章　研究结论与展望

通过理论对话、逻辑推理和实证研究，先前研究将起源于童年物质逆境而形成的心理模式概念化为"心理贫穷感"，将其定义为个人稳定的、与符号化物质需求即金钱相关的内在感受，进而指出其衍生的认知情绪模式以不安全感、焦虑感、厌恶感、不满足感和金钱关注为主要特征，并因此产生相应行为。心理贫穷感概念无疑是未来实证研究的基础，而在更宽泛的意义上，这一研究正为现实世界中已被习以为常的特定社会现象做出富有成效的解释。作为一种社会事实，贫穷不仅体现着广泛存在于每一社会中的底层生活状态，同时，它也代表着一类能够留下持久痕迹并产生系统性问题的历史性结构根源。就这一意义而言，对心理贫穷感的讨论不仅揭示了个体与社会环境密不可分的影响，更以新的叙事框架拓展了社会心理学的研究议程。

数十年来，微观认知过程与宏观社会过程的联系一直是社会心理学试图把握的关键议题。在这一议题上，当前的研究文献已为我们揭示了宏观意义上的物质、符号资源分配模式对微观层面的认知现象和社会心理特征的影响。然而，目前仍有许多重要机制尚未得到细致考察，包括某一特定社会环境中，诸如贫穷一类的历史性宏观现象如何影响产生了社会成员所普遍具有的、"自成一体"的心理行为模式。长期以来，尽管国内社会心理学研究一直对转型时期的社会心理现象表现出兴趣，就其研究范式而言却始终缺乏对宏观结构的根本把握，从而难以呈现由社会现象到个体内部认知模式的真实图景。对此类结构性问题普遍的关注缺失，不仅显示了相关研究领域内部存在的不足，更进一步启发我们看到在无意识层面无法表征的现象在其他领域得以重现；或就拉康精神分析术语而言，在学科议程内部以及与之有关的话语中共同缺失的"实在的"、普遍性的符号化。

实际上，"心理贫穷感"概念并不是一个局限于当前所谓主流心理学的研究议题。一方面，研究试图通过探讨这一具体而被忽视已久的问题，为转型时代中国社会的独特现象做出有效的理论解释；另一方面，在更宽泛的意义上，研究借由讨论那些在长时间内相当程度上被忽略的问题，进一步洞察这种遮蔽背后更深刻的本质，例如，有关无意识如何在冲突中缘起并在个人之外的世界中扩张的更为基础性的作用机制。因此，心理贫穷感研究所得到的并非一个封闭的结论，而是开放性的问题起点，推动着我们进一步理解现实世界及其精神表征与个体无意识的相互缠结。

1　当前文献中的"贫穷"与心理研究

客观而言，对经济劣势地位即贫穷现象的关注并不罕见于当前的社会心理学研究文献。在个体主义、科学主义思潮的影响下，大多数研究着眼于个体心理的微观现象，聚焦于个体社会行为与心理特征。这类研究通常以个体的社会属性为测量指标，代表个人在社会分层等级序列中所处的位置，而在社会因素影响下产生的不同心理特征也可由类似的渐次序列来呈现。关注个体社会属性的心理学研究起源时间较早，研究文献数量较多。在这类研究中，个体社会属性与心理现象之间通常被认为具有稳定联结，而不同研究则往往致力于探讨其联结的具体方式和中介机制。

1.1　心理贫穷感与个体认知功能

1.1.1　高心理贫穷感会降低个体对与金钱相关刺激的认知功能

Alder（1982）认为每个人都有不同程度的自卑感，这可能源自早年较差的生活环境、生理上的缺陷或者技能上的低下。为了平衡自卑感带来的不愉快体验，个体会采取各种各样的手段进行弥补，也就是补偿。当个体所采取的补偿行为已经超出所需要解决的情境要求时则会成为一种过度补偿行为。在认知层面，过度补偿策略要求进行持续自我监控，因此会增加认知负荷产生额外压力（Smart & Wegner，2000）。当人们在经济被剥夺的

环境中成长（童年贫困）时，会因此产生经济压力或经济不安全感。为了应对这种压力和不安全感，个体启动心理补偿的防御机制，有时这种心理补偿会发展成为过度补偿，并且这种影响可能一直延续到成年时期。有研究显示，家庭经济状况较差并且家庭较长时间处于由经济导致的焦虑会对儿童脑部发育及认知功能产生影响（Blair et al.，2016），并且贫困也会对成年个体的认知功能产生阻碍作用（Mani et al.，2013）。现有的理论和数据表明，贫困对认知的长期影响可能是累积的，儿童时期的贫困可能会阻碍大脑发育并最终降低成人的认知能力（Evans & Schamberg，2009）。

与此同时，有研究发现：童年贫困可以改变成年情绪调节神经电路（Liberzon et al.，2015；Sripada et al.，2014），童年贫困与减少默认模式网络（Default Mode Network，DMN）连接有关，这与社会压力预期的较高皮质醇水平相关联。而 Javanbakht 等（2015）发现，经历过童年贫困的成年人对威胁拥有更高的杏仁核和内侧前额叶皮质（mPFC）反应，经历过早期贫困的成年人对于社会威胁线索更敏感，对于积极的社会线索则不那么敏感，因此也更容易感受到不安全和对未来感到焦虑。压力会影响个体的内心感受，产生更强的不安全感，而不安全感又会引发对于未来和资源的焦虑感。因此，童年期和成长经历中长期处于经济压力中的个体，其与金钱相关的认知功能可能存在障碍，由此导致成年后对金钱更为敏感，心理贫穷感水平更高，进而导致与金钱相关刺激的认知功能受到抑制。

1.1.2 高心理贫穷感个体对于金钱相关刺激存在注意偏向并导致抽离困难

注意是心理活动对一定对象的指向和集中，是伴随着感知觉、记忆、思维、想象等心理过程的一种共同心理特征。注意有两个基本特征：指向性和集中性。而注意偏向是个体对特定信息的选择性注意。研究显示，情绪信息会影响个体注意朝向，尤其在伴有焦虑、抑郁、恐怖等情绪的个体身上表现最为明显，他们会对特定情绪信息具有注意偏向或注意增强现象。

贫困会吸引注意力，触发侵入性思维，减少认知资源，这个过程本身可以被描述为"压力"——由某种触发引起的持续的心理参与。对于这一现象的解释，注意力捕获是最引人注目的解释机制，与稀缺性对借贷的影响相匹配（Shah et al.，2012），并且与贫困以外的稀缺领域中观察到的需求和分心相一致。贫困可能会通过改变人们的情感状态来影响认知负荷水平（Hermalin & Isen，2000；Oswald et al.，2008）。当个体内心体会到与金钱相关的不安全感和焦虑感时会有意识或者无意识地寻求心理补偿，而这种补偿的心理加工模式不断重复最终可能发展为一种无意识的自动反应模式，个体在不安全感和焦虑感的驱动下，希望能够更大可能地占有金钱。在心理补偿机制的推动下，个体会通过占有金钱平衡内心的不安全感和焦虑感，对失去金钱产生强烈的厌恶感，在获取金钱方面强烈地感到不满足，最终导致个体对金钱的效用过分夸大，对于金钱高度关注。

　　心理贫穷感的内在加工机制使个体对于拒绝金钱的负面情绪更强烈，促使个体更加倾向于将拒绝赠予视为损失。Richard Thaler 于 1980 年发现的"禀赋效应"显示，如果人们对将要失去的物品具有较强的情感依恋，往往会高估损失带来的负性情感反应，从而导致损失规避（Kermer et al.，2006）。高心理贫穷感的个体由于对金钱存在不安全感和焦虑感，会导致对金钱相关刺激的敏感性增强，对阈上和阈下金钱启动都会产生影响。Bijleveld 等（2009）设计了一项数字回忆任务并用眼动仪记录被试的瞳孔尺寸，研究结果显示：无论被试是否能意识到金钱的存在，高奖励条件下的瞳孔尺寸均大于低奖励条件下的瞳孔尺寸；Bijleveld 等（2012）结合"手指敲击任务"（finger-tapping task）进行研究，结果显示，无论奖励刺激是否被被试意识到，在高难度任务下，被试敲击速度都更快；Bijleveld 等（2011）运用注意瞬脱范式发现，在无意识条件金钱启动下，个体能够提高在注意瞬脱任务中的表现，而在阈上金钱启动下，结果却正好相反；Zedelius 等（2011）研究发现，个体在阈下奖励刺激下的记忆成绩优于阈上奖励刺激下的记忆成绩；Capa 等（2013）根据记忆更新范式（memory updating paradigm）研究发现：不论奖励刺激处于阈上还是阈下，高奖励诱发下的记忆效果总是优于低奖励诱发下的记忆效果，成功证明了无意识金钱刺激可以提高更新能力。因此，高心理贫穷感个体对于金钱感到内心焦虑和不安全，会导致个体对金钱相关刺激给予更多的注意偏向，这种注意偏向在更多时候是在个体无意识条件下启动，因此个体针对金钱刺激相关的反应更加敏感并导致抽离困难。

1.1.3　高心理贫穷感个体对于金钱相关决策的知觉敏感度更低

Knight（1921）把不确定性决策分成了两类：风险决策和模糊决策（decision making under ambiguity）。风险决策是指决策者在对未来情况不完全确定，但是明确知道各种决策后果及其出现概率情况下的决策（李纾等，2009）；模糊决策则是人们很难预知事件发生的确切概率（张凤华等，2015）。已有研究表明认知和情绪会对风险决策产生影响（Ariely et al.，2005）。在情绪与认知发生冲突时，人们在损失框架下倾向于风险寻求，而在收益框架下倾向于风险规避（Wang，2006）。与此同时，风险态度还会受到个体潜意识影响，决策者对选择会产生某种敏感反应（Erb et al.，2002）。在与金钱刺激相关的不确定决策情境下，高心理贫穷感个体对于金钱的情绪反应更加敏感，对于金钱感到焦虑，对于失去金钱感到厌恶，以及对于金钱感到不满足。这些负性情绪反应都促使个体更积极地追求获取金钱，或者更谨慎地避免失去金钱。高心理贫穷感会造成一种主观偏差，个体会有意识或无意识地感觉到似乎身处贫穷之中，会过分夸大金钱的效用，对于自己身处的环境和经济条件感到不满，抱有负面的认知和情绪，感到不安全和焦虑，从而导致高心理贫穷感个体为了占有金钱而甘冒风险。王垒等（2018）关于恐惧对风险决策的影响的研究结果显示，在恐惧情境面临不确定风险决策时被试倾向于风险规避，高自我控制人群在不确定风险决策上受恐惧情绪的影响远小于低自我控制人群。高心理贫穷感个体对于金钱的过度关注和焦虑会导致其对于金钱控制感更强，因此在面临不确定的风险决策情境时（得到或失去金钱），对于金钱的风险规避会低于低金钱控制感个体。

Krain 等（2006）应用最近发展起来的元分析技术，检验了现有不确定决策领域的 fMRI 的一些文献，结果发现：风险决策和模糊决策在前额叶、顶叶（frontal and parietal regions）、海马（thalamus）以及扣带回（caudate）区域的激活都有所提高，其中风险决策与眶额叶皮层、扣带回的喙侧（rostral portions of the ACC）和左半球顶叶区域（the inferior parietal lobe）的活动有关，模糊决策与背外侧前额皮层（dorsolateral prefrontal cortex，DLPFC）、尾部扣带回（caudal ACC）和右半球顶叶区域有关。统计分析表明：风险决策和模糊决策在额叶区域（OFC、DLPFC、ACC）的激活有显著的差异，这与心理失调、情感混乱有关。已有研究显示，长期处于经济贫困情境或持续处于经济压力下，个体与金钱刺激有关的认知功能会受到抑制，同时高心理贫穷感个体对于金钱有高度焦虑感及不安全感，由此推断，高心理贫穷感个体在面临与金钱相关刺激的不确定决策时，生理、心理功能与低心理贫穷感个体相比存在差异，高心理贫穷感个体对于金钱相关决策的知觉敏感度由于受到相关脑区功能影响而降低，因此会更趋向于激进和冒险。

现有研究发现，心理贫穷感与生命史慢策略、童年社会经济地位呈显著负相关，与风险偏好水平呈显著正相关（徐斐，2018）。本书综合贫困对认知功能影响研究、注意偏向研究以及金钱启动与决策研究发现，高心理贫穷感个体由于受到以往经济环境、对金钱情绪态度等因素的影响，在与金钱刺激相关的生理、心理功能方面与低心理贫穷感个体相比均存在差异，高心理贫穷感个体对于金钱相关刺激存在更多注意偏向，与金钱相关的不确定决策敏感度更低，由此提出假设，高心理贫穷感个体相应的脑功能区域可能存在差异，使与金钱刺激相关的认知功能受到抑制，对金钱相关刺激的知觉、金钱态度以及与金钱相关的决策均与低心理贫穷感个体之间存在差异，最终形成与金钱相关刺激的独特行为模式。

1.2　社会经济地位与个体心理

已被探讨的个体社会属性包括多种不同类型，如经济的、文化的或其他方面的，而收入与社会经济地位则是最为主流的类型。

收入通常是用以衡量经济资源获取途径的最常见的指标之一。由于收入可以直接以数量形式明确地表示可获得的物质资源，所以涉及收入的变量在研究文献中运用普遍。关于收入与心理问题的关联的讨论最早见社会心理学家 Hollingshead 与精神分析家 Redlich 在 1958 年美国康涅狄格州纽黑文地区进行的一项研究（Hollingshead & Redlich，1958）。该研究以当地公私立医院与精神治疗诊所中接受治疗的病人为研究样本，将研究对象的收入水平由高到低分为 I－V 的组别，研究结果显示，收入与心理问题发生率之间存在显著的负相关关系，收入较低的个体发生严重、持续性心理问题的概率明显较高并且往往得不到较为合适的治疗。

尽管"纽黑文项目"很快被发现低估了心理问题流行率以及可能存在估计偏误的问题，但自此项研究开始，收入与贫困问题开始得到心理学家和精神病研究者的注意（Myers et al.，1968）。根据一篇有关儿童与青少年心理健康的系统性文献回顾（Wildman，2003），在来自 23 个国家的 55 项考察儿童与青少年心理健康影响因素的研究中，有 29 项研究使用了收入水平或贫困程度作为测量指标。收入的测量指标可能是多种层次的，例如个人层次（Costello et al.，2003），结合以家庭成员数目计算的家庭人均收入（Elgar et al.，2005），以个体所在社区的平均水平表示的收入生态环境（Summerfield，2011），或以国家为总体的人均收入（Wilkinson，1996）等。尽管测量方式不一，收入水平与心理健康状况总体上呈现负相关关系（Campion et al.，2013）。低收入与情绪障碍等心理问题的关联在早期研究中就已被观察到（Langner & Michael，1963）。Fryers 等（2005）对 25 年内的人口学和流行病学研究进行了回顾，他们指出，普通心理障碍（如焦虑和抑郁）在低收入人群中具有较高的发生率。这项研究的结论在 Jenkins 等（2008）进行的后续研究中得到支持，这项在英国以 8580 名受访者为样本的研究表明，净收入越低的人罹患心理疾病的风险越高；家庭每周净收入低于 100 美元的人患神经症的可能性比平均水平高 2.7 倍，患精神障碍的可能性则高出 35 倍。另一项研究系统回顾检视了针对低收入和中等收入国家开展的 115 项研究，作者指出这些研究中超过 70% 支持低收入与普通心理障碍的相关关系，相关的强度则因收入的衡量方式的差异而有所不同（Lund et al.，2010）。低收入对个人心理的影响还被观察到具有持续性作用（Gilman et al.，2003；Marmot et al.，2001）。

与这些计算绝对收入水平的研究不同，一些研究衡量了相对收入水平的问题。早前的医学研究发现，贫富差距等经济不平等可能独立于收入作为疾病的影响因素（Van Doorslaer et al.，1997）。公共健康领域的研究同时指出，收入不公对个人健康的损害是通过产生社会心理压力而形成的（Wilkinson，1997）。在此基础上，一些研究开始探讨收入不公是否会对心理健康产生类似的作用。Eaton 等（2001）在美国马里兰州进行了一项持续 13 年的追踪研究，其结果显示，收入低于贫困线将使抑郁症的发生率提高 2.5 倍，并且收入低于贫困线与抑郁的关系强于教育和职业声望与抑郁的关系。研究者因此分析指出，绝对贫困比相对贫困更可能是影响心理健康的因素。Wildman（2003）在英国进行的研究支持了上述结论。这一研究使用了 1992～1998 年的面板数据，将计算得出的收入集中指数（concentration index）作为衡量经济不平等的指标与绝对收入相独立。研究发现，绝对收入是影响心理疾病发生的主要因素，而相对贫困仅对女性有所影响。然而也有研究者认为，在小范围地区测量收入不公是不恰当的，通过对 13 个国家的心理疾病流行率进行研究，研究者指出，发达国家中收入不公的国家心理疾病及毒品滥用流行程度更高，并且收入不公国家中罹患心理疾病的人比收入公平国家多出两倍（Pickett & Wilkinson，2010）。笔者认为，收入不公对心理疾病的影响很大程度上被低估了，后续研究应当进一步阐述这些社会背景。

与其他个人指标相比，以收入进行测量尽管便利但往往存在缺点。一方面，询问收入可能带来较高的拒答率，即受访者在报告真实财务状况方面通常意愿较低，收入较低的受访者尤其可能表现出这种倾向（Bradley & Corwyn，2002）；另一方面，由于收入水平的差异不能完全反映财产方面的巨大差异，所以对这一指标的测量可能无法完全反映造成心理状况差异的经济不平等的全部面貌（Hajat et al.，2010）。

许多研究使用了社会经济地位（SES）这一更为综合的指标来衡量不同社会位置的人们。社会经济地位是结合个人的工作经历和个体或其家庭在收入、教育和职业等因素方面的总体衡量（Freund et al.，2003）。个人或家庭的社会经济情况通常包括三类：高社会经济地位、中等社会经济地位、低社会经济地位。通过评估个人或家庭在收入、教育、职业等多个因素上的表现，这些个体可以被归类于一个由高到低的社会经济地位级别。

探讨社会经济地位与心理健康之间关联的研究传统始于 20 世纪 30 年代 Faris 和 Dunham 在芝加哥几所精神病医院进行的一项开创性工作，他们从 30000 名精神病人的样本中发现，城市周边的环境恶劣区域居民中精神分裂症和物质滥用发生率较高（Faris & Dunham，1939）。自这项研究起，心理健康问题的研究开始越来越多地与社会经济地位联系起来，并且在研究方法上更多地考虑了环境背景因素等个体之间的共同社会属性。此后，受启发于精神障碍相关概念和研究方法的巨大转变，后续的研究不再致力

于识别精神疾病患者的问题类型，而是开始使用心理健康量表对普通人群进行较大规模的测量。例如，在美国纽约曼哈顿中城进行的一项"都市心理健康问题"的研究，该研究使用了从当地居民中随机抽取的大型样本，结果发现，低社会经济地位的个体心理健康问题风险较高；此外，由于不同种族的个体社会经济地位差异较大，心理健康结果在不同种族之间表现出显著的不平等（Srole et al.，1962）。80 年代后，随着对心理问题和精神疾病的流行病学方法的建立，基于全国性人口的调查数据库在一些欧美国家设立起来，用于心理健康相关研究。例如，美国的"流行病学集中区域"（Epidemiological Catchment Area，ECA）研究考察了 1980～1985 年美国 5 个都市地区的心理障碍普遍率和发生率，其中之一是在巴尔的摩地区追踪的 3481 名受访者组成的同生群。研究使用诊断访问目录作为测量工具，结果发现社会经济地位与精神障碍之间具有较强的关联程度：在控制了年龄、性别、种族、民族和婚姻状况等因素后，低社会经济地位的个体心理障碍的风险仍然是高社会经济地位个体的 2.5 倍（Holzer et al.，1986）。美国另一项"全国并发症调查"（National Comorbidity Survey，NCS）和"全国并发症调查复制研究"（National Comorbidity Survey Replication，NCSR）则包含全国 15～54 岁的代表性样本，其中 NCS 对调查对象进行了 12 个月的追踪，发现低社会经济地位与精神障碍发生的关联较高，而提高收入水平和受教育程度则能够降低出现心理问题的概率（Vega et al.，2004）；NCSR 则以新的 10000 名受访者为样本重复了 NCS 的研究，其结果与先前研究基本一致：受教育水平较低者物质滥用程度较高（Kessler et al.，2005），贫困个体一般性抑郁发生率较高（Kessler et al.，2003）。

社会经济地位对心理健康的影响还被观察到具有持续性的作用。一项使用 NCSR 数据的针对儿童的研究表明，儿童期的低社会经济地位提高了成年后所有类型心理问题的发生率（McLaughlin et al.，2011）。社会经济地位对儿童、青少年心理健康的影响研究在一篇系统性文献回顾中被综合比较，其中作者检视了 1990～2001 年英国与德国地区执行的相关研究，结果发现，较低社会经济地位的儿童与青少年发生心理健康问题的概率高出 2～3 倍，而社会经济地位越低意味着发生心理健康问题的可能性越大，社会经济地位不利状况持续时间越长，心理健康风险越大（Reiss，2013）。

1.3　心理健康与其社会根源

以个体的社会属性为测量指标的研究证明了心理健康问题分布的一些重要规律，其中尤其重要的是社会经济地位与心理状况的关联。研究主要使用概率抽样方法来选择受访者，并能结合纵向设计来衡量心理状况随着时间的变化，表明普通人群中心理状况分布的结构性模式，这些模式在后续不同时期、不同地区的研究中不断得到支持（Park et al.，2012）。

另外，对于收入和社会经济地位与心理状况因果关系的方向性，不同研究则有不同的结论。尽管大部分研究者同意社会经济地位与心理状态的关系是交互作用的，可能涉及多方面的具体情形并依赖于特定的心理问题的种类，但对于社会经济地位与心理健康如何相互作用的解释仍然引发了持续的争议（Link et al.，1993）。一些研究认为，预先存在的、生理因素有关的心理问题可能决定了个体较低的收入水平或社会经济地位，而另一些研究者则持相反意见，认为不利或有利的社会位置对个体的心理影响更为重要和普遍（Link et al.，1993）。

对于前一种假设即心理问题决定了个体社会经济地位，研究者倾向于考察精神障碍风险较高的个体是否在后期的收入、教育、就业方面表现情况低于预期水平。一些精神障碍如精神分裂症具有显著生物、遗传因素，因而一定程度上预先影响了个体的社会位置（Link et al.，1993）。在 Dembling 等（2002）于美国弗吉尼亚州进行的一项研究中，研究者使用 11725 名精神病人的样本进行了 18 年的追踪研究，发现其中有至少 1/3 的个体在研究期间迁居到了低收入社区。另一些研究者重新分析了 4 个关于跨代际流动的研究，指出早前研究在健康人群和有心理问题的人群方面缺乏恰当的控制，因而低估了具有心理问题的个体在社会经济地位等级上的向下流动（Rodgers & Mann，1993）。

然而，对于严重程度较轻的心理问题，现有的研究结果更多地支持社会位置作为心理健康状况的原因要素这一假设。在新西兰进行的一项追踪设计的研究表明，青少年的焦虑障碍基本是由社会过程所引发的（Miech et al.，1999）。其他类型的研究结果还包括较低的社会经济地位社区对急性精神障碍的影响（Hudson，2005），父母较低的受教育水平导致子女较高

的抑郁症风险（Ritsher et al.，2001），儿童期的低社会经济地位家庭状况影响了个体成年时期焦虑、抑郁和人格障碍的发生率（Reiss，2013；Santos et al.，2012）。在因果关系的发生机制上，心理学取向的研究主要强调压力及其带来的潜在痛苦，个人的物质和社会心理资源可能是因果影响的作用途径（Matthews & Gallo，2011）。

总之，对于个体的社会经济地位等社会位置与心理状况的两种方向相反的因果关系，现有研究从不同角度提供了支持性的证据。然而，两种因果关系并非互斥的，而是显示了社会经济地位与个体心理之间复杂的交互作用。这两种过程可能独立或同时发生，也可能在不同的心理结果方面表现出不同程度的重要性。未来研究仍需要更多纵向设计的数据对因果关系的检验提供支持，以呈现社会经济地位与个体心理之间复杂和动态的相互作用机制。

2 尚待探讨的问题

当前有关个体心理的结构性因素的研究向我们揭示了结构性不平等与心理健康不平等之间具有的因果关系。这些研究在大量的实证资料基础之上，力图建立由宏观社会层面到微观个体层面的完整路径，作为心理健康影响机制的解释。在宏观层面，心理健康问题并不是随机发生在社会之中，而是倾向于集中在由特定相似社会特征或共同经验的个人组成的群体；对个体而言，尽管每一个个案都有其特点，但不可忽略的是个体生命历程中心理发展的机会受制于他在社会中的位置。当前研究文献已经探讨了社会资源、地位、权力等方面的分层反映在个体心理方面的结果。个体的社会属性诸如收入等不仅影响个体心理问题是否发生，也可能影响心理健康状况被其体验和表达的方式。已有研究文献从不同角度以不同方法对不同对象展开考察，就社会不平等如何影响心理健康以及影响的因果机制阐明了重要而相辅相成的不同方面，使我们对心理健康问题的理解日趋完整和深入。尽管如此，当前研究领域仍有许多值得讨论的问题，这些问题存在于结构因素对个体心理作用路径的各个环节。

2.1　社会因素的相互作用

在探索结构性因素的现有研究中，研究者们重视与社会不平等密切关联的风险因素并就此做出了许多有益的尝试。这些研究倾向于将结构性因素概念化为触发潜在易感性的诱因，并进一步借助相应的诊断分类标准来测量结构性因素对心理健康的作用效果（Mills，2015）。多数研究者以压力概念化社会环境与互动中的经历与事件，将压力过程模型作为研究的解释范式。这些研究通常致力于识别那些对良好心理状态有所损害的压力源，根据其表现的不同现象在研究中进行特定操作化。在研究文献中，压力源类型连续体的一端是"生活事件"，即需要个体做出社会心理调适的可观察的独立事件（Horowitz et al.，1979），例如失业、负债等一系列产生压力的生活变故。相反，另一些压力源似乎没有明确事件作为起点而表现为一种连续状态，即"慢性压力源"，如长期待业、贫困状态等，它们通常导致不确定感、威胁、冲突、受限感等不同形式（Wheaton，1997）。连续体中间则存在其他介于二者之间的压力源，如日常琐事（Kanner et al.，1981）、心理创伤（Caruth，1995）等。

尽管研究者已围绕压力过程模型进行了大量研究，模型中的各个构成元素都在不同研究中得以识别与提炼，然而目前的研究文献往往将不同维度的影响因素进行单独处理，难以呈现结构性因素作用于个体心理健康的完整图景。这种过于简化的处理方式首先至少部分地起源于压力源的测量方法。在常见的压力源测量工具中，一些问卷着重于个体的客观生活条件，这类问卷设置目的在于从具体细节上检视受访者的生活经历而不考虑各种事件的相互关系。如生活事件自查列表（Life Event Check Lists），其典型项目包括询问受访者最近一年中是否经历过失业或居住环境变化等（Scully et al.，2000）。而另一些量表则依赖于主观感受，如压力感知问卷（Perceived Stress Scale），包括的项目如"在最近一个月中，你是否感到有信心处理你的困难"（Cohen et al.，1983），这类量表实际测量的是压力产生的结果而不能直接区分出压力源本身，因而更难以体现各种压力源之间的相互作用关系。

将结构性因素作为各种压力源并一一处理的确有其优点，能够较为清

晰地揭示特定压力源在具体情形下的作用形式，但这很大程度上忽略了各种连续的和独立的压力源可能构成比其总和更为复杂的影响。首先，特定压力源是否产生及其产生压力的性质取决于结构性因素产生作用的时机与次序。例如，在一些情况下，早期的心理创伤可能为后期的类似事件提供经验，因而后者导致的问题与威胁可能得以相对减轻；而在另一些情况下，早期创伤形成的认知情绪模式成为新的压力源，进而增强了前者的效应，增加了心理健康问题的风险（Ullman et al.，2009）。在此，各种影响因素在特定时间内和跨越不同时间范围而相互作用形成了复杂网络，而现有的研究还未能对此进行足够的探究。

其次，过于关注离散的生活事件和个体特征，反而忽视了结构性因素本身的社会性起源及其具有的规律性本质。压力源的发生不能脱离个体嵌入其中的具体制度性或生态背景，包括家庭、工作地、学校、社区、网络甚至国家等。尽管这些背景在研究文献中已经有所分析（Richman et al.，2008；Schieman et al.，2006），然而现有研究通常分离了各种相互联系的结构性背景，如将家庭－工作冲突的分析与婚姻压力、工作压力彼此孤立（Ford et al.，2007），这显然无助于揭示个体压力在背景情境中得以塑造的过程。类似地，结构性因素产生影响依赖于先于个体存在的历史情境，导致某一具体事件产生截然相反的意义。一些事件的发生可能导致积极功能的减少而对心理健康产生不利影响，反之从消极环境中脱离则可能提高心理健康水平。如果对个体生活史缺乏细致考察，具体生活变化与转折如失业所具有的意义则难以确定，而将其直接处理为压力源带来的问题在目前的研究中显然没有得到重视。

实际上，随着对心理逆境或压力的增长和积累过程的分析不断增加，越来越多研究者开始关注结构性因素难以分离、协同作用的性质（Grosfoguel，2004；Umaña-Taylor & Updegraff，2007）。诸如社会经济地位、族群、性别、性取向等建构往往共同塑造了个体和群体的经验模式。目前，一些研究者提出了交集性（intersectionality）的概念，在分析结构性因素的共时性与协同作用方面为我们提供了可贵的范例（Nadeem et al.，2007；Voydanoff & Donnelly，1999）。交集性这一概念来自女性主义研究，其主要观点是性别、族群不能从社会经济地位中拆分出来进行独立分析（Collins，

1990）。从这一立场出发，研究能够同时分析族群、社会经济地位与文化影响对个体经验的塑造过程，致力于解释结构性因素的不同组合形式与个体生活的独特关联。交集性强调宏观与微观的文化影响在个体生活中逐渐展开并产生作用的过程，因而凸显了对特定群体区域性追踪研究的重要性。尽管目前已有若干研究采用了追踪设计，但交集性视角的特别之处在于能够对社会文化变量进行更为精确的处理。例如，Taylor 和 Turner（2002）考察了迈阿密地区非裔青少年的社会经济地位与族群身份对抑郁情况的影响，作者发现，歧视感知这一压力源并不影响非裔和白人青少年在抑郁方面的差异，这一差异实际源自社会经济地位与族群身份共同影响形成的、更为普遍的生活逆境。尽管这些交集性取向的研究有助于展现结构性因素影响个体心理健康的完整图景（Choo & Ferree, 2010），但这种视角目前仍未被多数研究采用。

2.2　社会心理现象的动态过程

尽管多数结构性因素研究倾向于将当前心理健康状态作为影响因素的作用结果，但一个不容忽视的问题在于，心理健康状态并非一个静止、孤立的点，其本身有着随时间可变的特性。在一个典型的心理健康问题周期内，可能的状态变化包括早期的负面感受、识别问题与寻求解决的阶段、逐渐恢复正常或故态复萌等一系列相对阶段。对心理健康状况的变化过程目前还没有统一的综合性或系统性的观点，一些研究甚至认为心理健康问题应被视为一个不可预测的过程，其结果只能通过事后回溯来观测（Gove, 2004）。

将生命历程（life course）视角与心理健康的结构性因素结合是另一种更被普遍接受的方法。生命历程视角由一个相对松散的理论框架组成，主要观点是通过检验长期和近期的个体和同生群历史，关注在较长时间范围（如数十年）内心理健康状况的相对稳定和变化情况（George, 2007）。生命历程视角的研究认为，几种具有关键性意义的时间与心理健康和心理健康研究有密切关联，这些不同维度的时间包括关键期、接触风险因素的时长、变化效应、先后顺序和转折点（George, 2014）。因此，通过关注这些关键时间，生命历程视角试图解决的重要问题是心理健康在生命过程中发

展变化的模式。

通过长时程的追踪设计研究，研究者考察了生命过程中心理健康状况的可能轨迹，其最具说服力的结论为，童年期的生活条件与经验为后续人生的心理健康模式设立了起点（Avison，2010）。已有大量实证研究表明，童年期的创伤和逆境与成年后心理健康问题的概率有着强烈关联。童年期不利的社会经济地位预测后期心理健康问题的研究已在前述第一种类型研究中有所涉及（Wickrama et al.，2008）。尽管成年期的向上流动能够一定程度补偿童年贫穷的负面效应，但在控制了成年期社会经济地位的情况下，童年贫穷的效应仍然是显著的，并且其影响能够持续超过 50 年（Szanton et al.，2010）。研究中其他常见的童年创伤包括父母离异（Benjet et al.，2010）、身体虐待（Kulka et al.，1990）等，这些早期负面经历不仅增加了后期心理健康问题出现的可能性，而且可能使问题解决过程中更容易出现反复（Kessler et al.，2003）。

生命历程视角试图解决的另一个问题是心理健康状况的变化特点在不同人生阶段是否有所不同。目前的研究表明，对于抑郁等情绪问题而言，其出现概率在成年早期达到峰值，在中年时期逐渐降低，并在老年期达到最低值（Kessler et al.，2005）。对于较为严重的心理健康问题如精神障碍，来自实证研究的证据则相对模糊，一些研究报告了中年期概率最低的 U 形曲线（Mirowsky，1985），而另一项研究通过检验同生群效应指出精神障碍发生概率随年龄增长不断下降（Yang，2007）。

虽然生命历程视角通过对不同人生阶段的细致考察而为追踪心理健康状态这一变动的目标提供了方法，但是这一理论仍有许多模糊问题有待澄清。例如，成年时期是否具有与童年、青少年阶段类似的关键期来发展应对潜在心理健康问题的足够心理资源，而社会、心理资源作为应对方式如何与早期心理创伤在质与量方面对应，其发挥作用的效果是否随时间发展而变化，这些问题都有待后续研究进行回答。更进一步地，一些研究者指出生命历程视角在理论与实践方面还有其他可追问之处。例如，这一理论对不同人生阶段的概念化显然未能涵盖文化因素对家庭生活与儿童发展的影响。正如米德 1928 年所做的开创性研究指出的，在不同的文化背景下，儿童与青少年时期作为心理健康关键期的观点可能受到挑战（Mead et al.，

1973）。类似地，认为心理与社会性发展时间具有普遍性的潜在观念同样可能产生冲突（Shepler，2005）。此外，当代大规模的人口流动也对生命历程视角的适用性提出了质疑（Castles et al.，2003）。在当代，数量庞大且日益普遍的流动人口如移民常常跨越数千里范围变动其生活轨迹，而他们对生命历程的感受也可能受到多种文化因素的影响（Watters，2007）。伴随着人口迁移的过程，个体生命历程中童年、青少年、成年、老年等连续阶段可能不时被打断，在这一情形下，生命历程视角的理论观点似乎已难以捕捉到心理健康状况变化的复杂动态。

3　结语与展望

在过去几十年中，社会心理学的研究不断发展，使我们更为深入地理解个体与群体心理及其动因在社会结构中被影响和塑造的过程。尽管如此，当前研究领域仍有许多值得讨论的问题，正如上述讨论中指出的，多种结构性因素复杂交互作用，社会心理状况的发展变化，文化、历史的背景性因素在个体与群体心理模式中的特殊意义，这些问题在现有的研究中还没有得到足够的探讨。另外，先前研究通过理论对话与相关逻辑提出"心理贫穷感"这一概念，这一讨论不仅为未来的实证研究提供基础，同时也启发我们将关注的焦点由个体的认知行为层面投向社会系统如何与个体相互作用的更广泛的图景。

正如本书已探讨的，在有关无意识的理解方面，社会始终是不容忽视的维度。在现代社会，社会产品某种程度上都是以商品和利润驱动的经济为基础，这个系统的收入决定了多数人的基本个人经济状况。无论是吃穿住行还是其他领域，个人欲望被普遍地编码为具象化的愿望。这种商品经济超出了传统心理学理论解释中的含义，从更广义的理解来看，捕获欲望的商品再生产符合将人类变为附属品的经济学规律。在更广泛的图景中，同样的关注使我们能够认识到每个单独的个体如何与那些远超人类能力的社会实体和环境实体互动。周遭世界正在快速变化，旁人也在迅速改变。在那些与之相关的人有机会做出反应之前，一些非常基本的社会场景遭到了破坏。然而，有欲望即意味着生命，一种特殊而适应的存在形式和富有

活力的精神文明。由于资源与权力总是掌握在相对较少的人手中，所以必须识别那些已经广泛产生的经济与心理贫穷。

对贫穷问题的回溯性考察同样促使我们对社会生活进行重新审视，理解我们的创造性发展能够对它有所裨益，理解那些阻碍个人和集体发展的约束应该被摒弃，理解实现这一目标必须克服巨大的障碍，让曾经遭受的逆境得到承认。但矛盾在于这些逆境的影响往往难以被个体表征，而大多数人也不会自愿放弃既得利益。因此，社会机构也必须转变观点，即支持这种回溯性的认可与和解，而不是维持社会中无意识的冲突。

至此，围绕着心理贫穷感问题的探讨似乎已经超越了传统心理学研究的自我形象。关于心理贫穷感的理论建构过程尽管是一个艰巨的挑战，但在社会心理现象不断复杂化的今天，更为深入的理解与更具批判性的分析显然是社会心理学研究领域的迫切需求。为进一步理解现实世界经济场域及其理性化如何密切影响人类生活，研究者必须充分利用心理学领域内外的各种概念工具，为未来研究发展出更为系统性的理论框架以及跨学科、跨领域的研究视角。对心理贫穷感问题的集中审视无疑是朝这一方向迈出的重要一步。

参考文献

安莉娟、丛中，2003，《安全感研究述评》，《中国行为医学科学》第 12 卷第 6 期。

巴斯，2007，《进化心理学：心理的新科学》，熊哲宏、张勇、晏倩译，华东师范大学出版社。

贝尔编著，2009，《环境心理学》（第五版），朱建军、吴建平译，中国人民大学出版社。

毕研玲、李纾，2007，《有限理性的"占优启发式"和"齐当别"决策模型的作为——当 Allais 悖论杠杆撬动了期望效用理论》，《心理科学进展》第 4 期。

曹中平、黄月胜、杨元花，2010，《马斯洛安全感 – 不安全感问卷在初中生中的修订》，《中国临床心理学杂志》第 2 期。

陈瑞、李小玲、林升栋，2016，《反酒后驾车广告的说服效果：规避伤害与克制冲动》，《国际新闻界》第 38 卷第 3 期。

陈世平、张艳，2009，《风险偏好与框架效应对大学生职业决策的影响》，《心理与行为研究》第 3 期。

陈姝，2016，《大学生炫耀性消费行为动机的调查与分析》，《现代交际》第 4 期。

陈顺森、叶桂青、陈伟静、李倩、夏春燕、向萍等，2006，《大学生安全感量表的初步编制》，《中华行为医学与脑科学杂志》第 15 卷第 12 期。

达尔文，1859，《物种起源》，舒德干等译，北京大学出版社。

代祺、梁樑、曹忠鹏、古继宝，2010，《涉入度对双面信息广告说服效果的

调节机理研究》，《预测》第 29 卷第 5 期。

杜伟宇、许伟清，2014，《中国情境下权利对炫耀性产品购买意愿的影响——面子意识的中介作用》，《南开管理评论》第 17 卷第 5 期。

段红霞，2009，《跨文化社会价值观和环境风险认知的研究》，《社会科学》第 6 期。

付世平，2010，《中学生与大学生奢侈品消费动机差异研究》，《中国青年研究》第 2 期。

国务院办公厅，2015，《国务院办公厅关于印发国家贫困地区儿童发展规划（2014 - 2020 年）的通知》，中国政府网，http：//www. gov. cn/zhengce/content/2015 - 01/15/content_9398. htm。

胡艳芳，2007，《试论贫困大学生的心理脱贫策略》，《中国高教研究》第 8 期。

矫宇，2008，《高校贫困学生群体的"精神贫困"与"心理脱贫"》，《东北师大学报》（哲学社会科学版）第 4 期。

李静、郭永玉，2009，《物质主义价值观量表在大学生群体中的修订》，《心理与行为研究》第 7 卷第 4 期。

李纾，2001，《艾勒悖论（Allais Paradox）另释》，《心理学报》第 2 期。

李纾，2005，《确定、不确定及风险状态下选择反转："齐当别"选择方式的解释》，《心理学报》第 4 期。

李纾、毕研玲、梁竹苑、孙彦、汪祚军、郑蕊，2009，《无限理性还是有限理性？——齐当别抉择模型在经济行为中的应用》，《管理评论》第 5 期。

李先国、许华伟，2010，《网络虚拟物品消费动机的测量》，《中国软科学》第 4 期。

梁彩花、周金衢、张琼，2010，《返乡农民工炫耀性消费行为的社会心理分析》，《广西民族研究》第 4 期。

林镇超、王燕，2015，《生命史理论：进化视角下的生命发展观》，《心理科学进展》第 23 卷第 4 期。

刘峰、田志鹏，2011，《高校家庭经济困难学生中"心理贫困生"的心理援助》，《黑龙江高教研究》第 7 期。

刘中刚，2015，《农产品绿色信息完美度及品牌知名度对说服效果的影响：双面信息的视角》，《经济经纬》第 32 卷第 5 期。

彭云爽、王雪、吴嵩、金盛华、孙荣芳，2016，《生命史理论概述及其与社会心理学的结合——以道德行为为例》，《心理科学进展》第 24 卷第 3 期。

任寸寸、刘莎、刘海红、孔颖、刘欣、任爱国，2015，《噪声对低龄正常儿童言语感知的影响》，《听力学及言语疾病杂志》第 23 卷第 3 期。

任亮宝、田芊、孙时进，2018，《进化心理学视角中的腐败行为及心理机制》，《心理学探新》第 38 卷第 2 期。

盛洁、徐雷、张敏，2008，《对留守儿童"心理贫困"的探讨》，《现代教育科学》第 8 期。

石可，2016，《低阶层大学生的炫耀性消费——心理补偿视角》硕士学位论文，华中师范大学。

苏彦捷，2016，《基于适应性的科研实验建筑设计——广东动物疫病防控中心设计探讨》，《建材与装饰》第 45 期。

苏彦捷主编，2010，《环境心理学》，高等教育出版社。

孙时进，2014，《物欲或拜金：心理学视角的解读》，《江苏行政学院学报》第 6 期。

孙时进、齐巍，2017，《儿童期社会经济地位对成年健康影响的研究进展》，《中国特殊教育》第 11 期。

汪向东、王希林、马弘编著，1999，《心理卫生评定量表手册》，中国心理卫生杂志社。

王甫勤，2012，《社会经济地位、生活方式与健康不平等》，《社会》第 32 卷第 2 期。

王慧，2009，《基于消费者行为分析的中国奢侈品消费相关问题探讨》，《企业经济》第 5 期。

王俊秀，2010，《环境风险源评价研究》，《中国环境与生态心理学大会论文集》。

王垒、张冰、肖玮，2018，《恐惧对高低自控人群不确定风险决策的影响》，《中国健康心理学杂志》第 6 期。

王晓田、陆静怡，2016，《进化的智慧与决策的理性》，华东师范大学出版社。

王燕、陈斌斌，2013，《鲍尔比心理健康思想解析》，浙江教育出版社。

王燕、侯博文、李歆瑶、李晓煦、焦璐，2017a，《不同性别比和资源获取能力对未婚男性择偶标准的影响》，《心理学报》第 49 卷第 9 期。

王燕、林镇超、侯博文、孙时进，2017b，《生命史权衡的内在机制：动机控制策略的中介作用》，《心理学报》第 6 期。

卫利华、王祥兵，2014，《城市社会炫耀性消费行为的实证研究——基于 TBP 视角》，《商业时代》第 35 期。

武晓东，2013，《高校学生"心理贫困"研究综述》，《经济师》第 1 期。

谢晓非，1994，《风险研究中的若干心理学问题》，《心理科学》第 2 期。

谢晓非、徐联仓，1995，《风险认知研究概况及理论框架》，《心理学动态》第 3 卷第 2 期。

徐斐，2018，《心理贫穷感与童年社会经济地位、风险决策的关系研究》，博士学位论文，复旦大学。

徐斐、孙时进，2019，《心理贫穷感对决策的影响》，《心理学探新》第 39 卷第 6 期。

徐莹，2015，《大学生面子知觉与自尊对其炫耀性消费的影响》，硕士学位论文，西南大学。

杨晶，2015，《国外金钱态度研究评述：概念、差异性与展望》，《荆楚学刊》第 5 期。

杨淑萍，2014，《炫耀性消费对中学生自我认同的影响研究》，《教育科学》第 30 卷第 2 期。

姚本先、崔澜骞，2012，《安全感的研究进展与展望》，《卫生软科学》第 10 期。

姚本先、汪海彬、张俊杰，2011，《大学生一般自我效能感、安全感与心理健康的关系研究》，《中国卫生事业管理》第 28 卷第 10 期。

于清源、谢晓非，2006，《环境中的风险认知特征》，《心理科学》第 29 卷第 2 期。

余德华，2003，《精神贫困对欠发达地区脱贫的影响》，《贵州社会科学》第 1 期。

袁少锋，2011，《地位与炫耀性的消费倾向：自尊的中介效应》，辽宁大学博士学位论文。

袁少锋、高英、郑玉香，2009，《面子意识、地位消费倾向与炫耀性消费行为——理论关系模型及实证检验》，《财经论丛》第 5 期。

曾德慧，1999，《生态系统健康与人类可持续发展》，《生态学报》第 10 卷第 6 期。

张朝洪、凌文辁、方俐洛，2004，《态度改变的睡眠者效应研究概述》，《心理科学进展》第 1 期。

张凤华、张玉婷、向玲、胡竹菁，2015，《模糊决策的认知神经机制》，《心理科学进展》第 3 期。

张乐、梁宁建，2006，《不同背景噪音干扰下的数字短时记忆研究》，《心理科学》第 29 卷第 4 期。

张雷、朱小琴，2014，《根本动机的进化起源及与消费行为的关系》，《苏州大学学报》（教育科学版）第 4 期。

张小莉、李玉才、孙学敏，2017，《当前中国农村结婚高消费现象的社会学分析》，《农业经济》第 1 期。

郑也夫，2007，《后物欲时代的来临》，上海人民出版社。

朱晓辉，2006，《中国消费者奢侈品消费动机的实证研究》，《商业经济与管理》第 7 期。

Aaker, Jennifer, L. , Lee, & Angela, Y. （2001）. I seek pleasures, we avoid pains: The role of self regulatory goals in information processing and persuasion. Working Papers (Faculty), Stanford Graduate School of Business.

Adams, R. E. , Boscarino, J. A. , & Galea, S. （2006）. Alcohol use, mental health status and psychological well-being 2 years after the world trade center attacks in New York City. *American Journal of Drug and Alcohol Abuse*, 32 （2）: 203 – 224.

Adler, A. （1982）. The fundamental views of individual psychology. *Individual Psychology: Journal of Adlerian Theory, Research & Practice, US: North American Society of Adlerian Psychology*, 38 （1）: 3 – 6.

Adler, N. E. , Epel, E. S, & Castellazzo, G. , et al. （2000）. Relationship of

subjective and objective social status with psychological and physiological functioning: Preliminary data in healthy, white women. *Health Psychology*, 19 (6): 586.

Ahuvia, A. C. & Wong, N. Y. (2002). Personality and values based materialism: Their relationship and origins. *Journal of Consumer Psychology*, 12 (4): 389 – 402.

Ainslie, G. W. (1992). *Picoeconomics*. Cambridge: Cambridge University Press.

Ajzen, I. & Fishbein, M. (1980). *Understanding attitudes and prediciting social behavior*. Prentice-Hall Press.

Alderfer, C. P. (1972). *Existence, relatedness, and growth: Human needs in organizational settings*. New York: Free Press.

Aldwin, C. & Stokols, D. (1988). The effects of environmental change on individuals and groups: Some neglected issues in stress research. *Journal of Environmental Psychology*, 8: 57 – 75.

Allen, J. B. & Ferrand, J. L. (1999). Environmental locus of control, sympathy, and proenvironmental behavior: A test of Geller's actively caring hypothesis. *Environment and Behavior*, 31: 338 – 353.

Allen, M. W. & Wilson, M. (2005). Materialism and food security. *Appetite*, 45: 314 – 323.

Amaldoss, W. & Jain, S. (2005). Conspicuous consumption and sophisticated thinking. *Management Science*, 51 (10): 1449 – 1466.

Antonovsky, A. (1989). Unraveling the mystery of health: How people manage stress and stay well. *Journal of Nervous & Mental Disease*, 177 (7): 439 – 440.

Arash, J. , King, A. P. , Evans, G. W. , Swain, J. E. , Michael, A. , & Luan, P. K. , et al. (2015). Childhood poverty predicts adult amygdala and frontal activity and connectivity in response to emotional faces. *Frontiers in Behavioral Neuroscience*, 9: 154 – 161.

Ariely, D. , Huber, J. , & Wertenbroch, K. (2005). When do losses loom larger than gains. *Journal of Marketing Research*, 42: 134 – 138.

Avey, J. B. , Luthans, F. , Smith, R. M. , & Palmer, N. F. (2010). Impact of positive psychological capital on employee well-being over time. *Journal of Occupational Health Psychology*, 15 (1): 17 – 29.

Avison, W. R. (2010). Incorporating children's lives into a life course perspective on stress and mental health. *Journal of Health and Social Behavior*, 51 (4): 361 – 375.

Backman, L. & Dixon, R. A. (1992). Psychological compensation: A theoretical framework. *Psychological Bulletin*, 112 (2): 259 – 283.

Bagwell, L. S. & Bernheim, B. D. (1996). American economic association Veblen effects in a theory of conspicuous consumption. *American Economic Review*, 86 (3): 349 – 373.

Ball, J. E. , West, T. , Prasad, S. , & Bruce, L. M. (2008). *Level set hyperspectral image segmentation using spectral information divergence-based best band selection.* IEEE International Geoscience & Remote Sensing Symposium. IEEE.

Banerjee, A. & Duflo, E. (2007). The economic lives of the poor. *Journal of Economic Perspectives*, 21 (1): 141 – 167.

Bareis, N. & Mezuk, B. (2016). Relationship between childhood poverty, military service, and later life depression among men : Evidence from the health and retirement study. *Journal of Affective Disorders*, 206: 1 – 7.

Barjer, R. (1968). *Ecological psychology*. Stanford University Press.

Barker, D. J. P. (1998). Mothers, babies and health in later life. *Public Health*, 113 (5): 46 – 62.

Barrera, M. , Jr. , Sandler, I. N. , & Ramsay, T. B. (1981). Preliminary development of a scale of social support: Studies on college students. *American Journal of Community Psychology*, 9: 435 – 447.

Bates, T. C. , Lewis, G. J. , & Weiss, A. (2013). Childhood socioeconomic status amplifies genetic effects on adult intelligence. *Psychol*, 24 (10): 2111 – 2116.

Batra, R. & Ahtola, O. T. (1990). Measuring the hedonic and utilitarian sources

of consumer attitudes. *Marketing Letters*, 2 (2): 159 – 170.

Bault, N. , Coricelli, G. , & Rustichini, A. (2008). Interdependent utilities: How social ranking affects choice behavior. *PLoS One*, 3: e3477.

Baum, A. & Koman, S. (1976). Differential response to anticipated crowding: Psychological effects of social and spatial density. *Journal of Personality and Social Psychology*, 34: 526 – 536.

Baum, A. , Singer, J. E. , & Baum, C. S. (1981). Stress and the environment. *Journal of Social Issues*, 37: 4 – 35.

Baumeister, R. F. , Muraven, M. , & Tice, D. M. (2000). Ego depletion: A resource model of volition, self-regulation, and controlled processing. *Social Cognition*, 18 (2): 130 – 150.

Beehner, C. J. & Lu, Amy. (2013). Reproductive suppression in female primates: A review. *Evolutionary Anthropology*, 22 (5): 226 – 238.

Belk, R. W. (1985). Materialism: Trait aspects of living in the material world. *Journal of Consumer Research*, (3): 265 – 280.

Belk, R. W. & Pollay, R. W. (1985). Materialism and status appeals in Japanese and us print advertising. *International Marketing Review*, 2 (4): 38 – 47.

Bell, A. Paul, Thomas C. Greene, Jeffrey D. Fisher, & Andrew Baum. (2009). *Environmental Psychology* (5th edition). Lawrence Erlbaum Press.

Bell, P. A. & Greene, T. C. (1982). Thermal stress: Physiological comfort, performance, and socisl effects of hot and cold environments. *Environmental Stress*, 75 – 105.

Belojevic, G. , Evans, G. W. , Paunovic, K. , & Jakovljevic, B. (2012). Traffic noise and excutive functioning in urban primary school children: The moderation role of gender. *Journal of Environmental Psychology*, 32 (4): 337 – 341.

Belsky, D. W. (2017). Impact of early personal-history characteristics on the Pace of Aging: Implications for clinical trials of therapies to slow aging and extend healthspan. *Aging Cell*, 16 (4): 644 – 651.

Belsky, J. (2007). Childhood experiences and reproductive strategies. In R. Dunbar

& L. Barrett (eds.), *The oxford handbook of evolutionary psychology*, 237 – 254.

Belsky, J. & Draper, S. P. (1991). Further reflections on an evolutionary theory of socialization. *Child Development*, 62 (4): 682 – 685.

Belsky, J. , Schlomer, G. L. , & Ellis, B. J. (2012). Beyond cumulative risk: Distinguishing harshness and unpredictability as determinants of parenting and early life history strategy. *Developmental Psychology*, 48: 662 – 673.

Benjet, C. , Borges, G. , & Medina-Mora, M. E. (2010). Chronic childhood adversity and onset of psychopathology during three life stage: Childhood, adolescence and adulthood. *Journal of Psychiatric Research*, 44 (11): 732 – 740.

Bennett, G. G. , Merritt, M. M. , Sollers, J. J. , Edwards, C. L. , Whitfield, K. E. , & Brandon, D. T. (2004). Stress, coping, and health outcomes among African-Americans: A review of the John Henryism hypothesis. *Psychology and Health*, 19: 369 – 383.

Ben-Schlomo, Y. & Kuh, D. (2002). A life course approach to chronic disease epidemiology: Conceptual models, empirical challenges and interdisciplinary perspectives. *International Journal of Epidemiology*, 31 (2): 285 – 293.

Bernabe, E. , Watt, R. G. , Sheiham, A. , et al. (2009). The influence of sense of coherence on the relationship between childhood socioeconomic status and adult oral health-related behaviours. *Community Dentistry and Oral Epidemiology*, 37: 357 – 365.

Bijleveld, E. , Custers Ruud, & Aarts Henk. (2012). Adaptive reward pursuit: how effort requirements affect unconscious reward responses and conscious reward decisions. *Journal of Experimental Psychology: General*, 141 (4): 728 – 742.

Bijleveld, E. , Ruud Custers, & Henk Aarts. (2009). Unconscious reward cues increase invested effort, but do not change speed – accuracy tradeoffs. *Cognition*, 115 (2): 330 – 335.

Bijleveld, E. , Ruud Custers, & Henk Aarts. (2011). Once the money is in sight: Distinctive effects of conscious and unconscious rewards on task per-

formance. *Journal of Experimental Social Psychology*, 47（4）：865 – 869.

Blair, C. , Raver, C. C. , & Finegood, E. D. （2016）. *Self-regulation and developmental psychopathology*：*Experiential canalization of brain and behavior.* John Wiley & Sons, Inc.

Bless, H. , Clore, G. L. , Schwarz, N. , et al. （1996）. Mood and the use of scripts：Does a happy mood really lead to mindlessness? *Journal of Personality & Social Psychology*, 71（4）：665 – 679.

Bohm, Gisela. （2003）. Emotional reaction to environmental risks：Consequentialist versus ethical evaluation. *Journal of Environmental Psychology*, 23：199 – 212.

Bohm, G. & Pfister, H. R. （2000）. Action tendencies and characteristics of environmental riskes, *Acta Psychologica*, 104：317 – 337.

Bouvette-Turcot, A. A. , Unternaehrer, E. , Gaudreau, H. , et al. （2017）. The joint contribution of maternal history of early adversity and adulthood depression to socioeconomic status and potential relevance for offspring development. *Journal of Affective Disorders*, 207：26 – 31.

Bowlby, J. （1969/1973）. *Attachment and loss* （Vol. 2）. New York：Basic Books.

Bradley, R. H. & Corwyn, R. F. （2002）. Socioeconomic status and child development. *Annual Review of Psychology*, 53（1）：371 – 399.

Brandstatter, E. , Gigerenzer, G. , & Hertwig, R. （2006）. The priority heuristic：Making choices without trade-offs. *Psychological Review*, 113（2）：409 – 432.

Branscombe, N. R. & Ellemers, N. （1998）. Coping with group-based discrimination：Individualistic versus group-level strategies. In J. K. Swim & C. Stangor （eds. ）, *Prejudice. The target's perspective.* San Diego, CA：Academic Press, 243 – 266.

Brehm, J. W. （1966）. *A theory of psychological reactance.* New York：Academic Press.

Brehm, S. S. & Brehm, J. W. （1981）. *Psychological reactance：A theory of freedom and control.* New York：Academic Press.

Brennan, K. A. , Clark, C. L. , & Shaver, P. R. （1998）. Self-report measurement of adult attachment: An integrative overview. In J. A. Simpson & W. S. Rholes (eds.), *Attachment theory and close relationships*. New York: Guilford Press.

Briers, B., Pandelaere, M., Dewitte, S., & Warlop, L. (2006). Hungry for money: The desire for caloric resources increases the desire for financial resources and vice versa. *Psychological Science*, 17: 939 – 943.

Brim, O. G., Baltes, P. B., Bumpass, L. L., Cleary, P. D., Featherman, D. L., Hazzard, W. R., Kessler, R, C., Lachman, M. E., Markus, H. R., Marmot, M. G., Rossi, A. S., Ryff, C. D., & Shweder, R. A. (2000). *National Survey of Midlife Development in the United States (MIDUS), 1995 – 1996*. ICPSR version. DataStat and Harvard Medical School, Dept. of Health Care Policy [producers], 1996. Ann Arbor: Inter-University Consortium for Political and Social Research [distributor].

Briñol, Pablo, Petty, E. R., & Jamie Barden (2007). Happiness versus sadness as a determinant of thought confidence in persuasion: A self-validation analysis. *Journal of Personality & Social Psychology*, 93 (5): 711 – 727.

Broadbent, D. E. (1971). *Decision and stress*. New York: Academic Press.

Brockner, J., Paruchuri, S., Idson, L. C., et al. (2002). Regulatory focus and the probability estimates of conjunctive and disjunctive events. *Organizational Behavior and Human Decision Processes*, 87 (1): 5 – 24.

Buller, D. J. (2005). Adapting minds: Evolutionary psychology and the persistent quest for human nature. *American Journal of Human Biology*, 45 (8): 1021 – 1022.

Burgess, S. M. (2007). Toward a theory on the content and structure of money attitudes. *Advances in Consumer Research*, 34: 682 – 683.

Buss, D. M. (1995). The Future of evolutionary psychology. *Psychological Inquiry*, 6 (1): 81 – 87.

Buss, D. M. (1999/2004). *Evolutionary psychology: The new science of the mind*. Boston, MA: Allyn and Bacon.

Buss, D. M. (2005). *The handbook of evolutionary psychology*. John Wiley &

Sons, Inc.

Buss, D. M. (2009). How can evolutionary psychology successfully explain personality and individual differences? *Perspectives on Psychological Science*, 4 (4): 359 – 366.

Cacioppo, J. T. , Petty, R. E. , Losch. , et al. (1986). Electromyographic activity over facial muscle regions can differentiate the valence and intensity of affective reactions. *Journal of Personality & Social Psychology*, 50 (2): 260 – 268.

Campion, J. , Bhugra, D. , Bailey, S. , & Marmot, M. (2013). Inequality and mental disorders: Opportunities for action. *The Lancet*, 382 (9888): 183 – 184.

Camprieu, R. , Desbiens, J. , & Feixue, Y. (2007). "Cultural" differences in project risk perception: An empirical comparison of China and Canada. *International Journal of Project Management*, 25: 683 – 693.

Capa, Rémi L. , Cédric A. Bouquet, Jean – Claude Dreher, & André Dufourd. (2013). Long – lasting effects of performance – contingent unconscious and conscious reward incentives during cued task – switching. *Cortex*, 49 (7): 1943 – 1954.

Carroll, J. E. , Cohen, S. , & Marsland, A. L. (2011). Early childhood socioeconomic status is associated with circulating interleukin-6 among mid-life adults. *Brain Behavior & Immunity*, 25 (7): 1468 – 1474.

Caruth, C. (1995). *Trauma: Explorations in memory*. Maryland: Johns Hopkins University Press.

Castagné, R. , Kelly-Irving, M. , Campanella, G. , et al. (2016). Biological marks of early-life socioeconomic experience is detected in the adult inflammatory transcriptome. *Scientific Reports*, 6: 38705.

Castles, S. , Miller, M. J. , & Ammendola, G. (2003). *The age of migration: International population movements in the modern world*. New York: The Guilford Press.

Cesario, J. & Higgins, E. T. (2008). Making message recipients "feel right".

Psychological Science, 19 (5): 415 – 420.

Chaiken, J. M. (1980). *Two patrol car deployment models: History of use 1975 – 1979.* RAND Corporation.

Chamberlain, L. J. , Hanson, E. R. , Klass, P. , et al. (2016). Childhood poverty and its effect on health and well-being: Enhancing training for learners across the medical education continuum. *Academic Pediatrics*, 16: 155 – 162.

Charles, K. K. , Hurst, E. , & Roussanov, N. (2009). Conspicuous consumption and race. *The Quarterly Journal of Economics*, 124 (2): 425 – 467.

Chen, E. , Martin, A. D. , & Matthews, K. A. (2006). Socioeconomic status and health: Do gradients differ within childhood and adolescence? *Social Science & Medicine*, 62: 2161 – 2170.

Chen, F. , Yang, Y. , & Liu, G. (2010). Social change and socioeconomic disparities in health over the life course in China: A cohort analysis. *American Sociological Review*, 75 (1): 126 – 150.

Chisholm, T. J. (1993). Bar code reader system for reading bar code labels with a highly specular and low contrast surface.

Choo, H. Y. & Ferree, M. M. (2010). Practicing intersectionality in sociological research: A critical analysis of inclusions, interactions, and institutions in the study of inequalities. *Sociological Theory*, 28 (2): 129 – 149.

Christopher, A. N. , Drummond, K. , Jones, J. R. , et al. (2006). Beliefs about one's own death, personal insecurity, and materialism. *Personality and Individual Differences*, 40: 441 – 451.

Christopher, A. N. & Schlenker, B. R. (2004). Materialism and affect: The role of self-presentational concerns. *Journal of Social and Clinical Psychology*, 23: 260 – 272.

Christopoulos, G. I. , Tobler, P. N. , Bossaerts, P. , Dolan, R. J. , & Schultz, W. (2009). Neural correlates of value, risk, and risk aversion contributing to decision making under risk. *Journal of Neuroscience*, 29: 12574 – 12583.

Cofer, C. N. & Appley, M. H. (1964). *Motivation: Theory and research.* New York: Wiley.

Cohen, S. (1978). Environmental load and the allocation of attention. In A. Baum, J. E. Singer, & S. Valins (eds.), *Advances in Environmental Psychology*. NJ: Erlbaum Press. 1 – 29.

Cohen, S., Janicki-Deverts, D., & Chen, E. (2010). Childhood socioeconomic status and adult health. *Annals of the New York Academy of Sciences*, 1186: 37 – 55.

Cohen, S., Kamarck, T., & Mermelstein, R. (1983). A global measure of perceived stress. *J Health Soc Behav*, 24: 385 – 396.

Cole, K., Daly, A., & Mak, A. (2009). Good for the soul: The relationship between work, wellbeing and psychological capital. *Journal of socio-economics*, 38 (3): 464 – 474.

Collins, P. H. (1990). *Black feminist thought: Knowledge, consciousness, and the politics of empowerment*. New York: Routledge.

Conroy, K., Sandel, M., & Zuckerman, B. (2010). Poverty grown up: How childhood socioeconomic status impacts adult health. *Journal of Developmental & Behavioral Pediatrics*, 31: 154 – 160.

Corneo, G. & Jeanne. (1997). Snobs, bandwagons and the origin of social customs in consumer cehavior. *Journal of Economic Behavior and Organization*, (32): 333 – 347.

Cosmides, L. & Tooby, J. (1992). *Cognitive adaptations for social exchange from the adapted mind evolutionary psychology & the generation of culture*. New York: Oxford University Press.

Costa, P. T. & McCrae, R. R. (1992). Reply to eysenck. *Personality & Individual Differences*, 13: 861 – 865.

Costello, E. J., Compton, S. N., Keeler, G., & Angold, A. (2003). Relationships between poverty and psychopathology: A natural experiment. *The Journal of the American Medical Association*, 290 (15): 2023 – 2029.

Crowe, E. & Higgins, E. T. (1997). Regulatory focus and strategic inclinations: Promotion and prevention in decision-making. *Organizational Behavior and Human Decision Processes*, 69.

Crowne, D. & Marlowe, D. (1960). A new scale of social desirability independent of psychopathology. *Journal of Consulting Psychology*, 24 (04): 349 –354.

Damasio, A. (1994). *Descartes' error. Emotion Reason & the Human Brain*, 43 (4): 315 –333.

Danese, A. , Caspi, A. , Williams, B. , et al. (2011). Biological embedding of stress through inflammation processes in childhood. *Molecular Psychiatry*, 16: 244 –246.

Darwin, C. R. (1859). *On the origin of species*. London: John Murray.

Davies, L. E. M. , Kuipers, M. A. G. , & Junger, M. (2017). The role of self-control and cognitive functioning in educational inequalities in adolescent smoking and binge drinking. *BMC Public Health*, 17: 714 –723.

De Martino, B. , Kumaran, D. , Seymour, B. , & Dolan, R. J. (2006). Frames, biases, and rational decision-making in the human brain. *Science*, 313: 684 – 687.

Dembling, B. P. , Rovnyak, V. , Mackey, S. , & Blank, M. (2002). Effect of geographic migration on SMI prevalence estimates. *Mental Health Services Research*, 4 (1): 7 –12.

Dewall, C. N. , Baumeister, R. F. , Gailiot, M. T. , & Maner, J. K. (2008). Depletion makes the heart grow less helpful: Helping as a function of self-regulatory energy and genetic relatedness. *Personality and Social Psychology Bulletin*, 34: 1653 –1662.

Ding, P. , MD Gerst, Bernstein, A. , Howarth, R. B. , & Borsuk, M. E. (2012). Rare disasters and risk attitudes: International differences and implications for integrated assessment modeling. *Risk Analysis*, 32 (11): 1846 –1855.

Dittmar, H. , Bond, R. , Hurst, M. , & Kasser, T. (2014). The relationship between materialism and personal well-being: A meta-analysis. *Journal of Personality and Social Psychology*, 107 (5): 879 –924.

Draper, P. & Harpending, H. (1982). Father absence and reproductive strategy: An evolutionary perspective. Journal of Anthropological Research, 38 (3): 255 –273.

Duncan, G. J. , Ziol-Guest, K. M. , & Kalil, A. (2010). Early-childhood poverty and adult attainment, behavior, and health. *Child Development*, 81 (1): 306 – 325.

Dzhambov, M. A. & Dimitrova, D. D. (2014). Eoderly visitors of an urban park, health anxiety and individual awareness of nature experiences. *Urban Forestry & Urban Greening*, 13: 806 – 813.

Eastman, K. J. & Fredenberger, B. (1997). The relationship between status consumption and materialism: A cross-cultural comparison of Chinese, Mexican, and American students. *Journal of Marketing Theory and Practice*, 5 (1) : 52 – 66.

Eaton, W. W. , Muntaner, C. , & Bovasso, G. (2001). Socioeconomic status and depression. *Journal of Health and Social Behavior*, 42: 277 – 294.

Elgar, F. J. , Roberts, C. , Parry-Langdon, N. , & Boyce, W. (2005). Income inequality and alcohol use: A multilevel analysis of drinking and drunkenness in adolescents in 34 countries. *European Journal of Public Health*, 15 (3): 245 – 250.

Ellis, B. J. , Figueredo, A. J. , & Brumbach, B. H. (2009). Fundamental dimensions of environmental risk: The impact of harsh versus unpredictable environments on the evolution and development of life history strategies. *Human Nature*, 20 (2): 204 – 268.

Ellis, L. (1988). Criminal behavior and R/K selection: An extension of gene-based evolutionary theory. *Personality and Individual Differences*, 9: 697 – 708.

Epstein, S. (1994). Integration of the cognitive and psychodynamic unconscious. *American Psychologist*, 49: 709 – 724.

Erb, H. P. , Bioy, A. , & Hilton, D. J. (2002). Choice preferences without inferences: Subconscious priming of risk attitudes. *Journal of Behavioral Decision Making*, 15 (3): 251 – 262.

Evans, G. & Schamberg, M. (2009). Childhood poverty, chronic stress, and adult working memory. *Proceedings of the National Academy of Science*, 106: 6545 – 6549.

Evans, G. W. (1978). Human spatial behavior: The arousal model. In A. Baum & Y. Epstein (eds.), *Human response to crowding* NJ: Erlbaum Press, 283 – 302.

Evans, G. W. (2006). Child development and the physical environment. *Annual Review of Psychology*, 57 (1): 423 – 451.

Evans, G. W. & Cassells, R. C. (2014). Childhood poverty, cumulative risk exposure, and mental health in emerging adults. *Clinical Psychological Science*, 2 (3): 287 – 296.

Evans, G. W. & Cohen, S. (1987). Environmental stress. In D. Stokols & I. Altman (eds.), *Handbook of environmental psychology* New York: Wiley-Interscience Press, 571 – 610.

Evans, G. W. & Kim, P. (2013). Childhood poverty, chronic stress, self-regulation, and coping. *Child Development Perspectives*, 7 (1): 43 – 48.

Evans, L. (2000). The effects of noise on pre-school children's pre-reading skills. *Journal of Environmental Psychology*, 91 – 97.

Falkstedt, D., Möller, J., & Zeebari, Z. (2016). Prevalence, co-occurrence, and clustering of health-risk behaviors among people with different socio-economic trajectories: A population-based study. *Preventive Medicine*, 93: 64 – 49.

Faris, R. E. L. & Dunham, H. W. (1939). *Mental disorders in urban areas: An ecological study of schizophrenia and other psychoses.* Chicago: The University of Chicago Press.

Ferrie, J. & Rolf, K. (2011). Socioeconomic status in childhood and health after age 70: A new longitudinal analysis for the U. S., 1895 – 2005. *Explorations in Economic History*, 48: 445 – 460.

Festinger, L. (1954). A theory of social comparison processes. *Human Relation*, 7: 117 – 140.

Figueredo, A. J., Cabeza de Baca, Tomás, & Woodley, M. A. (2013). The measurement of human life history strategy. *Personality & Individual Differences*, 55 (3): 251 – 255.

Figueredo, A. J., Vásquez, G., & Brumbach, B. H. (2005). The K-factor:

Individual differences in life history strategy. *Personality Individual Differences*, 8: 1349 – 1360.

Figueredo, A. J. , Vasquez, G. , Brumbach, B. H. , Schneider, S. M. R. , Sefcek, J. A. , Tal, I. R. , & Jacobs, W. J. (2006). Consilience and life history theory: From genes to brain to reproductive strategy. *Developmental Review*, 26 (2): 243 – 275.

Figueredo, A. J. , Vásquez, G. , Brumbach, B. H. , & Schneider, S. M. R. (2007). The K-factor, covitality, and personality: A psychometric test of life history theory. *Human Nature*, 18: 47 – 73.

Finkelstein, D. M. , Kubzansky, L. D. , Capitman, J. , & Goodman, E. (2007). Socioeconomic differences in adolescent stress: The role of psychological resources. *Journal of Adolescent Health*, 40 (2): 127 – 134.

Fisher, I. (1930). *The theory of interest, as determined by impatience to spend income and opportunity to invest it.* New York: Macmillan.

Flik, R. J. & Van Praag, B. M. S. (1991). Subjective poverty line definitions. *Economist*, 139 (3): 311 – 330.

Flouri, E. (2004). Exploring the relationship between mothers' and fathers' parenting practices and children's materialist values. *Journal of Economic Psychology*, 25: 743 – 752.

Ford, M. T. , Heinen, B. A. , & Langkamer, K. L. (2007). Work and family satisfaction and conflict: A meta – analysis of cross – domain relations. *Journal of Applied Psychology*, 92: 57 – 80.

Fors, S. , Lennartsson, C. , & Lundberg, O. (2009). Childhood living conditions, socioeconomic position in adulthood, and cognition in later life: Exploring the associations. *Journals of Gerontology*: Series B, 64b.

Fraja, G. D. (2009). The origin of utility: Sexual selection and conspicuous consumption. *Journal of Economic Behavior & Organization*, 72 (1): 51 – 69.

Frankenhuis, W. E. , Gergely, G. , & Watson, J. S. (2013). Infants may use contingency analysis to estimate environmental states: An evolutionary, life-history perspective. *Child Development Perspectives*, 7 (2): 115 – 120.

Freitas, A. L. , Azizian, A. , Travers, S. , et al. (2005). The evaluative connota-
tion of processing fluency: Inherently positive or moderated by motivational
context? *Journal of Experimental Social Psychology*, 41 (6): 636 – 644.

Frese, M. , Gielnik, M. M. , & Mensmann, M. (2016). Psychological training for
entrepreneurs to take action: Contributing to poverty reduction in developing
countries. *Current Directions in Psychological Science*, 25 (3): 196 – 202.

Freund, P. E. , McGuire, M. B. , & Podhurst, L. S. (2003). *Health, illness,
and the social body: A critical sociology.* Hoboken: Prentice Hall.

Fryers, T. , Melzer, D. , Jenkins, R. , & Brugha, T. (2005). The distribution
of the common mental disorders: Social inequalities in Europe. *Clinical
Practice and Epidemiology in Mental Health*, 1 (1): 14.

Furnham, A. (1984). Many sides of the coin: The psychology of money us-
age. Personality *and Individual Difference*, 5 (5): 501 – 509

Galic, S. , Oakhill, J. S. , & Steinberg, G. R. (2010). Adipose tissue as an
endocrine organ. *Molecular and Cellular Endocrinology*, 316: 129 – 139.

Galobardes, B. , Lynch, J. W. , & Smith, G. D. (2004). Childhood socioeco-
nomic circumstances and cause-specific mortality in adulthood: Systematic
review and interpretation. *Epidemiologic Reviews*, 26: 7 – 21.

Gangestad, S. W. , Merriman, L. A. , & Thompson, M. E. (2010). Men's oxi-
dative stress, fluctuating asymmetry and physical attractiveness. *Animal Be-
haviour*, 80 (6): 1005 – 1013.

Garber, J. & Seligman, M. E. P. (1981). *Human helplessness: Theory and ap-
plications.* New York: Academic Press.

Gawronski, B. , Hofmann, W. , & Wilbur, C. J. (2006). Are "implicit" atti-
tudes unconscious? *Conscious Cogn*, 15 (3): 485 – 499.

George, L. (2007). Age structures, aging, and the life course. *Gerontology:
Perspectives and Issues*, 203 – 222.

George, L. (2014). Taking time seriously: A call to action in mental health re-
search. *Journal of Health and Social Behavior*, 55 (3): 251 – 264.

Ger, G. & Belk, R. W. (1996). Cross-cultural differences in materialism. *Jour-

nal of Economic Psychology, 17: 55 – 77.

Gern, J. E. , Lemanske, R. F. , & Busse, W. W. (1999). Early life origins of asthma. *Journal of Clinical Investigation*, 104 (7): 837 – 843.

Gerris, J. R. M. , Dekovic, M. , & Janssens, J. M. A. M. (1997). The relationship between social class and childrearing behaviors: Parents' perspective taking and value orientations. *Journal of Marriage & Family*, 59 (5): 834 – 847.

Gibbons, F. X. & Buunk, B. P. (1999). Individual differences in social comparison: Development of a scale of social comparison orientation. *Journal of Personality and Social Psychology*, 76: 129 – 142.

Gigerenzer, G. & Goldstein, D. G. (2011). The recognition heuristic: A decade of research. *Judgment and Decision Making*, 6: 100 – 121.

Gilman, S. E. , Kawachi, I. , Fitzmaurice, G. M. , & Buka, S. L. (2003). Socioeconomic status, family disruption and residential stability in childhood: Relation to onset, recurrence and remission of major depression. *Psychological Medicine*, 33 (8): 1341 – 1355.

Giosan, C. (2006). High-k strategy scale: A measure of the high-k independent criterion of fitness. *Evolutionary Psychology*, 4: 394 – 405.

Giudice, D. Marco. (2009). On the real magnitude of psychological sex differences. *Evolutionary Psychology*, 7 (2): 264 – 279.

Gladden, P. R. , Sisco, M. , & Figueredo, A. J. (2008). Sexual coercion and life-history strategy. *Evolution & Human Behavior*, 29 (5): 319 – 326.

Gladden, P. R. , Welch, J. , Figueredo, A. J. , & Jacobs, W. J. (2009). Moral intuitions and religiosity as spuriously correlated life history traits. *Journal of Evolutionary Psychology*, 7 (2): 167 – 184.

Glass, D. C. & Singer, S. E. (1972). *Urban stress*. New York: Academic Press.

Gonzalez, A. , Boyle, M. H. , Georgiades, K. , et al. (2012). Childhood and family influences on body mass index in early adulthood: Findings from the Ontario Child Health Study. *BMC Public Health*, 12: 755 – 765.

Gorelik, G. , Shackelford, T. K. , & Weekes-Shackelford, V. A. (2012). Human violence and evolutionary consciousness. *Review of General Psychology*, 16 (4): 343 – 356.

Gove, W. R. (2004). The career of the mentally ill: An integration of psychiatric, labeling/social construction, and lay perspectives. *Journal of Health and Social Behavior*, 45 (4): 357 – 375.

Graham, W. K. & Balloun, J. (1973). An empirical test of Maslow's need hierarchy theory. *Journal of Humanistic Psychology*, 13 (1): 97 – 108.

Gratton, L. C. (1978). Analysis of Maslow's need hierarchy with three social class groups. *Social Indicators Research*, 7: 463 – 476.

Greenfield, E. A. & Marks, N. F. (2009). Profiles of physical and psychological violence in childhood as a risk factor for poorer adult health: Evidence from the 1995 – 2005 national survey of midlife in the United States. *Journal of Aging and Health*, 21 (7): 943 – 966.

Griskevicius, V., Ackerman, J. M., Cantú, S. M., Simpson, J. A., Griskevicius, V., Delton, A. W., Robertson, T. E., & Tybur, J. M. (2011a). Environmental contingency in life history strategies: The influence of mortality and socioeconomic status on reproductive timing. *Journal of Personality and Social Psychology*, 100: 241 – 254.

Griskevicius, V., Ackerman, J. M., Cantu, S. M., Delton, A. W., Robertson, T. E., Simpson, J. A., & Tybur, J. M. (2013). When the economy falters, do people spend or save? Responses to resource scarcity depend on childhood environments. *Psychological Science*, 24 (2): 197 – 205.

Griskevicius, V. & Kenrick, D. T. (2013). Fundamental motives: How evolutionary needs influence consumer behavior. *Journal of Consumer Psychology*, 23 (3): 372 – 386.

Griskevicius, V., Tybur, J. M., Delton, A. W., & Robertson, T. E. (2011b). The influence of mortality and socioeconomic status on risk and delayed rewards: A life history theory approach. *Journal of Personality and Social Psychology*, 100 (6): 1015 – 1026.

Griskevicius, V., Tybur, J. M., Sundie, J. M., et al. (2007). Blatant bene-

volence and conspicuous consumption: When romantic motives elicit strategic costly signals. *Journal of Personality and Social Psychology*, 93 (1): 85 – 102.

Grob, A. (1995). A structural model of environmental attitudes and behavior. *Journal of Environmental Psychology*, 15: 209 – 220.

Gronmo, S. (1988). Compensatory consumer behavior: Elements of a critical sociology of consumption. In P. Otnes (ed.). *The sociology of consumption*. New York: Humanities Press.

Grosfoguel, R. (2004). Race and ethnicity or racialized ethnicities? Identities within global coloniality. *Ethnicities*, 4 (3): 315 – 336.

Grunert, K. G. (1993). *Towards a concept of food-related life style*. Appetite, 21.

Guitart-Masip, M., Talmi, D., & Dolan, R. (2010). Conditioned associations and economic decision biases. *NeuroImage*, 53: 206 – 214.

Guo, G. & Harris, K. M. (2000). The mechanisms mediating the effects of poverty on children's intellectual development. *Demography*, 37: 431 – 447.

Guthrie, B. J. (2007). An inconvenient truth: The cumulative influence of childhood poverty on health across the lifespan. *Journal for Specialists in Pediatric Nursing*, 12 (4): 213 – 214.

Haddock, G., Maio, G. R., Arnold, K., & Huskinson, T. (2008). Should persuasion be affective or cognitive? The moderating effects of need for affect and need for cognition. *Pers Soc Psychol Bull*, 34 (6): 769 – 778.

Hajat, A., Kaufman, J. S., Rose, K. M., Siddiqi, A., & Thomas, J. C. (2010). Long-term effects of wealth on mortality and self-rated health status. *American Journal of Epidemiology*, 173 (2): 192 – 200.

Hales, C. N. & Barker, D. J. (1992). Type 2 (non-insulin-dependent) diabetes mellitus: The thrifty phenotype hypothesis. *Diabetologia*, 35: 595 – 601.

Hall, D. T. & Nougaim, K. E. (1968). An examination of Maslow's need hierarchy in an organizational setting. *Organizational Behavior and Human Performance*, 3 (1): 12 – 35.

Hamilton, W. D. (1964). The genetical theory of social behaviour. *Journal of*

Theoretical Biology, 7.

Harper, S. , Lynch, J. , Hsu, W. L. , et al. (2002). Life course socioeconomic conditions and adult psychosocial functioning. *International Journal of Epidemiology*, 31: 395 – 403.

Hebb, D. O. (1972). *Textbook of psychology* (3rd ed). Saunders Press.

Heinonen, K. , Raikkonen, K. , Matthews, K. A. , Scheier, M. F. , Raitakari, O. T. , Pulkki, L. , & Keltikangas-Jarvinen, L. (2006). Socioeconomic status in childhood and adulthood: Associations with dispositional optimism and pessimism over a 21-year follow-up. *Journal of Personality*, 74 (4): 1111 – 1126.

Hermalin, Benjamin E. & Isen, Alice M. (2000). The effect of affect on economic and strategic decision making. Econometric Society World Congress 2000 Contributed Papers, 1136.

Hertzman, C. (1999). The biological embedding of early experience and its effects on health in adulthood. *Annals of the New York Academy of Sciences*, 896: 85 – 95.

Herzenstein, M. , Posavac, S. S. , & Brakus, J. J. (2007). Adoption of new and really new products: The effects of self-regulatio. *Journal of Marketing Research*, 44 (2): 251 – 260.

Higgins, E. T. , Idson, L. C. , Freitas, A. L. , et al. (2003). Transfer of value from fit. *Journal of Personality & Social Psychology*, 84 (6): 1140 – 1153.

Hill, S. E. & Buss, D. M. (2010). Risk and relative social rank: Context-dependent risky shifts in probabilistic decision-making. *Evolution and Human behavior*, 31: 219 – 226.

Hill, S. E. , Prokosch, M. L. , DelPriore, D. J. , et al. (2016). Childhood socioeconomic status promotes eating in the absence of energy need. *Psychological Science*, 27 (3): 354 – 364.

Hobfoll, S. E. (2002). Social and psychological resources and adaptation. *Review of General Psychology*, 6 (4): 307 – 324.

Hollingshead, A. B. & Redlich, F. C. (1958). Social class and mental illness: Com-

munity study. *American Journal of Public Health*, 97（10）：1756 – 1757.

Holzer, C. E. , Shea, B. M. , Swanson, J. W. , & Leaf, P. J. （1986）. The increased risk for specific psychiatric disorders among persons of low socioeconomic status. *American Journal of Social Psychiatry*, 6（4）：259 – 271.

Horowitz, M. , Wilner, N. , & Alvarez, W. （1979）. Impact of event scale：A measure of subjective stress. *Psychosomatic Medicine*, 41（3）：209 – 218.

Hsee, C. K. & Weber, E. U. （1997）. A fundamental prediction error：Self-others discrepancies in risk preference. *Journal of Experimental Psychology*：*General*, 126（1）：45 – 53.

Huckfeldt, R. , Mendez, J. M. , & Osborn, T. L. （2004）. *Disagreement, ambivalence, and engagement*：*The political consequences of heterogeneous networks*. Full Text Available.

Hudson, C. G. （2005）. Socioeconomic status and mental illness：Tests of the social causation and selection hypotheses. *American Journal of Orthopsychiatry*, 75（1）：3 – 18.

Ilic, M. , Reinecke, J. , Bohner, G. , Röttgers, H. O. , Beblo, T. , Driessen, M. , et al. （2012）. Protecting self-esteem from stigma：A test of different strategies for coping with the stigma of mental illness. *International Journal of Social Psychiatry*, 58：246 – 257.

Inglehart, R. （1990）. *Cultural shift in advanced industrial society*. Princeton University Press.

Javanbakht, Arash, King, Anthony P. , Evans, Gary W. , Swain, James E. , Angstadt, Michael, Phan, K. Luan, & Liberzon, Israel. （2015）. Childhood poverty predicts adult amygdala and frontal activity and connectivity in response to emotional faces. *Frontiers in Behavioral Neuroscience*, 9：154.

Jenkins, R. , Bhugra, D. , Bebbington, P. , Brugha, T. , Farrell, M. , Coid, J. , & Meltzer, H. （2008）. Debt, income and mental disorder in the general population. *Psychological Medicine*, 38（10）：1485 – 1493.

Johnson, E. J. & Tversky, A. （1983）. Affect, generalization, and the perception of risk. *Journal of Personality and Social Psychology*, 45：20 – 31.

Kahneman, D. , Knetsch, J. L. , & Thaler, R. (1990). Experimental tests of the endowment effect and the coase theorem. *Journal of Political Economy*, 98: 1325 – 1348.

Kahneman, D. & Tversky, A. (1979). Prospect theory: An analysis of decision under risk. *Econometrica*, 47: 263 – 292.

Kaiser, F. G. , Wolfing, S. , & Fuhrer, U. (1999). Environmental attitude and ecological behavior. *Journal of Environmental Psychology*, 19: 1 – 19.

Kan, C. , Kawakami, N. , & Umeda, M. (2015). Mediating role of psychological resources on the association between childhood socioeconomic status and current health in the community adult population of Japan. *International Society of Behavioral Medicine*, 22: 764 – 774.

Kanner, A. D. , Coyne, J. C. , Schaefer, C. , & Lazarus, R. S. (1981). Comparison of two modes of stress measurement: Daily hassles and uplifts versus major life events. *Journal of Behavioral Medicine*, 4 (1): 1 – 39.

Kaplan, A. M. & Haenlein, M. (2009). The fairyland ofsecond life: Virtual social worlds and how to use them. *Business Horizons*, 52: 563 – 572.

Kaplan, H. , Hill, K. , Lancaster, J. , & Hurtado, A. M. (2000). A theory of human life history evolution: Diet, intelligence, and longevity. *Evolutionary Anthropology Issues News & Reviews*, 9 (4): 156 – 185.

Kaplan, H. S. & Gangestad, S. W. (2005). Life history theory and evolutionary psychology. In D. M. Buss (ed.). *The handbook of evolutionary psychology*. Hoboken, NJ: Wiley, 68 – 95.

Kasser, T. , Rosenblum, K. L. , Sameroff, A. J. , Deci, E. L. , Niemiec, C. P. , Ryan, R. M. , Arnadottir, O. , Bond, R. , Dittmar, H. , Dungan, N. , & Hawks, S. (2014). Changes in materialism, changes in psychological well-being: Evidence from three longitudinal studies and an intervention experiment. *Motiv Emot*, 38: 1 – 22.

Kasser, T. & Ryan, R. M. (1993). A dark side of the American dream: Correlates of financial success as a central life aspiration. *Journal of Personality and Social Psychology*, 65: 410 – 422.

Kasser, T. , Ryan, R. M. , Zax, M. , & Sameroff, A. J. （1995）. The relations of maternal and social environments to late adolescents' materialistic and prosocial values. *Developmental Psychology*, 31 （6）: 907 – 914.

Kaus, W. （2013）. Conspicuous consumption and "race": Evidence from South Africa. *Journal of Development Economics*, 100: 63 – 73.

Keller, B. （2001）. A-Infinity Algebras in Representation Theory. *Representations of Algebra.*

Kenrick, D. T. , Neuberg, S. L. , Griskevicius, V. , et al. （2010） Goal-driven cognition and functional behavior: The fundamental-motives framework. *Current Directions in Psychological Science*, 19 （1）: 63 – 57.

Kermer, D. A. , Driver-Linn, E. , Wilson, T. D. , & Gilbert, D. T. （2006）. *Loss aversion is an affective forecasting error. Psychological Science*, 17: 649 – 653.

Kessler, R. C. , Berglund, P. , Demler, O. , Jin, R. , Koretz, D. , Merikangas, K. R. , & Wang, P. S. （2003）. The epidemiology of major depressive disorder: Results from the National Comorbidity Survey Replication （NCS-R）. *The Journal of the American Medical Association*, 289 （23）: 3095 – 3105.

Kessler, R. C. , Chiu, W. T. , Demler, O. , & Walters, E. E. （2005）. Prevalence, severity, and comorbidity of 12 – month DSM-IV disorders in the National Comorbidity Survey Replication. *Archives of General Psychiatry*, 62 （6）: 617 – 627.

Killgore, W. D. S. & Yurgelun-Todd, D. （2004）. Sex-related developmental differences in the lateralized activation of the prefrontal cortex and amygdala during perception of facial affect. *Perceptual and Motor Skills*, 99: 371 – 391.

Kim, W. , Kim, T. H. , Lee, T. H. , et al. （2016）. The effect of childhood and current economic status on depressive symptoms in South Korean individuals: A longitudinal study. *International Journal for Equity in Health*, 15: 111 – 118.

Kirsner, B. R. , Figueredo, A. J. , & Jacobs, W. J. （2003）. Self, friends, and lovers: Structural relations among beck depression inventory scores and perceived mate values. *Journal of Affective Disorders*, 75 （2）: 131 – 148.

Klein, K. & Beith, B. (1985). Re-examination of residual arousal as an explanation of aftereffects: Frustration tolerance versus response speed. *Journal of Applied Psychology*, 70: 642 – 650.

Knight, F. H. (1921). *Risk, uncertainty and profit*. Houghton Mifflin Company.

Koczan, Z. (2016). Being poor, feeling poorer: Inequality, poverty and poverty perceptions in the Western Balkans. IMF Working Papers, No. 16/31.

Krain, Amy L. , Amanda M. Wilson, Robert Arbuckle, F. Xavier Castellanos, & Michael P. Milham. (2006). Distinct neural mechanisms of risk and ambiguity: A meta – analysis of decision – making. *NeuroImage*, 32 (1): 477 – 484.

Kroesen, M. , Molin, E. & Wee, B. V. (2011). Policy, personal dispositions and the evaluation of aircraft noise. *Journal of Environmental Psychology*, 31 (2): 147 – 157.

Kruger, D. J. , Wang, X. T. , & Wilke, A. (2007). Towards the development of an evolutionarily valid domain-specific risk-taking scale. *Evol Psychol*, 5 (3): 589 – 598.

Krupp, D. B. (2012). Marital, reproductive, and educational behaviors covary with life expectancy. *Archives of Sexual Behavior*, 41 (6): 1409 – 1414.

Kulka, R. A. , Schlenger, W. E. , Fairbank, J. A. , Hough, R. L. , Jordan, B. K. , Marmar, C. R. , & Weiss, D. S. (1990). Brunner/Mazel psychosocial stress series, No. 18. Trauma and the Vietnam war generation: Report of findings from the National Vietnam Veterans Readjustment Study. Brunner/Mazel.

Lacan, J. (1994). *Le Séminaire: Livre IV, La Relation D'Objet*. Paris: Le Seuil.

Laibson, D. (1997). Golden eggs and hyperbolic discounting. *Quarterly Journal of Economics*, 112 (2): 443 – 477.

Langer, E. J. & Saegert, S. (1977). Crowding and cognitive control. *Journal of Experimental Social Psychology*, 35: 175 – 182.

Langner, T. S. & Michael, S. T. (1963). *Life stress and mental health: II. The midtown Manhattan study*. New York: The Free Press of Glencoe.

Larson, M. & Luthans, F. (2006). Potential added value of psychological cap-

ital in predicting work attitud. *Journal of Leadership & Organizational Studies*, 13（1）: 45 – 62.

Lazarus, R. S. （1966）. *Psychological stress and the coping process.* New York: McGraw-Hill Press.

Lazarus, R. S. （1998）. *Fifty years of research and theory by R. S. Lazarus: An analysis of historical and perennial issues.* NJ: Erlbaum Press.

Lazarus, R. S. & Cohen, J. B. （1977）. Environmental stress. Plenum, New York.

Lazarus, R. S. & Folkman, S. （1984）. *Stress, appraisal, and coping.* New York: Springer Press.

Lee, A. Y. & Aaker, J. （2004）. *Bringing the frame into focus: The influence of regulatory fit on processing fluency and persuasion.* Social Science Electronic Publishing.

Lee, J. & Shrum, L. （2012）. Conspicuous consumption versus charitable behavior in response to social exclusion: A differential needs explanation. *Journal of Consumer Research*, 39（3）: 530 – 544.

Leibenstein, H. （1950）. Bandwagon, snob, and veblen effects in the theory of consumers' demand. *Quarterly Journal of Economics*, 64（2）: 183 – 207.

Levitan, L. C. & Visser, P. S. （2008）. The impact of the social context on resistance to persuasion: Effortful versus effortless responses to counter-attitudinal information. *Journal of Experimental Social Psychology*, 44（3）: 640 – 649.

Levy, E. （1980）. Gravel pit requested by lincoln county road dept. *Biochimica et Biophysica Acta（BBA） – Nucleic Acids and Protein Synthesis*, 161（1）: 125 – 136.

Liao, J. & Wang, L. （2009）. Face as a mediator of the relationship between material value and brand consciousness. *Psychology & Marketing*, 26（11）: 987 – 1001.

Liberzon, I. , Ma, S. T. , Okada, G. , Ho, S. S. , Swain, J. E. , & Evans, G. W. （2015）. Childhood poverty and recruitment of adult emotion regulatory neurocircuitry. *Social Cognitive and Affective Neuroscience*, 10 (11): 1596 – 1606.

Lim, V. K. G. & Teo, T. S. H. (1997). Sex, money and financial hardship: An empirical study of attitudes towards money among undergraduates in Singapore. *Journal of Economic Psychology*, 18 (4): 369 – 386.

Linde, J. & Sonnemans, J. (2012). Social comparison and risky choices. *Journal of Risk and Uncertainty*, 44: 45 – 72.

Link, B. G. , Lennon, M. C. , & Dohrenwend, B. P. (1993). Socioeconomic status and depression: The role of occupations involving direction, control, and planning. *American Journal of Sociology*, 98 (6): 1351 – 1387.

Lipowicz, A. , Koziel, S. , Hulanicka, B, et al. (2007). Socioeconomic status during childhood and health status in adulthood: The Wroclaw Growth Study. *Journal of Biosocial Science*, 39: 481 – 497.

Li, S. (1994). *Equate-to-differentiate theory: A coherent bi-choice model across certainty, uncertainty and risk.* University of New South Wales.

Li, S. (2004). A behavioral choice model when computational ability matters. *Applied Intelligence*, 20 (2): 147 – 163.

Li, S. , Wang, X. , Zheng, R. , & Xuan, Y. (2016). The origin of the domain specific risk taking: Evidence from twin study and meta-analyses, 343.

Liu, L. , Shu, H. , Wang, L. , Sui, G. , & Lei, M. (2013). Positive resources for combating depressive symptoms among chinese male correctional officers: Perceived organizational support and psychological capital. *Bmc Psychiatry*, 13 (1): 89 – 89.

Loewenstein, G. & Elster, J. (1992). *Choice over time.* New York, NY: Russel Sage Foundation.

Loewenstein, G. , Read, D. , & Bauseimster, R. F. (2003). *Time and decision.* New York, NY: Russell Sage Foundation.

Loewenstein, G. , Weber, E. , Hsee, C. , & Welch, N. (2001). Risk as feelings. *Psychological Bulletin*, 127 (2): 267 – 286.

Lopes, L. L. (1987). Between hope and fear: The psychology of risk advances

in experimental. *Social Psychology*, 20 (2): 255 – 295.

Luthans, F. , Avolio, B. J. , Avey, J. B. , & Norman, S. M. (2007). Positive psychological capital: Measurement and relationship with performance and satisfaction. *Personnel Psychology*, 60 (3): 541 – 572.

Luthans, F. , Avolio, B. J. , & Walumbwa, F. O. (2005). The psychological capital of Chinese workers: Exploring the relationship with performance. *Management and Organization Review*, 1 (2): 249 – 271.

Luthans, F. , Luthans, K. W. , & Luthans, B. C. (2004). Positive psychological capital: Beyond human and social capital. *Business Horizons*, 47 (1): 45 – 50.

Mallett, R. K. & Swim, J. K. (2005). Bring it on: Proactive coping with discrimination. *Motivation and Emotion*, 29 (4): 407 – 437.

Maner, J. K. , Dittmann, A. , Meltzer, A. L. , et al. (2017). Implications of life-history strategies for obesity. *Psychological and Cognitive Sciences*, 114 (32): 8517 – 8522.

Mani, A. , Mullainathan, S. , Shafir, E. , & Zhao, J. (2013). Poverty impedes cognitive function. *Science*, 341 (6149): 976 – 980.

Marcoux, J. S. & Filiatrault, P. & Chéron, E. (1997). The attitudes underlying preferences of young urban educated polish consumers towards products made in western countries. *Journal of International Consumer Marketing*, (4): 5 – 29.

Marlowe, F. W. & Berbesque, J. C. (2009). Tubers as fallback foods and their impact on HadzaHunter-Gatherers. *American Journal of Physical Anthropology*, 140: 761 – 768.

Marmot, M. , Shipley, M. & Brunner, E. (2001). Relative contribution of early life and adult socioeconomic factors to adult morbidity in the white hallii study. *Journal of Epidemiology & Community Health*, 55 (5): 301 – 307.

Martin, R. , Hewstone, M. , & Martin, P. Y. (2007). Systematic and heuristic processing of majority and minority-endorsed messages: The effects of varying outcome relevance and levels of orientation on attitude and message processing. *Pers Soc Psychol Bull*, 33（1）：43 – 56.

Maslow, A. H. （1943）. A theory of human motivation. *Psychological Review*, 50：370 – 396.

Maslow, A. H. （1970）. *Motivation and personality*. New York：Harper & Row.

Mathews, K. E. & Canon, L. K. （1975）. Environmental noise level as a determinant of helping behavior. *Journal of Personality and Social Psychology*, 32（4）：571 – 577.

Matthews, K. A. & Gallo, L. C. （2011）. Psychological perspectives on pathways linking socioeconomic status and physical health. *Annual Review of Psychology*, 62：501 – 530.

Mazza, J. R. S. E. , Michel, G. , Cote, S. M. , et al. （2016）. Poverty and behavior problems trajectories from 1. 5 to 8 years of age：Is the gap widening between poor and non-poor children? *Social Psychiatry and Psychiatric Epidemiology*, 51：1083 – 1092.

McCarthy, M. B. , Collins, A. M. , Flaherty, S. J. , et al. （2017）. Healthy eating habit：A role for goals, identity, and self-control? *Psychology and Marketing*, 34（8）：772 – 785.

McCullough, M. E. , Pedersen, E. J. , Schroder, J. M. , Tabak, B. A. , & Carver, C. S. （2013）. Harsh childhood environmental characteristics predict exploitation and retaliation in humans. *Proceedings of the Royal Society B：Biological Sciences*, 280（1750）：1 – 7.

McGregor, D. （1960）. *The human side of enterprise*. New York：McGraw-Hill.

McLaughlin, K. A. , Breslau, J. , Green, J. G. , Lakoma, M. D. , Sampson, N. A. , Zaslavsky, A. M. , & Kessler, R. C. （2011）. Childhood socio-economic status and the onset, persistence, and severity of DSM-IV mental disorders in a US national sample. *Social Science & Medicine*, 73（7）：1088 – 1096.

McNamara, K. J. （1997）. *Shapes of time：The evolution of growth and development*. Baltimore, MD：Johns Hopkins University.

Mead, M. , Sieben, A. , & Straub, J. （1973）. *Coming of age in samoa*. London：Penguin.

Meyers, D. G. (1999). *Social Psychology* (6th ed.). Boston: McGraw-Hill Press.

Mheen, H., Stronks, K., Looman, C. W. N., et al. (1998). Does childhood sodoeconomic status influence adult health through behavioural factors? *International Journal of Epidemiology*, 27: 143 – 147.

Michael, S. T. & Langner, T. S. (1963). Social mobility and psychiatric symptoms. *Diseases of the Nervous System*, 2: 128 – 132.

Miech, R. A., Caspi, A., Moffitt, T. E., Wright, B. R. E., & Silva, P. A. (1999). Low socioeconomic status and mental disorders: A longitudinal study of selection and causation during young adulthood. *American Journal of Sociology*, 104 (4): 1096 – 1131.

Milgram, S. (1970). The experience of living in cities. *Science*, 167: 1461 – 1468.

Miller, C. T. & Major, B. (2000). Coping with stigma and prejudice. In T. F. Heatherton, R. E. Kleck, M. R. Hebl, & J. G. Hull (eds.), *The social psychology of stigma.* Guilford Press, 243 – 272.

Miller, G. (2010). Mental traits as fitness indicators. Expanding evolutionary psychology's adaptationism. *Annals of the New York Academy of Sciences*, 907 (1): 62 – 74.

Mills, C. (2015). The psychiatrization of poverty: Rethinking the mental health-poverty nexus. *Social and Personality Psychology Compass*, 9 (5): 213 – 222.

Mirowsky, J. (1985). Depression and marital power: An equity model. *American Journal of Sociology*, 91 (3): 557 – 592.

Mirowsky, J., Ross, C. E., & Willigen, M. V. (1996). Instrumentalism in the land of opportunity: Socioeconomic causes and emotional consequences. *Social Psychology Quarterly*, 59 (4): 322 – 337.

Mittal, C. & Griskevicius, V. (2014). Sense of control under uncertainty depends on people's childhood environment: A life history theory approach. *Journal of Personality and Social Psychology*, 107 (4): 621 – 637.

Moav, O. & Neeman, Z. (2010). Status and poverty. *Journal of the European Economic Association.* 146 (4): 339 – 347.

Monterosso, J. & Ainslie, G. (1999). Beyond discounting: Possible experimental models of impulse control. *Psychopharmacology*, 146: 339 – 347.

Mossakowski, K. N. (2015). Disadvantaged family background and depression among young adults in the united states: The roles of chronic stress and self-esteem. *Stress & Health*, 31 (1): 52 – 62.

Mullainathan, S. & Shafir, E. (2013). *Scarcity: Why having too little means so much.* New York: Times Books.

Muraven, M. , Tice, D. M. , & Baumeister, R. F. (1998). Self-control as limited resource: Regulatory depletion patterns. *Journal of Personality & Social Psychology*, 74 (3): 774 – 789.

Murray, R. (1943). Studies in personality. *American Journal of Psychology*, 56 (2), 307 – 308.

Myers, J. K. , Bean, L. L. , & Pepper, M. P. (1968). *A decade later: A follow-up of social class and mental illness.* New York: Wiley.

Nadeem, E. , Lange, J. M. , Edge, D. , Fongwa, M. , Belin, T. , & Miranda, J. (2007). Does stigma keep poor young immigrant and US-born black and Latina women from seeking mental health care? *Psychiatric Services*, 58 (12): 1547 – 1554.

Nagpaul, T. & Pang, J. S. (2017). Materialism lowers well-being: The mediating role of the need for autonomy-correlational and experimental evidence. *Asian Journal of Social Psychology*, 20 (1): 11 – 21.

Nettle, D. (2011). Flexibility in reproductive timing in human females: Integrating ultimate and proximate explanations. *Philosophical Transactions of the Royal Society B Biological Sciences*, 366 (1563): 357 – 365.

Neys, W. D. (2006). Dual processing in reasoning. *Psychol*, 17 (5): 428 – 433.

Nikulina, V. , Widom, C. S. , & Czaja, S. (2011). The role of childhood neglect and childhood poverty in predicting mental health, academic achievement and crime in adulthood. *American Journal of Community Psychology*,

48 (3 - 4): 309 - 321.

Nordfjærn, T, S. Jørgensen, & T. Rundmo. (2011). A cross-cultural comparison of road traffic risk perceptions, attitudes towards traffic safety and driver behavior. *Journal of Risk Research*, 14 (6): 657 - 684.

O'Cass, A. & Frost, H. (2002). Status brands: Examining the effects on non-product-related brand associations on status and conspicuous consumption. *Journal of Product & Brand Management*, 11 (2/3): 67 - 86.

Olderbak, S. G. & Figueredo, A. J. (2010). Life history strategy as a longitudinal predictor of relationship satisfaction and dissolution. *Personality & Individual Differences*, 49 (3): 234 - 239.

Olsen, S. O. & Tuu, H. H. (2017). Time perspectives and convenience food consumption among teenagers in Vietnam: The dual role of hedonic and healthy eating values. *Food Research International*, 99: 98 - 105.

Olson, J. M. & Zanna, M. P. (1993). Attitudes and attitude change. *Annual Review of Psychology*, 44 (1): 117 - 154.

Oswald, Andrew J. , Proto, Eugenio, & Sgroi, Daniel. (2008). Happiness and Productivity. The Warwick Economics Research Paper Series.

Palomar-Lever, J. & Victorio-Estrada, A. (2012). Predictors of social and educational mobility in mexican recipients of a governmental welfare program: A psychosocial approach. *Europe's Journal of Psychology*, 8 (3): 402 - 422.

Park, H. Y. , Heo, J. , Subramanian, S. V. , Kawachi, I. , & Oh, J. (2012). Socioeconomic inequalities in adolescent depression in South Korea: A multilevel analysis. *PLoS ONE*, 7 (10): e47025.

Patzer, Gordon L. (1983). Source credibility as a function of communicator physical attractiveness. *Journal of Business Research*, 11 (2): 229 - 241.

Petty, R. E. , Turnes, P. B. , Tormala. , et al. (2007). The role of metacognition in social judgment. *Arie W Kruglanski*, 254 - 284.

Pham, Michel Tuan & Avnet, Tamar. (2004) . Ideals and oughts and the reliance on affect versus substance in persuasion. *Journal of Consumer Research*, 30 (3): 503 - 518.

Phelps, E. S. & Pollak, R. A. (1968). On second-best national saving and game-equilibrium growth. *Review of economic studies*, 35 (2): 185 – 199.

Pianka, E. R. (1970). OnR and K-selection. *The american naturalist*, 104 (940): 592 – 597.

Pickett, K. E. & Wilkinson, R. G. (2010). Inequality: An underacknowledged source of mental illness and distress. *The British Journal of Psychiatry*, 197 (6): 426 – 428.

Polimeni, J. M., Almalki, A., Iorgulescu, R. I., et al. (2016). Assessment ofmacro-level socioeconomic factors that impact waterborne diseases: The case of jordan. *International Journal of Environmental Research and Public Health*, 13: 1181 – 1195.

Porter, L. W. (1961). A study of perceived need satisfactions in bottom and middle management jobs. *Journal of Applied Psychology*, 45: 1 – 10.

Porter, L. W. (1962). Job attitudes in management: I. Perceived deficiencies in need fulfillment as a function of job level. *Journal of Applied Psychology*, 46: 375 – 382.

Proshansky, H. M., Ittelson, W. H., & Rivlin, L. G. (1970). *Environmental psychology: Man and his physical setting*. New York: Holt Press.

Proto, E., Sgroi, D., & Oswald, A. J. (2012). Are happiness and productivity lower among young people with newly-divorced parents? An experimental and econometric approach. *Experimental Economics*, 15 (1): 1 – 23.

Ramanathan, S. & Dhar, S. K. (2010). The effect of sales promotions on the size and composition of the shopping basket: Regulatory compatibility from framing and temporal restrictions. *Journal of Marketing Research*, 47 (3): 542 – 552.

Rees-Caldwell, K. & Pinnington, A. H. (2013). National culture differences in project management: comparing british and arab project managers' percep-tions of different planning areas. *International Journal of Project Manage-ment*, 31 (2): 212 – 227.

Reiss, F. (2013). Socioeconomic inequalities and mental health problems in

children and adolescents: A systematic review. *Social Science & Medicine*, 90: 24 – 31.

Reiss, S. & Havercamp, S. H. (2005). Motivation in developmental context: A new method for studying self-actualization. *Journal of Humansitic psychology*, 45: 41 – 53.

Reiss, S. & Havercamp, S. M. (1998). Toward a comprehensive assessment of fundamental motivation: Factor structure of the reiss profiles. *Psychological Assessment*, 10 (2): 97 – 106.

Reynolds, J. J. & McCrea, S. M. (2015). Exploitative and deceptive resource acquisition strategies: The role of life history strategy and life history contingencies. *Evolutionary Psychology*, 13 (3): 1 – 21.

Richins, M. L. (2004). The material values scale: Measurement properties and development of a short form. *Journal of Consumer Research*, 31: 209 – 219.

Richins, M. L. & Dawson, S. (1992). A consumer values orientation for materialism and its measurement: Scale development and validation. *Journal of Consumer Research*, 19: 303 – 316.

Richman, J. A. , Cloninger, L. , & Rospenda, K. M. (2008). Macrolevel stressors, terrorism, and mental health outcomes: Broadening the stress paradigm. *American Journal of Public Health*, 98 (Supplement_1): S113 – S119.

Rindfleisch, A. , Burroughs, J. E. , & Denton, F. (1997). Family structure, materialism, and compulsive consumption. *Journal of Consumer Research*, 23: 312 – 325.

Ritsher, J. E. , Warner, V. , Johnson, J. G. , & Dohrenwend, B. P. (2001). Inter-generational longitudinal study of social class and depression: A test of social causation and social selection models. *The British Journal of Psychiatry*, 178 (40): 84 – 90.

Rodgers, B. & Mann, S. L. (1993). Re-thinking the analysis of intergenerational social mobility: A comment on John W. Fox's social class, mental ilness, and social mobility. *Journal of Health and Social Behavior*, 34 (2): 165 – 172.

Rodin, J. (1976). Crowding, perceived choice and response to controllable and uncontrollable outcomes. *Journal of Experimental Social Psychology*, 12: 564 – 578.

Rodin, J. & Baum, A. (1978). Crowding and helplessness: Potential consequences of density and loss of control. In A. Baum & Y. Epstein (eds.), *Human response to crowding.* New York: Holt Press, 389 – 401.

Roese, N. J. , Hur, T. , & Pennington, G. L. (1999). Counterfactual thinking and regulatory focus: Implications for action versus inaction and sufficiency versus necessity. *Journal of Personality & Social Psychology*, 77 (6): 1109 – 1120.

Rogers, C. R. (1963). Actualizing tendency in relation to "motives" and consciousness. In M. R. Jones (ed.), *Nebraska symposium on motivation.* Lincoln, Nebr. : University of Nebraska Press.

Roiser, J. P. , De Martino, B. , Tan, G. C. Y. , Kumaran, D. , Seymour, B. , Wood, N. W. , & Dolan, R. (2009). A genetically mediated bias in decision making driven by failure of amygdala control. *Journal of Neuroscience*, 29: 5985 – 5991.

Rojas, M. & Jimenez, E. (2008). Subjective poverty in mexico: The role of income evaluation norms. *Perfiles Latinoamericanos*, 16 (32): 11 – 33.

Rosvall, K. A. (2013). Life history trade-offs and behavioral sensitivity to testoterone: An experimental test when female aggression and maternal care co-occur. *PLoS One*, 8 (1): e5420.

Rucker, D. D. & Galinsky, A. D. (2009). Conspicuous consumption versus utilitarian ideals: How different levels of power shape consumer behavior. *Journal of Experimental Social Psychology*, 45 (3): 549 – 555.

Ruggiero, K. J. , Amstadter, A. B. , Acierno, R. , Kilpatrick, D. G. , Resnick, H. S. , Tracy, M. , & Galea, S. (2009). Social and psychological resources associated with health status in a representative sample of adults affected by the 2004 florida hurricanes. *Psychiatry-Interpersonal and Biological Processes*, 72 (2): 195 – 210.

Rushton, J. P. (1985). Differential k theory and group differences in intelligence. *Behavioral & Brain Sciences*, 8 (2): 193 – 263.

Saad, G. (2007). *The evolutionary bases of consumption*. Mahwah, N J: Lawrence Erlbaum, 18 – 19.

Saad, G. & Vongas, J. G. (2009). The effect of conspicuous consumption on men's testosterone levels. *Organizational Behavior and Human Decision Processes*, 110 (2): 80 – 92.

Samuelson, P. (1937). A note on measurement of utility. *Review of Economic Studies*, 4: 155 – 161.

Sangroya, Deepak & Nayak, Kumar Jogendra. (2017). Will indian industrial energy consumer continue to buy green energy?. *Organization & Environment*, 30 (3): 253 – 274.

Santos, M. J. D. , Kawamura, H. C. , & Kassouf, A. L. (2012). Socioeconomic conditions and risk of mental depression: An empirical analysis for Brazilian citizens. *Economics Research International*, 2012: 1 – 16.

Saphire-Bernstein, S. , Way, B. M. , & Kim, H. S. , Sherman, D. K. , & Taylor, S. E. (2011). Oxytocin receptor gene (OXTR) is related to psychological resources. *Proceedings of the National Academy of Sciences of the United States of America*, 108 (37): 15118 – 15122.

Schaffer, W. M. (1983). The application of optimal control theory to the general life history problem. *American Naturalist*, 121: 418 – 431.

Schieman, S. , Pearlin, L. I. , & Meersman, S. C. (2006). Neighborhood disadvantage and anger among older adults: Social comparisons as effect modifiers. *Journal of Health and Social Behavior*, 47 (2): 156 – 172.

Schmeer, K. K. & Yoon, A. (2016). Socioeconomic status inequalities in low-grade inflammation during childhood. *Archives of Disease in Childhood*, 101 (11): 1043 – 1047.

Schneider, W. & Shiffrin, R. M. (1977). Controlled and automatic human information processing: I. detection, search, and attention. *Psychological Review*, 84 (1): 1 – 66.

Scholten, M. & Read, D. (2010). The psychology of intertemporal tradeoffs. *Psychological Review*, 117: 925 – 944.

Schreier, H. & Chen, E. (2010). Socioeconomic status in one's childhood predicts offspring cardiovascular risk. *Brain Behavior & Immunity*, 24 (8): 1324 – 1331.

Schultz, P. W. & Zelezny, L. (1999). Values as predictors of environmental attitudes: Evidence for consistency across 14 countries. *Journal of Environmental Psychology*, 19 (3): 255 – 265.

Scully, J. A., Tosi, H., & Banning, K. (2000). Life event checklists: Revisiting the social readjustment rating scale after 30 years. *Educational and Psychological Measurement*, 60 (6): 864 – 876.

Seligman, M. E. P. (1975). *Helplessness*. San Francisco: Freeman Press.

Selye, H. (1956). *The stress of life*. New York: McGraw-Hill Press.

Sengupta, J., Goodstein, R. C., & Boninger, D. S. (1997). All cues rre not created equal: Obtaining attitude persistence under low – Involvement conditions. *Journal of Consumer Research*, 23: 351 – 361.

Shah, A. K., Mullainathan, S., & Shafir, E. (2012) . Some consequences of having too little. *Science*, 338: 682 – 685.

Shah, J. & Higgins, E. T. (2001). Regulatory concerns and appraisal efficiency. *Heat Treatment of Metals*, 39 (9): 15 – 20.

Shargorodsky, Josef. (2010). Change in prevalence of hearing loss in us adolescents. *Jama*, 304 (7): 772 – 779.

Shen, X., Yi-long, Y., Yang, W., Li, L., Shu, W., & Lie, W. (2014). The association between occupational stress and depressive symptoms and the mediating role of psychological capital among Chinese university teachers: A cross-sectional study. *BMC Psychiatry*, 14: 3 – 29.

Shepler, S. (2005). The rites of the child: Global discourses of youth and reintegrating child soldiers in Sierra Leone. *Journal of Human Rights*, 4 (2): 197 – 211.

Sherman, R. A., Figueredo, A. J., & Funder, D. C. (2013). The behavioral

correlates of overall and distinctive life history strategy. *Journal of Personality & Social Psychology*, 105 (5): 873 – 888.

Sherrod, D. R. & Downs, R. (1974). Environmental determinants of altruism: The effects of stimulus overload and perceived control on helping. *Journal of Experimental Social Psychology*, 10: 468 – 479.

Simmel, G. (1957). The metropolis and mental life. In K. H. Wolff (ed. & trans.), *The sociology of Georg Simmel*. London: The Free Press, 409 – 424.

Simon, H. A. (1955). A behavioral model of rational choice. *Quarterly Journal of Economics*, 69: 99 – 118.

Simpson, J. A. , Griskevicius, V. , & Kuo, S. I. C. (2012). Evolution, stress, and sensitive periods: The influence of unpredictability in early versus late childhood on sex and risky behavior. *Developmental Psychology*, 48 (3): 674 – 686.

Sinclair, D. , Preziosi M. P. , Jacob John T. , Greenwood B. (2010). The epidemiology of meningococcal disease in India. *Trop Med Int Health*, 15: 1421 – 1435.

Sivanathan, N. & Pettil, N. C. (2010). Protecting the self through consumption: status goods as affirmational commoditied. *Journal of Experimental Social Psycho*, 46 (3): 564 – 570.

Sjoberg, L. (1996). A discussion of the linitations of the psychometric and cultural theory approaches to risk perception. *Radiation Protection Dosimetry*, 68: 219 – 225.

Skaff, M. M. , Pearlin, L. I. , & Mullan, J. P. (1996). Transitions in the caregiving career: Effects on sense of mastery. *Psychology & Aging*, 11 (2): 247 – 257.

Slovic, P. , Finucane, M. , Alhakami, A. , & Johson, S. M. (2000). The affect heuristic in judgments of risks and benefits. *Journal of Behavioral Decision Making*, 13: 1 – 17.

Smart, L. & Wegner, D. M. (2000). The hidden costs of hidden stigma. In T. F. Heatherton (ed.), *The social psychology of stigma*. New York, NY:

Guilford Press, 220 – 241.

South, S. J. & Bose, H. S. (2005). Residential mobility and the onset of adolescent sexual activity. *Journal of Marriage & Family*, 67 (2): 499 – 514.

Sripada, R. K. , Swain, J. E. , Evans, G. W. , Welsh, R. C. , & Liberzon, I. (2014). Childhood poverty and stress reactivity are associated with aberrant functional connectivity in default mode network. *Neuropsychopharmacology*, 39 (9): 2244 – 2251.

Srole, L. , Langner, T. S. , Michael, S. T. , Opler, M. K. , & Rennie, T. A. (1962). *Mental health in the metropolis. The midtown manhattan study*, *Rev.* New York: New York University Press.

Stephen, E. , Gilman, Ichiro, Kawachi, Garrett, M. , Fitzmaurice, et al. (2002). Socioeconomic status in childhood and the lifetime risk of major depression. *International journal of epidemiology*, (2): 359 – 367.

Stokols, D. (1978). A typology of crowding experiences. In A. Baum & Y. Epstein (eds.), *Human Response to Crowding*. NJ: Erlbaum Press, 219 – 255.

Stokols, D. (1979). A congruence analysis of human stress. In I. G. Sarason & C. D. Spielberger (eds.), *Stress and Anxiety*, 6: 27 – 53. New York: Wiley Press.

Strauman, T. J. & Higgins, E. T. (2010). Self-discrepancies as predictors of vulnerability to distinct syndromes of chronic emotional distress. *Journal of Personality*, 56 (4): 685 – 707.

Strohschein, L. (2006). Household income histories and child mental health trajectories. *Journal of Health and Social Behavior*, 46 (4): 359 – 375.

Strotz, R. (1955). Myopia and inconsistency in dynamic utility maximization. *The Review of Economic Studies*, 23: 165 – 180.

Strube, M. J. & Werner, C. (1984). Psychological reactance and the relinquishment of control. *Personality and Social Psychology Bulletin*, 10: 225 – 234.

Stupple, E. , Ball, L. J. , & Ellis, D. (2013). Matching bias in syllogistic reasoning: Evidence for a dual-process account from response times and confi-

dence ratings. *Thinking and Reasoning*, 19 (1): 54 –77.

Stupple, Edward J. N. & Ball, Linden J. (2008). Belief – logic conflict resolu-
tion in syllogistic reasoning: Inspection – time evidence for a parallel –
process model. *Thinking & Reasoning*, 14 (2): 168 – 181.

Sturrock, S. & Hodes, M. (2016). Child labour in low-and middle-income
countries and its consequences for mental health: a systematic literature re-
view of epidemiologic studies. *European Child and Adolescent Psychiatry*,
25: 1273 – 1286.

Summerfield, D. A. (2011). Income inequality and mental health problems. *The
British Journal of Psychiatry*, 198 (3): 239 –239.

Szanton, S. L. , Thorpe, R. J. , & Whitfield, K. (2010). Life-course financial
strain and health in African-Americans. *Social Science & Medicine*, 71
(2): 259 –265.

Tang, T. L. P. , Luna-Arocas, R. , Sutarso, T. , et al. (2004). Does the love
of money moderate and mediate the income-pay satisfaction relationship?
Journal of Managerial Psychology, 19 (2): 111 –135.

Taylor, J. & Turner, R. J. (2002). Perceived discrimination, social stress, and
depression in the transitionto adulthood: racial contrasts. *Soc Psychol*, 65:
213 –225.

Thaler, R. (1980). Toward a positive theory of consumer choice. *Journal of E-
conomic Behavior & Organization*, 1 (1): 39 –60.

Thaler, R. (1981). Some empirical evidence on dynamic inconsistency. *Economics
Letters*, 8: 201 –207.

Thaler, R. (1985). Mental accounting and consumer choice. *Marketing Science*,
4: 199 –214.

Thaler, R. (1999). Mental accounting matters. *Journal of Behavioral Decision
Making*, 12: 183 – 206.

Thaler, R. & Shefrin, H. (1981). An economic theory of self-control. *Journal of
Political Economy*, 89: 392 –406.

Thompson, M. (2015). Poverty: Third wave behavioral approaches. *Current O-*

pinion in Psychology, 2: 102 – 106.

Tooby, J. & Cosmides, L. (1990). On the universality of human nature and the uniqueness of the individual: the role of genetics and adaptation. *Journal of Personality*, 58 (1): 17 – 67.

Trexler, J. T. & Schuh, A. J. (1971). Personality dynamics in a military train-ing command and its relationship to maslow's motivation hierarchy. *Journal of Vocational Behavior*, 1 (3): 245 – 253.

Trigg, A. B. (2001). Veblen, bourdieu, and conspicuous consumption. *Journal of Economic Issues*, 35 (1): 99 – 115.

Trivers, R. L. (1972). Parental investment and sexual selection. In B. Campbell (Ed.), *Sexual Selection and The Descent of Man*. New York, NY: Aldine de Gruyter, 1871 – 1971.

Trivers, R. L. (1974). Parent-offspring conflict. *American Zoologist*, 14 (1): 249 – 264.

Trivers, Robert L. & Willard, Dan E. (1973). Natural selection of parental a-bility to vary the sex ratio of offspring. Science, 179 (4068): 90 – 92.

Tversky, A. & Kahneman, D. (1986). Rational choice and the framing of deci-sions. *Journal of Business*, 59: 251 – 278.

Tybur, J. M. (2013). When the economy falters, do people spend or save? Re-sponses to resource scarcity depend on childhood environment. *Psychological Science*, 24: 197 – 205.

Ullman, S. E., Najdowski, C. J., & Filipas, H. H. (2009). Child sexual a-buse, post-traumatic stress disorder, and substance use: Predictors of revic-timization in adult sexual assault survivors. *Journal of Child Sexual Abuse*, 18 (4): 367 – 385.

Umaña-Taylor, A. J. & Updegraff, K. A. (2007). Latino adolescents' mental health: Exploring the interrelations among discrimination, ethnic identity, cultural orientation, self-esteem, and depressive symptoms. *Journal of Ado-lescence*, 30 (4): 549 – 567.

Umeda, M., Oshio, T., & Fujii, M. (2015). The impact of the experience of

childhood poverty on adult health-risk behaviors in Japan: A mediation a-nalysis. *International Journal for Equity in Health*, 14: 145.

Van Doorslaer, E. , Wagstaff, A. , Bleichrodt, H. , Calonge, S. , Gerdtham, U. G. , Gerfin, M. , & Leu, R. E. (1997). Income-related inequalities in health: Some international comparisons. *Journal of Health Economics*, 16 (1): 93 – 112.

Van Praag, B. M. , Th. Goedhart, & A. Kapteyn. (1980). The poverty line: A pilot survey in Europe. *Review of Economics and Statistics*, 63: 461 – 465.

Vansteenkiste, M. , Neyrinck, B. , Niemiec, C. , Soenens, B. , Witte, H. , & Anja, V. (2007). Examining the relations among extrinsic versus intrinsic work value orientations, basic need satisfaction, and job experience: A self-determination theory approach. *Journal of Occupational & Organizational Psychology*, 80: 251 – 277.

Veblen, R. (1899). *Annals of the American Academy of Political & Social Science*, 14: 125 – 131.

Vega, W. A. , Sribney, W. M. , Aguilar-Gaxiola, S. , & Kolody, B. (2004). 12 – month prevalence of DSM-III-R psychiatric disorders among Mexican Americans: Nativity, social assimilation, and age determinants. *The Journal of Nervous and Mental Disease*, 192 (8): 532 – 541.

Verhoef, Peter C. (2003). Understanding the effect of customer relationship management efforts on customer retention and customer share develop-ment. *Journal of Marketing*, 67 (4): 30 – 45.

Visser, P. S. & Mirabile, R. (2004). Attitudes in the social context: The im-pact of social network composition on individual-level attitude strength. *Journal of Personality and Social Psychology*, 87 (6): 779 – 795.

Voss, K. E. , Spangenberg, E. R. , & Grohmann, B. (2003) . Measuring the-hedonic and utilitarian dimensions of consumer attitude. *Journal of Marketing Research*, 40: 310 – 320.

Voydanoff, P. & Donnelly, B. W. (1999). The intersection of time in activities and perceived unfairness in relation to psychological distress and marital quality. *Journal of Marriage and the Family*, 739 – 751.

Wahba, M. A. & Bridwell, L. G. (1976). Maslow reconsidered: A review of research on the need hierarchy theory. *Organizational Behavior and Human Performance*, 15: 212 – 241.

Wang, J. Y. & Chen, B. B. (2016). The influence of childhood stress and mortality threat on mating standards. *Acta Psychologica Sinica*, 48 (7): 857 – 866.

Wang, X. (2007). Evolutionary psychology of investment decisions: Expected allocation of personal money and differential parental investment in sons and daughters. *Acta Psychologica Sinica*, 39 (3): 406 – 414.

Wang, X. T. (2006). Emotions within reason: Resolving conflicts in risk preference. *Cognition and Emotion*, 20: 1132 – 1152.

Wang, X. T. (2008). Risk communication and risky choice in context: Ambiguity and ambivalence hypothesis. In W. T. Tucker & S. Ferson (eds.), Annals of the New York academy of sciences, Vol, 1128: Strategies for risk communication: Evolution, evidence, experience. New York, NY: New York Academy of Sciences, 78 – 89.

Wang, X. T. & Dvorak, R. D. (2010). Sweet future: Fluctuating blood glucose levels affect future discounting. *Psychological Science*, 21: 183 – 188.

Wang, X. T. & Johnson, J. G. (2012). A tri-reference point theory of decision making under risk. *Journal of Experimental Psychology General*, 141 (4): 743 – 756.

Watters, C. (2007). Refugees at Europe's borders: The moral economy of care. *Transcultural Psychiatry*, 44 (3): 394 – 417.

Weaven, S., D., Grace, Dant, R., & Brown, J. R. (2014). Value creation through knowledge management in franchising: A multi-level conceptual framework. *Journal of Services Marketing*, 28 (2): 97 – 104.

Weiss, A., King, J. E., & Enns, R. M. (2002). Subjective well-being is heritable and genetically correlated with dominance in chimpanzees. *Journal of Personality and Social Psychology*, 83: 1141 – 1149.

Wenner, C. J. , Figueredo, A. J. , & Jacobs, W. J. (2005). *Validation of the "Mini-K" using socially problematic behaviors.* Austin, TX: Annual meeting of the Human Behavior and Evolution Society.

Wheaton, B. (1997). The nature of chronic stress. *In Coping with Chronic Stress*, edited by Gottlieb, B. H. , New York: Springer, 43 – 47.

White, A. E. , Li, Y. J. , Griskevicius, V. , Neuberg, S. L. , & Kenrick, D. T. (2013). Putting all your eggs in one basket: Life-history strategies, bethedging, and diversification. *Psychological Science*, 24 (5): 715 – 722.

WHO. (1999). Obesity: Preventing and managing the global epidemic: Report of a WHO consultation on obesity. *World Health Organization Technical Report*, 894 (1): 1 – 253.

Wicker, F. W. , Brown, G. , Wiehe, J. A. , Hagen, A. S. , & Reed, J. L. (1993). *On reconsidering maslow: An examination of the deprivation/domination proposition.* Austin: University of Texas at Austin.

Wickham, S. , Whitehead, M. , Taylor-Robinson, D. , & Barr, B. (2017). The effect of a transition into poverty on child and maternal mental health: A longitudinal analysis of the uk millennium cohort study. *Lancet Public Health*, 2 (3): e141.

Wickrama, K. , Conger, R. D. , Lorenz, F. O. , & Jung, T. (2008). Family antecedents and consequences of trajectories of depressive symptoms from adolescence to young adulthood: A life course investigation. *Journal of Health and Social Behavior*, 49 (4): 468 – 483.

Wildman, J. (2003). Income related inequalities in mental health in Great Britain: Analysing the causes of health inequality over time. *Journal of Health Economics*, 22 (2): 295 – 312.

Wilkinson, R. G. (1996). *Unhealthy societies: The afflictions of inequality.* London: Routledge.

Wilkinson, R. G. (1997). Health inequalities: Relative or absolute material standards. *British Medical Journal*, 314 (7080): 591 – 595.

Williams, R. B. , Marchuk, D. A. , Siegler, I. C. , Barefoot, J. C. , Helms,

M. J. , Brummett, B. H. , & Schanberg, S. M. (2008). Childhood socioeconomic status and serotonin transporter gene polymorphism enhance cardiovascular reactivity to mental stress. *Psychosomatic Medicine*, 70 (1): 32 – 39.

Wong, N. Y. C. (1997). Suppose you own the world and no one knows? Conspicuous consumption, materialism and self. *Advances in Consumer Research*, 24 (1): 197 – 203.

Woodruffe, Helen, R. (1997). Eschatology, promise, hope: The utopian vision of consumer research. *European Journal of Marketing*, 31 (9/10): 667 – 676.

Wortman, C. B. & Brehm, J. W. (1975). Responses to uncontrollable outcomes: An integration of reactance theory and the learned helplessness model. In L. Berkowitz (eds.), *Advances in Experimental Social Psychology*. New York: Academic Press, 277 – 336.

Yamauchi, K. T. & Templer, D. J. (1982). The development of a money attitude scale. *J Pers Assess*, 46 (5): 522 – 528.

Yang, Y. (2007). Is old age depressing? Growth trajectories and cohort variations in late-life depression. *Journal of Health and Social Behavior*, 48 (1): 16 – 32.

Youssef, C. M. & Luthans, F. (2007). Positive organizational behavior in the workplace: The impact of hope, optimism, and resilience. *Journal of Management*, 33 (5): 774 – 800.

Zajonc, R. B. (1980). Feeling and thinking: Preferences need no inference. *American Psychologist*, 35: 151 – 175.

Zaltman, Gerald & Melanie, Wallendorf. (1979). *Consumer behavior: Basic findings and management implications.* John Wiley & Sons, Inc. , New York.

Zedelius, C. M. , Veling, H. , & Aarts, H. (2011). Boosting or choking-how conscious and unconscious reward processing modulate the active maintenance of goal-relevant information. *Conscious Cogn*, 20 (2): 355 – 362.

Zhai, W. , Jeong, H. , Cui, L. , Krainc, D. , & Tjian, R. (2006). In vitro analysis of huntingtin-mediated transcriptional repression reveals multiple transcription factor targets. *Cell*, 123 (7): 1241 – 1253.

Zheng, H. , Wang, X. T. , & Zhu, L. (2010). Framing effects: Behavioral dynamics and neural basis. *Neuropsychologia*, 48: 3198 – 3204.

Zillmann, D. (1979). *Hostility and aggression*. NJ: Erlbaum Press.

Zimmer, Z. , Hanson, H. A. , & Smith, K. A. (2016). Childhood socioeconomic status, adult socioeconomic status, and old-age health trajectories: connecting early, middle, and late life. *Demographic Research*, 34 (10): 285 – 320.

Zingg, A. & Siegrist, M. (2012). Measuring people's knowledge about vaccination: Developing a one-dimensional scale. *Vaccine*, 30 (25): 3771 – 3777.

Zlutnick, S. & Altman, I. (1972). Crowding and human behavior. In J. Wohlwill & D. Carson (eds.), *Environment and the social sciences: Perspectives and applications*. DC: American Psychological Association Press, 44 – 58.

Zung, W. W. K. (1971). *A rating instrument for anxiety disorders. Psychosomatics*, 12 (6): 371 – 379.

附　录

附录1　贫穷感访谈提纲

金钱对于个体的主观效用是因人而异的，并且受到诸多因素的影响。借由下面的问题，希望能够了解您对于一些人和事的看法，以及对于其背后成因的分析观点。回答无对错之分，也无标准答案之说，请根据您的真实想法认真作答，谢谢！

1. 您的性别：

A. 男　　　　　　　　　　B. 女

2. 您的婚姻状况：

A. 无伴侣　　　　　　　　B. 有伴侣

3. 您的年龄：＿＿＿＿＿＿＿＿＿

4. 您的受教育年限：＿＿＿＿＿＿＿＿＿

5. 您听说过"心理贫穷感/贫穷感"吗？您认为"贫穷感"的内涵是什么？

＿＿＿＿＿＿＿＿＿＿＿＿＿＿＿＿＿＿＿＿＿＿＿＿＿＿＿＿＿＿＿＿

＿＿＿＿＿＿＿＿＿＿＿＿＿＿＿＿＿＿＿＿＿＿＿＿＿＿＿＿＿＿＿＿

6. 案例（1）某知名导演，1950年生，高居福布斯中国名人榜。2004年至2011年，收入总和高达1.8亿元。至2013年，其所购公寓面积加总可达3000平方米。仅房产一项，其资产早已突破亿元。2016年，他以无

房户身份申请单位集资房，面积为 146.54 平方米，惹网友热议。（新华网综合，2016 年 7 月 25 日）

您认为主人公有心理贫穷感吗？请您分析下。

————————————————————

————————————————————

7. 案例（2）某贪官虽然贪污了巨额财富，平时在衣食住行上却十分吝啬，他自己的辩解是从小"穷怕了"，大肆敛财是为了获得"安全感"。（《现代快报》，2015 年 7 月 13 日）

您认为主人公有心理贫穷感吗？请您分析下。

————————————————————

————————————————————

8. 案例（3）60 岁以上的人，价值观、人生观往往与现在的年轻人有着又大又深的鸿沟……一个子儿都舍不得花，剩饭剩菜不能倒，甚至馊菜馊饭坏水果也全都自己吃掉，哪怕孩子们阻止或者自己吃得拉稀跑肚，也坚决不能"浪费"。要是花钱出门旅游就更是心疼肉痛，或者不出门，或者参加那种费用最低的旅游团。（新华网博客，2015 年 11 月 2 日）

您认为主人公有心理贫穷感吗？请您分析下。

————————————————————

————————————————————

9. 案例（4）在文学作品《欧也妮·葛朗台》中，葛朗台贪婪吝啬、不择手段疯狂敛财，是吝啬鬼的代表人物。葛朗台死后，她的女儿欧也妮继承万贯家产。欧也妮虽不像她父亲那样贪婪敛财，却依然吝啬，过着非常节俭的生活。

您认为主人公有心理贫穷感吗？请您分析下。

————————————————————

————————————————————

10. 现在请您再评论下什么是"心理贫穷感"？

_____

_____

11. 您自己有"心理贫穷感"吗？请描述下。

_____

_____

12. 您认识的朋友或亲戚有"心理贫穷感"吗？请描述下。

_____

_____

13. 您还有任何需要补充的观点或信息吗？

_____

_____

_____

非常感谢您对于本研究的支持！

附录2 第一轮专家意见收集问卷

老师您好！

感谢您支持国家社科基金项目（项目编号：16BSH090），帮助研究者通过德尔菲法界定"心理贫穷感"这一综合性的概念。您的宝贵意见对于研究非常重要！问卷回收以后，研究者可能会再与您联系，沟通明确部分文字细节，以确保准确完全地接收到您的信息。再次感谢您的支持！

1. 专家名称：

_____

2. 请您修订"心理贫穷感"的概念内涵。若无意见请填写"无"，或请将修正的内容和意见填写在空白处。序号为概念内涵的文字表达顺序。

（1）一种与外界物质条件相互独立的内心感受。

_____

_____

（2）内心对于金钱或金钱的等价物有强烈的渴望和占有欲，伴随着不安全感、焦虑感和低自我价值感。

_____

_____

（3）行为上表现为：贪婪、极力增加收入，极端时不惜逾越道德和法律；或者吝啬，极力减少支出，极端时不惜伤害他人和自己。

_____

_____

（4）心理需求层次依然停留在较低级的阶段，过度关注资源所有性、财产所有性，向更高级心理需求发展迟滞。

_____

_____

（5）是一种心理问题。严重时，成为一种心理疾病。

（6）您认为还需要增加哪些描述内容？

3. 最后，您建议的文字表达顺序为（若不填写，将默认为原有顺序）：
（＿＿＿＿）→（＿＿＿＿）→（＿＿＿＿）→（＿＿＿＿）→
（＿＿＿＿）→（＿＿＿＿）

4. 心理贫穷感维度备选关键词：

○ 不安全感

○ 物质主义

○ 焦虑感

○ 贪婪

○ 需求层次

○ 吝啬

○ 威胁敏感性

您认为心理贫穷感的维度还需要加入哪些关键词备选？（请用";"分割不同的关键词）

附录3　第二轮专家意见收集问卷

老师您好！

感谢您支持国家社科基金项目（项目编号：16BSH090），帮助研究者通过德尔菲法界定"心理贫穷感"这一综合性的概念。您的宝贵意见对于研究非常重要！问卷回收以后，研究者可能会再与您联系，沟通明确部分文字细节，以确保准确完全地接收到您的信息。再次感谢您的支持！

请您评估以下文字并打分，"1"表示非常不同意→"5"表示非常同意。

1. 专家名称：

_____

2. 第一轮修订结果：心理贫穷感是一种相对稳定的内心感受。

初始句：心理贫穷感是一种与外界物质条件相独立的心理状态。

说明：

（1）这一句说明心理贫穷感的性质。

（2）它是相对稳定的，不会骤变。

（3）是否与外界客观物质条件相独立，有待后续研究验证。

（4）是否具有病理性，有待后续研究验证。初始句"是一种心理问题。严重时，成为一种心理疾病。其极端表现，如剥削型人格、吝啬型人格。"完全移除。

如果您选择"非常不同意"或者"基本不同意"，请您在空白处撰写您认为合适的语句。

_____

_____

_____

3. 第一轮修订结果：个体的心理需求更倾向于关注资源占有性或财产占有性。

初始句：心理需求层次依然停留在较低级的阶段，过度关注资源所有性、财产所有性，向更高级心理需求发展迟滞。

说明：

（1）避免"低级""高级"等评价性语言。

（2）是否向更高级需求层次发展迟滞，有待后续研究验证。

如果您选择"非常不同意"或者"基本不同意"，请您在空白处撰写您认为合适的语句。

_____

_____

_____

4.第一轮修订结果：个体对于金钱或金钱的等价物，更敏感地感受到不满足感、不安全感、焦虑感或恐慌感。

初始句：内心对于金钱或金钱的等价物有强烈的渴望和占有欲，伴随着不安全感、焦虑感和低自我价值感。

说明：

（1）心理贫穷感首先是一种内心感受。

（2）这里的物质限定为金钱或金钱的等价物。个人兴趣爱好的物质收藏，不在讨论范围内。

（3）是否与自我价值感、自尊、自卑或同理心等有关，有待后续研究验证。

如果您选择"非常不同意"或者"基本不同意"，请您在空白处撰写您认为合适的语句。

_____

_____

_____

5.第一轮修订结果：更倾向于物质主义的价值取向。

初始句：无

说明：

（1）此为新增的文字描述。在初始概念描述中并不存在。

（2）物质主义，指以物质生活为生活的第一和中心要义，强调物质利益的极端重要性，全心沉迷于追求物质的需求与欲望，导致忽视精神层面

的生活方式。对物质主义者而言，财富及其获得是他们个人的首要目标，其为生活的一种方式。

（3）价值取向，指一定主体基于自己的价值观在面对或处理各种矛盾、冲突、关系时所持的基本价值立场、价值态度以及所表现出来的基本价值取向。

如果您选择"非常不同意"或者"基本不同意"，请您在空白处撰写您认为合适的语句。

---

6. 第一轮修订结果：当遭遇趋避冲突时，个体更倾向于占有物质。

初始句：行为上表现为：贪婪，极力增加收入，极端时不惜逾越道德和法律；或者吝啬，极力减少支出，极端时不惜伤害他人和自己；还可能是过度地炫耀消费。

说明：

（1）趋避冲突，如获得金钱与损失健康，获得金钱与冒险，节省金钱与牺牲质量等。

（2）用以上学术语言已经涵盖贪婪和吝啬的行为表现。

心理贫穷感与自私、炫富的关系，有待后续研究验证。

如果您选择"非常不同意"或者"基本不同意"，请您在空白处撰写您认为合适的语句。

---

7. 第一轮修订结果：无其他表述。

说明：

（1）心理贫穷感的反面是什么，有待后续研究探讨。

（2）是否与早年经历有关，有待后续研究验证。概念中不涉及。

（3）心理贫穷感与社会比较和时间的关系，有待后续研究验证。

如果您选择"非常不同意"或者"基本不同意"，请您在空白处撰写您认为合适的语句。

_____

_____

_____

附录4　第三轮专家意见收集问卷

老师您好！

感谢您支持国家社科基金项目（项目编号：16BSH090），帮助研究者通过德尔菲法界定"心理贫穷感"这一综合性的概念。您的宝贵意见对于研究非常重要！问卷回收以后，研究者可能会再与您联系，沟通明确部分文字细节，以确保准确完全地接收到您的信息。再次感谢您的支持！

请您评估以下文字并打分，"1"表示非常不同意→"5"表示非常同意。

1. 专家名称：

_____

2. 第二轮修订结果：心理贫穷感是一种相对稳定的内心感受。

第一轮修订结果：心理贫穷感是一种相对稳定的内心感受。

第二轮专家组对于第一轮修订结果的反馈意见：20% 不确定，80%同意。

说明：

（1）这一句说明心理贫穷感的性质。

（2）它是相对稳定的，不会骤变。

（3）是否与外界客观物质条件相独立，有待后续研究验证。

（4）是否具有病理性，有待后续研究验证。初始句"是一种心理问题。严重时，成为一种心理疾病。其极端表现，如剥削型人格、吝啬型人格。"完全移除。

如果您选择"非常不同意"或者"基本不同意"，请您在空白处撰写您认为合适的语句。

_____

_____

3. 第二轮修订结果：删除。

第一轮修订结果：个体的心理需求更倾向于关注资源占有性或财产占

有性。

第二轮专家组对于第一轮修订结果的反馈意见：10%不同意，10%不确定，80%同意。

说明：

（1）紧紧围绕"内心感受"来界定心理贫穷感。

（2）心理贫穷感与心理需求层次的关系，有待后续研究验证。

如果您选择"非常不同意"或者"基本不同意"，请您在空白处撰写您认为合适的语句。

_____

_____

_____

4.第二轮修订结果：对于未来感受到焦虑和不安全，对于失去金钱感受到强烈厌恶。

第一轮修订结果：个体对于金钱或金钱的等价物，更敏感地感受到不满足感、不安全感、焦虑感或恐慌感。

第二轮专家组对于第一轮修订结果的反馈意见：20%不同意，5%不确定，75%同意。

说明：

（1）紧紧围绕"内心感受"来界定心理贫穷感。

（2）是否与自我价值感、自尊、自卑或同理心等有关，有待后续研究验证。

如果您选择"非常不同意"或者"基本不同意"，请您在空白处撰写您认为合适的语句。

_____

_____

_____

5.第二轮修订结果：个体对金钱的效用过分夸大，过分关注，感受到不满足。

第一轮修订结果：更倾向于物质主义的价值取向。

第二轮专家组对于第一轮修订结果的反馈意见：20%不同意，30%不

确定，50% 同意。

说明：

（1）心理贫穷感与物质主义不同。

（2）物质主义关注金钱的获取，炫耀性消费，享受物质的生活方式。

（3）心理贫穷感对于金钱的效用会过分夸大，对于失去金钱会感受到厌恶，消费上会比较消极。

如果您选择"非常不同意"或者"基本不同意"，请您在空白处撰写您认为合适的语句。

_____

_____

_____

6. 第二轮修订结果：个体为了获取金钱或避免失去金钱，或者追求获取金钱而甘冒风险。

第一轮修订结果：在行为上，当遭遇冲突时，个体更倾向于占有物质。

第二轮专家组对于第一轮修订结果的反馈意见：20% 不同意，80% 同意。

说明：

（1）由于个体对于金钱的不满足感，为获取金钱而甘冒风险。

（2）由于个体对于失去金钱的厌恶感，为避免失去金钱而甘冒风险。

如果您选择"非常不同意"或者"基本不同意"，请您在空白处撰写您认为合适的语句。

_____

_____

_____

7. 第二轮修订结果：无其他表述。

第一轮修订结果：无其他表述。

说明：

（1）心理贫穷感的反面是什么，有待后续研究探讨。

（2）是否与早年经历有关，有待后续研究验证。概念中不涉及。

（3）心理贫穷感与社会比较和时间的关系，有待后续研究验证。

如果您选择"非常不同意"或者"基本不同意"，请您在空白处撰写您认为合适的语句。

_____

_____

_____

附录5　心理贫穷感量表

心理贫穷感量表是一个包含 5 个维度 15 个项目的 5 点李克特量表。"非常不同意"计 1 分，"基本不同意"计 2 分，"不太确定"计 3 分，"基本同意"计 4 分，"非常同意"计 5 分。其中"维度 I：不安全感"的 3 个项目为反向计分。最低分为 15 分，最高分为 75 分。

维度 I：不安全感

* 我所拥有的物质能满足基本生活需求。

* 我的温饱问题已经得到解决。

* 我的收入可以使我获得安全感。

维度 II：焦虑感

如果没有带足够的钱，我就会表现得很焦虑。

谈到钱时，我就会表现得很焦虑。

对于未来，我会担心没有足够的经济保证。

维度 III：厌恶感

购物后我会想，或许在其他地方可以以更低的价格买下。

当买一件东西时，我会抱怨我所付的价钱。

当我进行大笔消费时，我总是怀疑自己被商家占便宜了。

维度 IV：不满足感

对于金钱，我永远都感受到不满足。

无论有多少钱，我都渴望变得更加富有。

占有的财产或资源越多，我越有安全感。

维度 V：金钱关注

我欣赏那些有豪宅、名车和拥有奢侈品的人。

我对人们拥有多少财富有兴趣。

我所拥有的财富说明我在生活中有多成功。

注：加 * 项目为反向计分。

附录6　Mini-K 量表

Mini-K 量表是一个包含 20 个项目的 7 点李克特量表。"完全不同意"计 1 分，"基本不同意"计 2 分，"稍微不同意"计 3 分，"不太确定"计 4 分，"稍微同意"计 5 分，"基本同意"计 6 分，"完全同意"计 7 分。最低分为 20 分，最高分为 140 分。

1. 我总能弄清楚事情是如何发展的。
2. 为了解决问题，我会设法理解问题出现的原因。
3. 我总能看到逆境中积极的一面。
4. 我从不放弃，直至问题得到解决。
5. 我时常提前制订计划。
6. 我避免冒险。
7. 成长过程中，我和亲生母亲的关系亲密。
8. 成长过程中，我和亲生父亲的关系亲密。
9. 我和自己的孩子关系亲密。
10. 我和恋人的关系亲密。
11. 相比于同时拥有多个性伴侣，我更倾向于只有一个。
12. 只有和对方建立亲密关系，我才会有舒适的性爱。
13. 我和自己的亲戚交往频繁。
14. 我的亲戚经常给予我情感支持和物质帮助。
15. 我经常给我的亲戚提供情感支持和物质帮助。
16. 我和朋友的交往频繁。
17. 我的朋友经常给予我情感支持和物质帮助。
18. 我经常给我的朋友提供情感支持和物质帮助。
19. 我对生活的周围环境有归属感。
20. 我忠诚于自己的信仰。

附录7 风险偏好水平问卷

风险偏好水平问卷包括获益和损失两个情境、自己和他人两个主体，2×2个条件组合下各7道风险选择项目，共28道单项选择题。如果被试选择确定的方案A，则不计分。如果被试选择风险方案B，则计1分。问卷总分越高，风险偏好水平越高。在每一个条件组合之下，项目的呈现顺序为：4—5—3—6—2—7—1。最低分为0分，最高分为28分。

1. 假设您一周前买了一张彩票。您现在被告知已经中奖，并得到以下两种方式接受这笔钱。您会如何选择？

2. 假设您一周前违反了交通规则，并且伤害了他人。您现在被告知，您将被罚款，并得到以下两种方式支付罚款。您会如何选择？

3. 假设某人在某地一周前买了一张彩票。他现在被告知，他已经中奖了，并得到以下两种方式接受这笔钱。您会如何替他选择？

4. 假设某人在某地一周前违反了交通规则，并且伤害了他人。他现在被告知，他将被罚款，并得到以下两种方式支付罚款。您会如何替他选择？

1. 确定方案

400元、600元、800元、1000元、1200元、1400元、1600元

2. 风险方案

2000元或0元

图书在版编目（CIP）数据

心理贫穷感：理论、应用与测评 / 孙时进等著
. -- 北京：社会科学文献出版社，2021.9
（社会转型与社会治理论丛）
ISBN 978 - 7 - 5201 - 8842 - 5

Ⅰ.①心… Ⅱ.①孙… Ⅲ.①社会心理学 - 研究
Ⅳ.①C912.6 - 0

中国版本图书馆 CIP 数据核字（2021）第 163005 号

社会转型与社会治理论丛
心理贫穷感
——理论、应用与测评

著　　者 / 孙时进　徐　斐　等

出 版 人 / 王利民
责任编辑 / 杨桂凤
文稿编辑 / 张真真
责任印制 / 王京美

出　　版 / 社会科学文献出版社·群学出版分社（010）59366453
　　　　　地址：北京市北三环中路甲 29 号院华龙大厦　邮编：100029
　　　　　网址：www. ssap. com. cn
发　　行 / 市场营销中心（010）59367081　59367083
印　　装 / 三河市东方印刷有限公司

规　　格 / 开　本：787mm × 1092mm　1/16
　　　　　印　张：15.75　字　数：248 千字
版　　次 / 2021 年 9 月第 1 版　2021 年 9 月第 1 次印刷
书　　号 / ISBN 978 - 7 - 5201 - 8842 - 5
定　　价 / 108.00 元

本书如有印装质量问题，请与读者服务中心（010 - 59367028）联系